サステナブル認証の ルール形成

グローバル・サプライチェーンをめぐる協力と競争

道田悦代

日本評論社

iii

目　次

序　章　国際社会と企業を動かすサステナビリティ　1

 1　サステナブル認証研究までの道のり──規制から認証へ　1

 2　本書で扱うサステナビリティの制度　6

 3　本書の目的と構成　9

第Ⅰ部　サステナブル認証の基礎

第1章　グローバル化とサステナビリティ　17

 1　グローバル化におけるサステナビリティ課題　17

 2　サステナビリティ課題と市場経済　24

 3　サステナブル認証の活用　31

 4　小　　括　37

 【コラム①】自社基準によるサステナビリティへの取り組み　38

第2章　サステナブル認証とは？　39

 1　サステナブル認証と基準例　39

 2　基準の類型と仕組み　44

 3　基準の適用過程　51

 4　認証の目的とラベル　57

第Ⅱ部　サステナブル認証制度の形成

第3章　経済主体と制度の形成　63
1　NGO や市民が主導する基準認証　63
2　政府が主導する基準認証　69
3　製造業者が主導する基準　71
4　加工・小売業者が主導する基準認証　74
5　小　括　79

第4章　波及する制度とハーモナイゼーション　81
1　制度の断片化　82
2　制度の断片化の背景と課題　86
3　ハーモナイゼーションの動き　89
4　小　括　98

第5章　企業と政府の認証利用　101
1　消費財を扱う企業の認証利用　101
2　サプライヤーの認証利用　110
3　政府の認証利用　113
4　国際的なイベント　119
5　小　括　120
【コラム②】自社基準と認証の関係　121

第6章　消費者の受容と日本の事例　123
1　サステナブル・ラベルと消費者行動　124
2　日本の消費者調査　128
3　エシカル消費の振興　139
4　小　括　146

第III部　サステナブル認証とグローバル社会

第7章　生産地への影響　149

1　サプライチェーンを通じた生産者への影響　150

2　認証の環境・社会への効果と影響　157

3　認証の正当性　160

4　小　　括　162

【コラム③】顧客企業によるサプライチェーン管理　164

第8章　グローバル・サウス政府の認証策定　167

1　生産国政府の見方　167

2　生産国によるサステナブル認証策定　174

3　各国への波及の結果　183

4　小　　括　187

第9章　サステナブル認証の普及状況とリーケージ　189

1　サステナブル認証の統計　190

2　財別の認証の普及　193

3　グローバル・サウスと貿易のリーケージ　197

4　小　　括　204

第10章　グローバル社会の動きと認証制度　207

1　WTO での民間サステナブル認証の議論　207

2　政策の波及と EU のグローバル化管理政策　210

3　規制・貿易・産業政策とサステナブル認証　216

4　小　　括　224

終　章　サステナビリティへの取り組みと認証の役割　227

vi 目 次

あとがき 241

参考文献 245

略語一覧 259

索 引 263

序　章

国際社会と企業を動かすサステナビリティ

1　サステナブル認証研究までの道のり──規制から認証へ

サステナビリティの時代

　本書の目的は，「サステナビリティ（持続可能性）」を高めるための制度と，グローバル化した経済や社会がどのように相互に作用しあってきたのか，そしてどのようなルールが形成されてきたのかを解き明かすことにある。「サステナビリティ」または「持続可能性」とは，社会・経済・環境のバランスを考慮しながら，将来世代のニーズを損なうことなく持続的に発展することを示す概念である。サステナビリティを高める方針には，労働者の権利と人権を守る社会の構築，貧困の撲滅，また環境保全に資する生産・消費活動の実施などを通じて，人間の健康や福祉を向上し，そして環境を将来にわたって持続していくための内容が含まれる。

　世界的に知られるサステナビリティの項目は，2015年に国連持続可能な開発サミットで採択された持続可能な開発目標（SDGs：Sustainable Development Goals）として提示されているものであろう（表0.1）。近年，気候変動を含む環境や，貧困，労働・人権などのサステナビリティ課題に対し，国際社会が喫緊に解決策を見いだしていく必要性があるという認識は，これまでになく高まっている。

2　序　章　国際社会と企業を動かすサステナビリティ

表0.1　国連持続可能な開発目標（SDGs）

目標番号	持続可能な開発目標（SDGs）
1	あらゆる場所のあらゆる形態の貧困を終わらせる
2	飢餓を終わらせ，食料安全保障および栄養改善を実現し，持続可能な農業を促進する
3	あらゆる年齢のすべての人々の健康的な生活を確保し，福祉を促進する
4	すべての人に包摂的かつ公正な質の高い教育を確保し，生涯学習の機会を促進する
5	ジェンダー平等を達成し，すべての女性及び女児の能力強化を行う
6	すべての人々の水と衛生の利用可能性と持続可能な管理を確保する
7	すべての人々の，安価かつ信頼できる持続可能な近代的エネルギーへのアクセスを確保する
8	包摂的かつ持続可能な経済成長及びすべての人々の完全かつ生産的な雇用と働き甲斐のある人間らしい雇用を促進する
9	強靭なインフラ構築，包摂的かつ持続可能な産業化の促進及びイノベーションの推進を図る
10	各国内及び各国間の不平等を是正する
11	包摂的で安全かつ強靭で持続可能な都市及び人間居住を実現する
12	持続可能な生産消費形態を確保する
13	気候変動及びその影響を軽減するための緊急対策を講じる
14	持続可能な開発のために海洋・海洋資源を保全し，持続可能な形で利用する
15	陸域生態系の保護，回復，持続可能な利用の推進，持続可能な森林の経営，砂漠化への対処，ならびに土地の劣化の阻止・回復及び生物多様性の損失を阻止する
16	持続可能な開発のための平和で包摂的な社会を促進し，すべての人々に司法へのアクセスを提供し，あらゆるレベルにおいて効果的で説明責任のある包摂的な制度を構築する
17	持続可能な開発のための実施手段を強化し，グローバル・パートナーシップを活性化する

出所：環境省ホームページ〈https://www.env.go.jp/policy/sdgs/〉より。

　筆者がサステナビリティに関する制度に関心を持つようになったのは SDGs が策定される10年前の2005年頃のことである。当時，欧州連合（EU: European Union）において，電気・電子機器が人の健康や環境にとって有害な物質を含有することを規制する特定有害物質使用制限指令（RoHS 指令）の施行開始が2006年に迫っていた。背景には，有害物質を含む電気・電子機器の廃棄物，いわゆる e-waste の不法投棄が環境汚染につながること，また廃棄物処理やリサイクルに従事する労働者が，有害物質にさらされて健康被害が起こる懸念があった。EU の政策立案者は，不法投棄の規制やリサイクル工程の規制も必要だが，有害物質が製品に含まれなければ，環境や健康の

序　章　国際社会と企業を動かすサステナビリティ　　3

問題を危惧することなく，根本的な問題解決につながると考えた。

　一方，EU に電気・電子機器を輸出し規制の対象となる企業からみると，この規制は大問題であった。たとえば，規制に対応するためには，テレビやパソコン等の原材料や部品に遡って水銀や鉛などの有害物質が含まれないようにする必要がある。しかし，製品によっては部品が1,000点以上にも及び，そのサプライヤーは世界中に立地していることも多い。さらに，サプライヤーによっては EU で新しく導入される規制の内容や，対応する必要性を認識していなかった。このような状況のなか，日本やアジアの製造業がこの規制にどのように対応するのかが，企業においても，また政府においても，当時大きな議論の対象になっていた。

製品環境規制とサプライチェーン管理

　従来は，環境規制といえば，工場から排出される大気汚染物質や水質汚染物質などの管理が中心であり，工場が立地する国の環境規制を遵守することが法規制の主要な目的であった。企業は，主に工場で発生した汚染物質を外部に排出しないようにするエンド・オブ・パイプ型の技術や設備を利用して規制に対応してきた。工場に対するこれらの規制が，原材料や部品を作る別の国に立地する企業に影響を与えることはない。だが，製品や商品，これらを「財」とよぶが，に含まれる物質に対して定められた環境基準の遵守を求める規制は，規制対象となる財の原材料や部品の調達・生産・加工・販売にいたるプロセス，これはサプライチェーンと呼ばれるが，に参画するすべての生産者に影響を与えうる（Michida 2014）。筆者は製品含有物質の環境規制の影響の大きさに驚愕した。しかし，当時 RoHS 指令が，規制国以外の企業に与える影響について実証的に分析した研究は，筆者が知る限り，まだ公表されていなかった。そこで共同研究者とともに RoHS 指令がアジアの企業に与えた影響について，2011年頃からマレーシア，ベトナム，タイの企業へのインタビューや企業調査を実施した。本書でも，そのエッセンスのみ紹介するが，その一連の研究結果を英文書籍で出版している（Michida *et al.* 2017）。

　環境や安全に関する規制が貿易を通じて他国に与える影響は，近年のみに

4　序　章　国際社会と企業を動かすサステナビリティ

みられる事象ではない。たとえば，1980年代のアメリカでは，日本の食品の消費者保護政策としての食品衛生基準が，日本に輸出するアメリカ企業に影響を与えていることが注目されていた（Vogel 1992）。それは，非関税障壁としての食品衛生基準への関心を反映したものであった。食品衛生基準がどの程度貿易の障壁になっているのかは国際的にも課題とされてきた。

　筆者も2013年頃にベトナムのエビ加工工場を訪問したとき，日本の食品衛生法で定められるエトキシキンという抗酸化剤を含む食品の安全基準が厳しくなり，輸出に支障がでているという話を聞いた。調べると，2003年に改正された食品衛生法で，食品に含有が許可される成分をリストとして挙げるポジティブリスト方式[1]が導入されていた。このポジティブリストの内容が2013年に改定され，甲殻類に残留するエトキシキンの基準値が厳しくなっていた。実際，ベトナムから日本に輸出されたエビからこの物質が検出され，輸出が差し止められていた。この食品安全基準により，ベトナムのエビ養殖業者の日本向け輸出が減少したと指摘されている（UNIDO & IDE-JETRO 2013）[2]。

　そうであれば，基準を満たすように生産工程を変更すればよいだろうと考えたが，ヒアリングをすると，それは簡単でないとわかってきた。日本の食品衛生基準を満たすためには，エビの餌や薬などを含むサプライチェーン全体での管理が欠かせない。しかし，グローバル化の波はベトナムの小規模な家族経営のエビ養殖業者のところにさえ押し寄せていた。養殖はベトナムで行っているものの，稚エビは中国，抗生物質はカナダ，また餌はチリから輸

---

1 ）食品衛生法では，ポジティブリスト方式以前は，ネガティブリスト方式が採用されていた。ネガティブリストは，検出されてはいけない成分をリスト化したものであるのに対し，ポジティブリストは検出してもよいものをリスト化する。ネガティブリスト方式では，新しい物質への規制対応が遅れるという課題があったことから，ポジティブリスト方式変更された。

2 ）非関税障壁としての規制の重要性を知る一つの手がかりとなるのが，食品衛生規制が輸入差し止め事例につながる状況である。アメリカ，EU，オーストラリア，日本の食品衛生規制による輸入時の規制違反内容と件数については国連工業開発機関（UNIDO）が統計を出している。アジア経済研究所の研究プロジェクトで，筆者も関わり分析を行った。文献はその成果の一部である。データはUNIDOホームページで入手可能〈https://hub.unido.org/data-sources，2024年10月アクセス〉。

入している状況であった。海外の仕入れ先がどのような原材料を使っているのかを知る必要があるが，家族経営の農民がこれらの情報にアクセスするのは容易ではない。

さらに，病気になりやすいエビの養殖は非常に神経を使うらしく，病気の兆候があれば，薬品を扱うさまざまな業者から購入することもある。しかし，入手した薬品にはどのような物質が含まれているか明らかでない場合も多い。さらに，出荷されたエビから規制物質が検出されても，養殖時の環境，使用した餌や抗生物質，輸送，加工等の工程を追跡できるようにするトレーサビリティが確保されておらず，サプライチェーンのどこで基準値の順守ができなかったのかを特定できないという問題に直面していた。

このように，消費者の健康や安全を守るために輸出相手国で導入された規制（これは非関税措置と呼ばれる）が原因で輸出が困難になる場合，輸出入業者からみるとこの規制は非関税障壁となる。

サステナビリティ規制と自由貿易

国際社会が自由貿易を推進するなかで，このような非関税障壁の問題はかねてから指摘されてきた。非関税措置とは，政府が関税以外の方法で貿易を制限することである。環境や健康，安全に関する規制が意図せず貿易を阻害することがある。一方で，政府がこのような規制を，輸入を制限して国内市場を保護する目的で導入する場合もありうる。このため，規制が自由貿易の障壁となる可能性がある場合，国内産業保護のための「偽装された保護主義」の道具として使われないよう，「関税および貿易に関する一般協定」（GATT）や世界貿易機関（WTO），自由貿易協定（FTA）など自由貿易を推進する枠組みのなかで議論や交渉が行われてきた。

ただし，環境・健康・安全にかかわる規制は，関税と異なり，科学的に合理的で，正当な理由があれば導入は認められている。RoHS 指令も，WTOで各国の貿易措置が保護主義的ではないかを議論する「貿易の技術的障害に関する委員会」（TBT 委員会）において貿易相手国から懸念が示されたが，政策は施行されている。環境や健康にかかわる規制は，各国の気候風土や社会，制度，そして食習慣などの文化の影響も受けるため，WTO などにおけ

る交渉を通じて規制が変更される余地は多くないといわれる。このため，貿易自由化で関税が引き下げられたのちも，非関税障壁は貿易に大きな影響を与え続けると考えられている。

　一方，ある国や地域で施行された環境や食品安全などにかかわる規制は，貿易を通じて非関税障壁になるだけでなく，他国・他地域の規制政策にも影響を与えてきた。1970年代のアメリカ・カリフォルニア州で導入された厳しい自動車の排ガス規制は，製品にかかわる環境規制のひとつであるが，規制導入を契機に，アメリカの他州の規制政策に影響を与えることになった。重要な消費市場であるカリフォルニア州の規制を遵守することはビジネスにとって利益になる。このため，厳しい基準に対応した企業がロビイングを通じて他州においても厳しい規制導入を推進し，他州でも規制導入に追随する動きがみられた（Vogel 1995）。EU の RoHS 指令では，国境を越えて EU 市場でのビジネスを目指す各国が類似の規制を導入し，EU から日本や中国，韓国，台湾などアジア，アメリカ，そして中東にも規制が波及した（Michida 2017）。

　このように，非関税障壁になりうる環境規制や食品安全規制は，自由貿易体制のなかで一部の国・地域に限定的に導入されるのではなく，逆に各国・地域に同様の規制が広まっていった。このように規制が世界に波及する様子は，筆者にとって驚きであった。EU は近年多くのサステナビリティ関連の通商政策をつぎつぎと導入している。そして，この流れは近年の EU の規制が各国に波及する動きにつながっている。

2　本書で扱うサステナビリティの制度

規制から認証へ

　これまで筆者は，EU による規制が企業や各国政策に与える影響に注目して研究やアジアの企業調査を実施してきた。そうしたなかで，食品産業や消費財産業，繊維産業などを訪問した際，規制と同時に，また規制遵守を補助する目的で，サステナビリティの分野，たとえばオーガニックや農業生産の

工程管理などで民間の認証制度が多く使われている場面に遭遇した。

　農業の基準などヨーロッパの小売業者が中心になって策定した認証制度は，ヨーロッパ向けに輸出を行う日本やアジアの生産者が対応しなければならない政府の規制と同等な役割を果たすものとして認識されていた。さらに，前述したように，規制も他の国に波及する事例がみられたが，民間認証でも類似の制度が日本も含む各国で複数作られる事例がみられた。たとえ民間が策定した自主的な取り組みであっても非関税障壁となりうること，また同様の認証制度が各国に波及していることなど，上で述べたような規制と多くの共通点があると考えられた。

　先に述べた RoHS 指令は消費国の環境や労働者保護が主要な目的であり，また財を分析することで有害物質が検出可能である。しかし，サステナビリティにかかわる民間認証制度では，生産国の環境や労働者の安全基準，人権の状況など，財の形状や組成物には影響を与えない生産工程のあり方を問題にしていた。このような民間の制度について調べていくうちに，インドの皮革産業を事例に，開発途上国の生産者が先進国のさまざまな環境規制だけでなく，民間認証を取得するよう要求を受けていること，そしてその影響と対応について研究が行われていることに目が留まった（Sankar 2007）。このような研究や筆者自身の調査から，とりわけ開発途上国にとって，先進国で策定される民間の自主的なサステナビリティの制度も，途上国でのサステナビリティ向上を目的としているが，同時に途上国に対する非関税障壁になる可能性が明らかであった。

　多様なサステナビリティ施策

　サステナビリティを推進するための民間の制度にはさまざまなものがある。温室効果ガスの排出量を製品等のライフサイクル全体で定量的に計測するライフサイクル・アセスメント（LCA）など計測にかかわるものや，企業の非財務情報開示の基準を含む会計・金融の基準にかかわるもの，また特定の企業や産業を対象とする基準も出されている。

　それぞれが社会のサステナビリティ普及のうえで重要な役割を果たしているが，本書で焦点をあてるのが，とくに財に対するサステナブル認証[3]と

いう仕組みである。国際フェアトレード認証などはよく知られたサステナブル認証のひとつであり，知っている読者も多いであろう。国際フェアトレード認証ラベルのついた商品は，原材料生産にかかわる途上国の農民が生活を維持できる水準の賃金を支払った商品であることを示している。

　サステナブル認証についての詳細は後述するが，これらの認証は，財がサステナビリティ基準を満たして生産されたことを示す仕組みである。認証団体がサステナビリティにかかわる「スタンダード（基準）」を策定し，財のサプライチェーンを通じた生産・加工・輸送工程において，その基準が順守されているかを確認し，「認証」を与え，また対象となる財やサービスにそれとわかるラベルを表示する。それにより，サステナブルな生産活動を行う生産者の財やサービスを，それを求める消費者や需要者が識別できるようにする方法でもある。

サステナブル認証の意義

　なぜサステナブル認証が必要なのか。図0.1では2本のペンの写真がある。まったく同じペンに見えるが，1本は環境汚染や労働安全に十分配慮しながら生産され，もう1本はそうでないペンであるとしよう。しかし，このペンからは，その生産工程の違いは判別できない。先ほどの RoHS 指令や食品衛生基準では，財から規制物質を検出する方法があるが，生産工程の環境，人権，ガバナンスなどの状況は，財を見るだけではわからない。サステナブル認証は，このようなサステナビリティの状況を対象とすることに特徴がある。生産工程がサステナビリティ基準を満たす財とそうでない財を，生産工程の方法とその情報によって差別化し，基準を満たす財をラベル付けすることで，財の外見からはわからない価値を財の属性として認めることができる。そして付加価値として，取引や貿易をすることが可能となる。サステナビリティの価値が，サステナブル認証を通じて市場で取引される。

　いまやサステナビリティは，財の属性の一部として確立している[4]。財の

3）本書で扱うサステナブル認証は，英語文献では private standards, voluntary sustainability standards（VSS）, eco-labels, multistakeholder initiatives などとも呼ばれ，private regulation, soft law の一部として扱われることもある。

序　章　国際社会と企業を動かすサステナビリティ　　9

図0.1　サステナビリティをどう価値化するのか
出所：筆者撮影。

　サステナビリティを考慮する際には，原料調達から生産，ときには廃棄までのグローバル・サプライチェーン全体が持続可能かどうかを把握することが求められている。しかし，サステナビリティを高める手段や，何をもってサステナビリティに配慮したとみなされるのかは明確ではない。サステナブル財を扱う市場では，刻々と変わるサステナビリティ関連の制度や新しい事案や技術，経験や考え方に依存して，対象や内容が変化しているのが現状である。サステナブル認証は，このように定義や解釈が一様でないサステナビリティという概念を普及する手段として，市民社会や企業，そして国家が時間をかけて制度化してきた。そしてサステナブル認証は，ヨーロッパや北米の民間部門を中心に形成されてきた制度であるにもかかわらず，グローバル・サプライチェーンを通じて世界各国の企業や消費者に普及し，日本だけでなく，グローバル・サウスと呼ばれる開発途上国，新興国の各国や政府に対しても一定の影響力をもつルールとなっている。

3　本書の目的と構成

　サステナブル認証は，「過去50年でもっとも革新的で驚くべき制度であ

4）本書では重点的に扱わないが，サステナビリティは企業価値としても大きな影響力をもつことは言うまでもない。

る」（Cashore *et al.* 2004）と描写される。制度のイノベーションといえる仕組みについて，これまで多くの論文や書籍が執筆されてきた。これらは主に特定の認証制度やその普及，そして生産者への影響などに焦点があてられてきた。しかし，これら民間認証制度の国や地域での違い，また公共政策との相互依存関係，そして国境を越えた波及効果，とりわけ途上国生産者への影響と途上国政府の対応まで含んだ包括的な研究は，筆者が知る限りこれまで十分行われていない。

　グローバル化で国境を越えたサステナビリティの課題に取り組むためには，政府，民間を含めた幅広い主体の相互関係の理解が欠かせない。さらに，国よりも民間による制度設計はより迅速に変化やニーズに対応しやすいことから，サステナビリティの制度の多くは民間主導で策定されてきた。しかし，民間であるからゆえに，策定主体の意図はさまざまで，さらに同じ対象地域や財に対して複数の制度の導入が可能になり，消費者・生産者双方にとっても複雑な制度になる傾向がある。このような性質をもつサステナビリティの制度は，国際社会にどのような影響や効果をもたらしたのか。また，国際社会はどのように対応し，民間による施策と公共政策を活用していけばよいのだろうか。

　近年，地球温暖化や人権等のサステナビリティ課題を克服するための制度が国境を越え，非関税障壁として国際経済に広がるなか，民間制度・公共政策を組み合わせた制度がサステナビリティや私たちの経済活動に影響を与えている。さらに，サステナビリティの重要性が増すなか，サステナビリティ関連の制度によるグローバル・サプライチェーンの選別が始まっているようにもみえる。どのようにサステナビリティ基準が形成されていくのか，サステナビリティ基準がどのように世界のサステナビリティや国際経済に影響を与えるのかの理解を深めることは不可欠であろう。

サステナビリティ施策の展開

　過去数十年にわたり急速に進展してきたグローバル化により，国境を越えたビジネスが増え，原材料の調達網や販売網は世界各国に広がった。グローバルなサプライチェーンが拡大すると同時に，とりわけ先進国企業の調達に

かかわるサステナビリティの課題，すなわち原材料生産にともなう森林破壊や環境汚染，労働問題などが世界各地で発生してきた。このようなサステナビリティ課題への対応策は，各国の産業政策とも結びつき排出権取引や電気自動車（EV）政策など，企業活動や消費者も含めた経済活動全般に影響を与える時代になっている。EUのグリーン・ディール政策や炭素国境調整措置（CBAM: Carbon Border Adjustment Mechanism）など貿易を通じて自国の公共政策の影響力を国外に対しても行使する動きも盛んになり，世界各国に影響を与えている。さらに，これらの公共政策は，企業の社会的責任（CSR: Corporate Social Responsibility）の導入，また投資にも環境・社会・ガバナンスに配慮することを求めるESG投資など，民間主導の施策と相互補完して進んでいる。

　サステナビリティ価値の市場取引が，私たちの経済や社会にどのような影響をもたらすのかの理解は欠かせない。さらに近年は，中国の新疆ウイグル自治区での人権侵害を理由に，アメリカやヨーロッパが対象地で生産された繊維製品の貿易制限措置を講じたように，財の生産工程で労働者の人権を守るために調達先を制限する事例が発生した。また，半導体などの高度な技術を保護することが安全保障に資するとして，貿易制限措置が行われる事例が散見される。サステナビリティのために行われるサプライチェーンを通じた財の生産・貿易の管理の方法は，他の目的でも活用されていく可能性はある。さらに，グローバル・サウス[5]と呼ばれる新興国経済が勃興するなか，これらの国を対象に先進国で導入されるサステナビリティ基準をめぐり，サステナビリティの標準化の闘いが勃発している。今後地球温暖化，生物多様性を含む国際公共財の保全に，地球規模で取り組まなければならない状況のなか，さまざまな分野でサステナビリティ基準をめぐる競争も生まれることが予想される。このため，効果的にサステナビリティに貢献できる方法を見極

5）グローバル・サウスとは，アフリカ，ラテンアメリカ，中東やアジアの開発途上国や新興国をグループとして呼ぶ名称である。対応する言葉として，北アメリカ，ヨーロッパ，日本，韓国，オーストラリア，ニュージーランドなど先進国を指してグローバル・ノースと呼ぶ。これらは，明確に定義されたグループではなく，政治的な文脈で対立して使われることも多い。

めていく必要があるだろう。

本書の構成

このような背景を踏まえ，本書は「サステナブル認証」というレンズを通して，サステナビリティの制度やルールがどのように形成され，グローバル・サプライチェーンを通じて国際的に波及するかの過程，そして企業や政府，消費者に影響を与えていくメカニズム，さらにサステナブル認証の効果について考察していく。

第Ⅰ部では，主にサステナブル認証の仕組みに焦点をあてる。第1章で，グローバル化とサステナビリティがどのように関係しているのかを整理したのち，サステナブル認証出現の必然性について述べる。第2章では，サステナブル認証の仕組みについて理解を深める。誰がどのようなプロセスで認証に用いる基準（スタンダード）を策定し，それをサプライチェーンにどのように利用していくのか，また認証は誰がどのように実施するのかについて述べる。

第Ⅱ部の第3章から第6章までは，主に先進国がもつサステナビリティ課題への視点から議論を行う。サステナブル認証の制度が，制度を策定し，また認証を利用する企業やNGO，政府などの経済主体とどのような相互関係をもってきたかの視点から接近する。サステナブル認証の取り組みは主に欧米先進国主導で進んできており，さらにビジネスがサステナビリティに貢献していくという考え方に主導されている。一方で，サステナブル認証の理解においても，認証が成功裏に役割を果たせるかを考えるうえでも，消費国市場向けに財やサービスを提供する小売業者や，そのサプライチェーンに原材料や中間財を供給する生産者にとっての利益，消費者にとっての利益，そして政府，NGOの視点は無視できない。

このため第3章で，民間部門が発祥のサステナブル認証の制度形成の観点から，サステナビリティを高める方策の追求とともに，企業の利潤動機がサステナブル認証策定や利用の背景にあることを解き明かしていく。第4章では，サステナブル認証が主に民間の施策として自由に作られてきたことが原因で，多様な動機を背景に制度が乱立し，制度が断片化する様子，またその

動きに応じた標準化とハーモナイゼーションの動きについてみていく。

　企業にとってサステナビリティに配慮した経営は，社会的責任を果たすうえでも欠かせない。第5章では，サステナブル認証を利用する企業や生産者，流通業者がどのような動機をもつのかを議論していく。さらに，サステナビリティを高めるためには，民間の施策とともに主に政府による施策も普及を後押しすべく使われている。サステナブル認証と政府が実施する公共政策としての社会・経済・産業政策との関係や，目的との整合性について議論していく。

　自主的なサステナブル認証が普及するためには，消費者の需要が増えていくことが不可欠である。第6章では，消費者はサステナブル認証をどのように認識しているのか，また消費者に頼るサステナビリティの制度は効果があがるのかについて検討していく。日本の消費者がどのような認知をしているのかについては，2022年1月に実施した農産物のサステナブル認証の消費者調査にもとづいて述べていく。

　地球温暖化や人権，生物多様性保護などサステナビリティの課題は私たちにとって喫緊の課題である。一方で多くの課題は，グローバル・ノースとグローバル・サウスを含む国境を越えた取り組みを必要としており，両者が協力していく必要がある。とりわけ，サステナブル認証の制度を利用する生産者のなかでも，顧客企業から認証の取得を要求される立場の経済主体の存在も忘れてはならない。これらの生産者の多くはグローバル・サウスの開発途上国や新興国に立地している。多国籍企業であれば，情報や資金，専門家へのアクセスなどリソースが豊富にあるが，先述のエビの事例のような小規模な養殖業者が，海外のサステナビリティにかかわる基準を遵守することは困難である。このような状況を踏まえ，途上国の生産者や政府はどのような対応をしているのだろうか。認証を取得した財を需要する先進国と，認証取得を行う必要がある生産者が立地する途上国・新興国との関係はどのようなものか。これからグローバル・サウスの市場が拡大していくことが予想されるなか，この関係を整理しておくことは重要であろう。なお，グローバル・サウスにおける調査とその視点は本書の特徴のひとつでもある。

　第Ⅲ部では，これまでのサステナブル認証の策定者側の視点の反対側，つ

まり生産国，とりわけグローバル・サウスの視点でサステナブル認証をみていく。第7章では，サステナブル認証が生産国に与えた影響，効果について考察していく。第8章では，消費国主導のサステナブル認証に対して，生産国主導の認証制度がつぎつぎに策定されている現状をみる。さらにその背景にある政治的・経済的な背景と動機について概観する。とくに途上国政府や企業がサステナブル認証にどのように向き合っているのかを，南北問題も踏まえて考察する。またサステナブル認証が公的な規制と同様，非関税障壁となりうる輸出国としてのグローバル・サウスの懸念についても扱う。自由貿易を推進する国際制度，とりわけWTOやFTA，経済連携協定（EPA）ではサステナブル認証はどのように扱われてきたのかという点にも触れ，民間制度と国際的な制度との相互関係についてあわせて論じる。そして，グローバル・サウスの動きは，サステナビリティという価値観による市場の分断を生み出している現状にも触れる。

　サステナブル認証は，生産地，とりわけ開発途上国のサステナビリティに寄与することに主眼が置かれてきた。さまざまなサステナビリティ基準が導入されて数十年が経過するが，果たして実際にどのくらい効果があがってきたのだろうか？実は，分野によっては普及が進み大きな成果をおさめているものもあるし，あまり期待した効果があがっていないものもある。当初予想されていなかった影響も明らかになってきた。第9章では，サステナブル認証の普及の現在地を示す。第10章では，国際的な制度や各国政策との関係，新しい動きなどについて考えていく。

　終章では，サステナブル認証の普及と，サステナビリティへの貢献に関する考察を通じて，サステナブル認証が今後も役割を果たし続けられるのか，またより広くはサステナビリティという価値の取引が市場にどのような影響をもたらしていくのか見通しを述べる。

第Ⅰ部
サステナブル認証の基礎

第1章

グローバル化とサステナビリティ

　本章では，サステナブル認証の話題に入る前に，背景にあるグローバル化とサステナビリティの関係を整理する。グローバル化のもと，環境や労働・人権などサステナビリティの課題は一国にとどまらない課題として認識されてきた。国境を越えたサステナビリティ向上のための施策は，政府の規制や国際条約を通じて行われてきたが効果が限られていた。このため，先進国に財やサービスを供給する企業のグローバル・サプライチェーンを通じて，市場メカニズムを活用した方法が試みられてきたことを説明する。

1　グローバル化におけるサステナビリティ課題

サステナビリティの課題

　まずサステナビリティという言葉から確認をしていきたい。サステナビリティという概念について確立された定義はなく，世界中でさまざまな解釈が行われている。もっともよく知られているのは，1987年国連ブルントラント委員会がレポートで書いた「将来世代が彼らの必要性を満たす可能性を犠牲にすることなく，現在世代の必要性を満たすこと」[1] という定義である。そ

---

1 ）国連によるサステナビリティの解説〈https://www.un.org/en/academic-impact/sustainability, 2024年10月アクセス〉。

18 第Ⅰ部 サステナブル認証の基礎

してまた別の言い方では,「経済,環境,人のバランスを維持していくこと」[2)]とされる。

貧困や環境面のサステナビリティをみても,その実現は地球上の人類にとって急務である。開発途上国や新興国の経済成長により,世界の貧困率は1981年の43.8％から,2022年の９％に劇的に低下した[3)](Fosu 2017；World Bank 2023)。しかし,これまでのような貧困削減が今後続けられるかはわからない。日本は人口減少に直面しているが,世界を見わたすと人口増加が続いている。1960年には30億人であった世界人口は,2020年に80億人になった(World Bank 2023)。人口増加により,人々を養うために必要な食料も増加する。しかし,食料増産にともなう農地の拡大は森林伐採を引き起こし,生物多様性の喪失につながる。結果として,人間がその一部を構成している生態系を破壊することになるほか,医薬品やバイオテクノロジーの発展に不可欠でもある生物遺伝資源が減少する。さらに,野生動物と人との距離が縮まり,コロナウイルスに代表されるような人獣共通感染症のリスクも上昇するだろう。

また,今後の開発途上国・新興国の経済成長にともない,財の供給と需要や,それにともなう輸送も増加することが予想される。再生可能エネルギーの導入が急ピッチで進められているが,対策がとられないまま石油や石炭などの化石燃料の利用を続けて温室効果ガスが増加すると,気候変動の脅威が高まることが危惧される。近年,日本でも台風の大型化や高温の夏など異常気象と思われる現象が発生しているが,世界各地でも渇水や洪水などの被害に襲われている。日本はとりわけ海外に多くの食料や原材料を依存しており,異常気象で海外の食料生産が減少すれば,食料安全保障の課題に直面する可能性がある。

さらに,工場や農園などでの強制労働や児童労働の問題も発生している。日本で売られる商品やその原材料の生産が労働搾取の問題にかかわっている

2）OECDによる持続可能な開発の説明〈https://www.oecd.org/en/topics/policy-issues/environment-society-and-economy.html, 2024年10月アクセス〉。

3）世界銀行貧困データ〈https://data.worldbank.org/topic/poverty〉,2017年購買力平価(PPP)で測った１日当たり2.15ドル以下の人の数から算出したもの。

可能性もある。日本でも，国内だけではなく，海外のさまざまなサステナビリティの課題から影響を受けることが再認識されている。

サステナビリティとグローバル・サプライチェーン

　開発途上国を巻き込んだ生産・消費活動のグローバル化が進んでいる。企業は，複数の国にまたがる生産工程を通じて，消費国に最終財を輸出している。たとえば，私たちが消費するチョコレートについて考えてみる。原料であるカカオがコートジボワールやガーナで生産され，ヨーロッパに輸出されて加工され，日本に商品が輸出されるとしよう。このような工程はグローバル・サプライチェーン，そして生み出される付加価値の連鎖はグローバル・バリューチェーンと呼ばれ，グローバル化のけん引役となってきた。しかし，カカオを生産する際に生産者が原生林を伐採したり，十分な賃金を支払わずに労働搾取をしているとしたらどうであろうか。生産地のサステナビリティを犠牲にして，日本でのチョコレート消費が成り立っていることになる。このように，私たちの消費はグローバル・サプライチェーンを経て世界各国の生産現場と結びついており，とりわけ規制が十分に行われていない途上国での原料調達が，海外の生産地でサステナビリティにかかわる問題の原因となる可能性が指摘されてきた。

　しかし，生産現場で森林破壊を引き起こさないチョコレートを購入したいと消費者が希望しても，財の製造工程における環境や労働等の状況は通常わからない。森林伐採をして開墾した農地で育てられたカカオといっても，味にも見た目にも影響しないからである[4]。このことは，生産工程で引き起こされる森林破壊や環境汚染，労働・人権問題などのサステナビリティ課題の特性をあらわしている。品質や味と違い，生産工程のサステナビリティの状況は何らかの仕組みや介入がなければ，市場での財の価値には反映されない。財から判別できない品質を評価できる市場は，自然に成立しないのである。

　チョコレートの例でも，製造過程で原生林など保護対象の森林の伐採や人

---

4 ）このような生産工程や生産方法は，国際貿易のルールを扱う世界貿易機関（WTO）で，生産工程・生産方法（PPM）の課題として多く議論されてきている。

権侵害が起こっていても，森林や人権が守られていることの価値を取引する市場は存在せず，チョコレートの品質にも影響を与えない。つまり，顕示されない価値への支払いは行われない。しかし，人権が守られないことや，環境への負荷があることは，社会に負の影響を与える。このように，市場で直接解決されないような課題を経済学では外部不経済と呼ぶ。そしてこのような外部不経済の問題は，通常の競争的な市場を通じた取引では解決ができないため，「市場の失敗」と呼ばれる。

サステナビリティ課題の対応策

外部不経済の問題は解決可能である。実際これまでも，さまざまな形で外部不経済を含むサステナビリティ課題への対応が行われてきた。市場の失敗がある場合，社会的に望ましい方向に介入することが政府の役割である。市場を通じた取引では反映されない外部不経済があり，社会的なコストが発生している場合には，政府が規制することで取引にコストを反映させ，または経済学用語では「内部化」させてきた[5]。

政府による規制や企業による自主規制によって外部不経済の対応を行ってきた事例として，日本の公害問題が挙げられるだろう。日本の高度経済成長期の四日市ぜんそく，水俣病などの公害問題では，被害者や市民が問題提起を行い企業に対応を促すことで，企業が自主規制をしたり，行政が公害対策基本法をはじめとした施策で対応した[6]。このように，国内の生産活動の結果，被害が確認されているケースであれば問題が可視化されやすいほか，問題解決を訴える相手である企業や政府も国内にあることから，規制により問題改善がはかられてきた[7]。

また，国内，EUなどの経済共同体であれば域内の外部不経済の内部化は規制だけでなく，税や市場の創設などの経済的手段によって，より効率的に

5）企業による自主規制によって外部性の内部化がはかられることもある。

6）環境白書に公害対策についての記述がある〈https://www.env.go.jp/policy/hakusyo/s44/11305.html, 2024年10月アクセス〉。

7）ただし，被害が判明してから対策が講じられるまでには多くの努力と長い時間を要し，解決が容易であるわけではない。

進めることもできる。たとえば、温室効果ガス排出を削減するために、適切な排出削減を達成するために炭素税を課す政策が導入されている。大気中に放出する二酸化炭素の量に応じて、工場が税金を支払う義務が生じれば、二酸化炭素の排出量を削減するインセンティブが働く。炭素税は1990年代に欧州で導入された後、2022年時点で46の国・地域で実施されている（World Bank 2022）。また、2022年時点で25の国・地域で二酸化炭素の排出権取引の導入が行われている（ICAP 2022）。以上のような政策や施策は国内・域内課題を対象としている[8]。

　一方、国境を越えた環境課題については、国際条約や経済協定などを通じて対応がなされてきた。地球温暖化対策の国際的な枠組みである京都議定書では、クリーン開発メカニズムという仕組みを策定している。先進国の環境技術や資金を開発途上国で適用して温室効果ガス削減のプロジェクトを実施し、削減された温室効果ガスに相当するクレジットを、先進国が自国の削減目標達成に活用する仕組みである。二国間クレジット制度は、途上国と先進国が協力して温暖化ガス削減に取り組み、その効果を二国間で分け合う。また気候変動枠組条約（UNFCCC）のREDD+という制度では、途上国において対象となる森林を保護し、温室効果ガス削減に寄与すれば、国際機関が検証をしたうえで、国際基金から相当のカーボン・クレジットの金額を途上国に支払う。これらの制度は、国際協力により、国境を越えた課題解決を行うものである。しかし、いずれも実施プロジェクト数も限られるほか実施期間も長く、サステナビリティ全般を扱う仕組みではない。

　国際的な外部不経済の内部化は、貿易交渉を通じても行われる。自由貿易協定のFTAやEPAを締結する際、アメリカやEUは、環境規制や労働基準を引き下げないよう、またサステナビリティ向上を求める条項を協定に入れている。企業が環境規制や労働基準を遵守するには、環境関連の設備投資や従業員の福利厚生への支払いなどといったコストがかかる。このため、海外直接投資の誘致や輸出の増加を目標とする政府は、自国の環境規制を緩める

8）2023年、EUでは排出権取引に加えて、域外からの輸入品にも域内と同様の炭素価格の上乗せを求める炭素国境調整措置を導入し、域外への影響力をもつようになった。RoHS指令同様、国内施策が海外に影響を与えるメカニズムである。

ことで，自国に立地する企業のコストを減らして競争力を高め，生産コスト
の削減を求める企業の海外直接投資を呼び込む効果があると考えるかもしれ
ない。このような政府の場合，貿易自由化をした結果，貿易量は増えるがサ
ステナビリティに負の影響を与える可能性がある。くわえて，企業の視点か
らみると，貿易相手国の企業が緩い規制により価格競争力をもっており，そ
の財やサービスが自国に輸出されることは，競争をするうえで公平ではな
い[9]。このため，国によっては自由貿易協定を締結する際に，貿易相手国が
環境・労働基準を緩めて自国産業のコスト面での競争力を高めることを防止
している。たとえば，アメリカは1992年の北米自由貿易協定（NAFTA）で
環境条項を入れた。そして，2020年に発効した新 NAFTA とも呼ばれるアメ
リカ・メキシコ・カナダ協定（USMCA）でも環境条項が保持されている[10]。
EU も2009年に韓国との FTA を締結して以降，自由貿易協定にサステナビリ
ティ条項を導入した。遵守ができていない場合には，貿易差し止めや，優遇
関税の適用除外などの措置がとられる[11]。

　しかし，条約や国際機関を通じた施策，または二国間の FTA などの制度
設計は，合意形成や実施にいたるプロセスが長期にわたる。かりに条約が締
結されても，実施までには長い時間が必要となる。また条約の実施には国内
法を制定したり，国内で規制を実施する必要がある。しかし相手国の規制の
モニタリングが十分でない場合も多く，実効性が担保されるかは不透明であ
る。FTA の環境条項についても，その効果を検証する研究があるが，環境
保全に役立ったとのコンセンサスは得られていない[12]（Abman *et al*. 2024）。

9）EU 等の厳しい規制が導入される国や地域の企業は，貿易相手国の規制水準が相対的
　に緩い場合に競争条件で不利になる。このため，公平な競争条件（レベル・プレイイン
　グ・フィールド）が重要であることを主張する場面が多い。
10）本書ではジェンダーについては扱っていないが，ジェンダーについても貿易協定で規
　定されている（岡本 2023）。
11）EU のサステナビリティ条項についてはリンク参照〈https://www.europarl.europa.eu/
　RegData/etudes/BRIE/2021/698799/EPRS_BRI（2021）698799_EN.pdf, 2024年10月アクセス〉。
12）ほかの文献も挙げておく（Baghdadi *et al*. 2013；Brandi *et al*. 2020）。

サステナビリティと途上国

　このように，グローバル経済において，国境を越えるサステナビリティ課題は，政府による規制や国際機関による施策だけでは十分に機能しないことが課題になってきた。とりわけ途上国が原材料の生産国であるような場合に，対策が難しい課題として認識されてきた。

　途上国のサステナビリティ向上の難しさについて，先ほどのカカオの事例に戻って考えてみる。カカオの生産国はアジアやアフリカの途上国であり，生産されたカカオの多くは先進国に輸出されている。カカオ生産のための農地開拓は，森林破壊の原因になってきた。生産国の森林保護規制が十分に実施されていないことが，森林破壊の背景にある。森林破壊は，温室効果ガスの吸収源を減らすことで地球温暖化を悪化させ，森林が原生林などであれば生物多様性の喪失につながる。森林は温室効果ガスの吸収源であり，生産国だけでなく地球全体がその恩恵を受けており，森林は国際公共財である[13]。しかし，先進国の消費が，国際公共財である途上国の森林伐採を引き起こす原因となっている状況がある。

　生産国政府が森林破壊を規制すればよいだろう。しかし，生産国が途上国である場合，規制の実施が十分行われないことも多い。政府の人員や資金が限られていること，また経済発展を優先する必要性が高いことなどが背景にある。

　さらに途上国では，生産者の多くが小規模生産者であることが，規制実施を難しくしている。規制を実施すると，対象となる生産者にコストが発生する。森林伐採が規制されると，森林を伐採する代わりに農地を購入する費用が発生する。労働安全基準が導入されると，通常使用しないヘルメットなどの装備を追加して購入しなければならない。このように，サステナビリティにかかわる規制を遵守するためには，農家が経済的な負担を行う必要がでてくる。しかし，小規模生産者のなかにはこれらの支出が困難な状況におかれ

13）公共財とは経済学の用語で，共同で消費し，ほかの人の消費を排除したり，競合したりすることがない財を指す。ここでは，森林が温室効果ガスの吸収源となっているということで得られる便益は，世界の人々が享受するものであり，誰かを排除したり，競合したりするものではないという側面から国際公共財と呼ぶ。

24　第Ⅰ部　サステナブル認証の基礎

る人々も多く存在する。このため，規制実施のためのモニタリングや支援が実施されなければ，森林破壊が続き，労働安全が十分保たれない状況が続く蓋然性がある。なにより，規制のために農民の生活が立ち行かなくなったりすれば，貧困削減にも逆行してしまう。

　生産地での規制が十分に実施されない場合，先進国の消費が原因となるサステナビリティを向上するためにはどのような施策がありうるだろうか。そもそも実際は，消費者が遠く離れた海外の森林破壊の問題を認識することは難しく，生産国政府に規制実施を働きかけることも困難と言わざるをえない。また，消費者が居住する国の政府が生産国政府に働きかけようにも，消費国が生産国の政府が実施する森林保護規制に介入することは難しく，内政干渉にもなる。そして，いまのところ，温室効果ガスを吸収したり，生物多様性を保全したりする森林の価値をグローバルに取引する市場はなく，国際公共財である森林の価値が評価される仕組みがない。このように，公共財の価値が市場取引に十分反映されない状況において，経済主体が合理的に行動した結果，公共財を棄損してしまう。このようなメカニズムは，経済学では「コモンズの悲劇」（Hardin 1968）と呼ばれる。

2　サステナビリティ課題と市場経済

サステナビリティ課題と企業

　国境を越えたサステナビリティかかわる課題への対応は，政府のみの役割と考えられてきたわけではない。先進国の市民や消費者は，購入する財やサービスを提供する先進国企業が，海外で環境や労働問題を引き起こしていることを懸念していた。そして問題が明らかになると，企業に対応を迫ってきた。

　多国籍企業のサプライチェーン上のサステナビリティの問題はしばしば明らかにされてきた。1997年，スポーツメーカー・ナイキのインドネシアやパキスタンの委託工場で強制労働や児童労働が行われていることが明らかになり，学生や消費者によるボイコット運動に発展した事例がある。サステナビ

リティの問題を引き起こした企業に対して，社会が改善を求めた活動といえる。また，アップル社の労働環境も大きな問題として取り上げられた。2012年，Fair Labor Association という非営利団体が，アップル社が中国で生産を委託している台湾・鴻海精密工業の中国子会社，富士康科技集団（フォックスコン）で工場労働者の労働条件に問題があるという報告を行い，アップルは対応を迫られた。

　企業自身が環境や人権の問題に関与していなくても，サステナビリティに配慮した生産活動を行う努力を行う企業も多い。食用の植物油やシャンプーなどの原材料のパーム油の生産が，森林破壊の原因となり，またオランウータンなど希少動植物の生息地を奪っていると指摘されている。これを受けて，パーム油を生産，加工する企業が農園でのサステナビリティの状況を改善するための活動を行っている。

　これらの事例にみられるように，原材料調達から最終財にいたるサプライチェーン全体の労働者の安全管理や人権尊重，環境保全をする責任を企業に求める社会の動きが強まっている。サステナビリティの問題を引き起こすことが企業に与えるダメージは大きい。とりわけ多国籍企業にとって，サプライチェーン上の取引先が引き起こす環境や労働，人権問題が経営リスクになってきた[14]。環境 NGO の調査やメディアによる報道により，ブランド企業の途上国サプライヤーの劣悪な労働環境や強制労働などについて問題が告発された事例では，告発された企業が消費者による不買運動や，投資対象としての価値の低下，そして企業ブランド価値の低下に直面してきた[15]。このため，企業のリスク管理の目的で，サステナビリティに配慮し，問題があれば対策することは重要であると認識されるようになっている。

14）次ページのように，企業はリスク軽減のために CSR 活動を行う。CSR 活動に含まれる理念は，1999年に提唱された国連のグローバル・コンパクト（United Nations Global Compact）という国際的なプラットフォームでも普及の努力が行われてきた。

15）しかし，このような動きに対し，多国籍企業が低賃金，劣悪な労働環境で労働者を雇用しているという証拠はないと批判する論文もある（Brown *et al.* 2004）。多国籍企業は地場企業に比べると，高い賃金水準や良い労働環境を提供していることが示されている。

サステナビリティと CSR

このように，サステナビリティの問題を引き起こすのも企業だが，課題を解決し，予防措置を講じることができるのも企業である。企業は古くから自主的にサステナビリティに貢献する取り組みをしてきた。「企業の社会的責任（CSR）」は，企業が利益を追求するだけでなく，法令順守をし，また社会や消費者を含むステークホルダーに還元をしていくように自主的な規制を行うビジネスモデルである。CSR の歴史に関する研究によると，企業と社会の関わりについては古代ローマ法にも記述があるとされる。1800年代頃にはキリスト教的価値観を背景に，企業が労働者階級の人々の福祉に寄与するべきとの考えがあった（Latapí Agudelo *et al.* 2019）。

1950～60年代には，企業が，雇用する従業員だけでなく顧客にも大きな影響を与えることも踏まえ，広く社会に責任を持つべきであると変化していった。このように当初は，社会や労働者，消費者など人との関係が主な CSR 活動の対象と考えられた。

1970年代に入ると，企業と環境の関係にも焦点が移った。ローマ・クラブが『成長の限界』（1972年）と題する研究を発表し，資源と地球環境が有限であると警鐘を鳴らしたことも契機となり，環境問題も企業の社会的責任の対象と考えられるようになった。

1990年代頃には，さらに CSR 活動の重要性が高まった。グローバル化にともない活動の地理的範囲が広がった多国籍企業を中心に，企業戦略の一部として CSR 活動を採用する動きが拡大した。たとえばコカ・コーラは2001年にアフリカの HIV/AIDS の予防・治療に資金を拠出し，2007年には NGO の WWF と協力して水源の保全を行ったり，ジョンソン・エンド・ジョンソンは，結核治療薬の提供など世界のヘルスケアの格差を減らす活動などを行っている。日本でも，多くの企業が国内だけでなく海外での CSR 活動を行っている。自社のサプライチェーンにつながる途上国の農家やその家族の生活の支援をするプロジェクトもある。

歴史的な経緯を経て，近年の CSR 活動は，環境関連では地球温暖化対策，環境汚染や海洋プラスチックを含む廃棄物削減などの環境負荷の低減，労働・人権関連では労働環境の整備，より広く社会に資する活動への寄付やコ

ミュニティとの対話，そして金融や投資に資するように透明性がある形での活動内容の開示など幅広い取り組みを含んでいる。

CSR にみる企業の動機と利潤

　CSR 活動を企業の属性ごとにみると，先進国の企業は，株主や顧客などのステークホルダーの影響で CSR 活動に取り組む一方，途上国の企業は，外国の顧客企業や投資家からの圧力が取り組みに与える影響が強い。また，大企業に比べて中小企業の取り組みの有無はさまざまな条件に左右され，企業の特性によって違いがあることなどが報告されている（Ali *et al.* 2017）[16]。

　企業は環境破壊などの原因をつくりだす悪者として認識された時期もあった。企業によるサステナビリティへの関与は，発生した問題への対応という消極的な方法であることも多かった。しかし，企業が積極的に社会で役割を果たすことで，より大きな利益につなげられるという考えも生まれた。1960年以降，サステナブルな社会の構築に貢献することをビジネスとする考えが広まりはじめた。さらに時代が下ると，サステナブルな社会の理想を掲げる活動だけでは普及に限界があるなか，サステナブルな活動を行うことが企業の利潤につなげることを普及の梃（レバレッジ）とするという戦略的な考え方が出現してきた。

　その後，大企業を中心に，サステナブルな活動が社会にも貢献し，さらに利潤の増加にもつながるようなビジネスモデルを構築し，取り組みを拡大していくという動きがみられるようになった（Jones 2017）。たとえば，CSR活動の情報開示により，サステナビリティに寄与した企業の商品が市場でブランド価値と付加価値を高めることができる。また，投資先を選定するESG 投資を行う投資家から資金を得やすくなることが期待される。さらに，企業の理念に賛同する労働者の雇用が可能になるなどのメリットもあるだろう。

　企業属性によって違いはあるものの，企業の CSR 活動は財市場と金融市場の両方からメリットを受けられる期待もあり推進されているといえよう。

16）小規模企業への影響の既存研究レビューもある（Lepoutre & Heene 2006）。

グローバル・サプライチェーンの管理

CSR 活動のなかでも近年とくに重要になってきているのが，企業のサプライチェーンのサステナビリティの確保である。企業は自社だけではなく，海外を含むサプライチェーン全体のサステナビリティに責任を持ち，社会的責任を果たすことが要求されている。しかし，企業がサプライチェーン全体を把握することは容易ではない。グローバル化により，財の生産を担うサプライヤーや工場は世界各地に散らばるようになっている。

チョコレートのサプライチェーンを考えても，生産活動のサステナビリティの管理は大変な作業である。原料のカカオは，ガーナやコートジボワールなどの生産国にある小規模農家を含む生産者，集約や一次工程を行う業者，流通・輸出業者の手を経て加工工場に運ばれる。加工されたチョコレートの原料はその後メーカーに販売され，最終製品になったのちに小売業者に送られる。いくつもあるサプライヤーの農園や工場のサステナビリティを担保するためには，商品を販売する企業は人を派遣するなどして，サプライチェーンの上流[17] を含むモニタリングの仕組みを作る必要がある。

しかし，このような活動のためには経営資源の投入が必要で，生産コストと価格の上昇につながる。企業の社会的責任を果たすことは企業のブランド価値を棄損するリスクを減らすために不可欠であるが，サプライチェーンを上流まで遡ってサステナビリティ向上の対策を行うためにはコストもかかる。このため，便益とコストをあわせて，どのようにサステナビリティ向上を行うかが企業の競争力に直結することが認識されるようになった。

サステナビリティのコスト負担

CSR 活動が普及するなか，その課題も指摘されてきた。CSR 活動は各企業による自主的な取り組みであるため，適切な目標が設定されているか，また目標が達成されているか，透明性が十分かどうか客観的に評価することが難しいという課題が表面化した（Velte 2022）。くわえて，サステナビリティ

17）サプライチェーンの上流とは，ある企業からみて原材料生産や加工品をその企業まで輸送する過程のこと。サプライチェーンの下流とは，ある企業から消費者までの販売等の過程のこと。ここでの上流は，カカオ農家や加工工程，中間の運搬業者などを指す。

にかかわる取り組みのなかには内容が誇張され，実際のインパクトは限られているものがあるとの懸念が出された。このような事象はグリーン・ウォッシュ（環境に良いとみせかける欺瞞）と呼ばれる[18]。

　その背景には，サステナビリティにかかわる活動にはコストがかかるため，その節約しようとする動機が影響している。サステナビリティにかかわる活動のコストは，誰が負担するのであろうか。発注元の小売企業等が負担すると，自社の利益が減ることになる。また，サプライヤーである途上国の生産者がコストを負担する場合，小規模生産者は負担に耐えられず，サステナビリティを高める生産活動をあきらめるかもしれない。財やサービス価格にコストを上乗せする場合はどうだろう。消費者が価格だけを根拠に買い物をしていれば，価格が上昇した財への需要は減少する。サステナブル活動は自主的であり，社会や市場からの評価が得られなければ，企業はサステナビリティに配慮した財を供給するインセンティブを継続して持つことは難しい。

企業と消費者をつなぐ必要性

　このように考えると，サステナビリティの取り組みを企業が進め，また消費者が企業のサステナビリティを向上させる取り組みを評価し，上乗せ価格を負担してくれることによって，市場でサステナビリティ価値の取引が行われることになる。1980年代くらいから，主に先進国の消費者の購買力を活用して，生産国のサステナビリティに関与する動きが出てきた。とりわけ，サステナビリティに配慮した消費活動であるエシカル消費の推進である。商品の生産にかかわるサステナビリティの課題について，消費者が問題を理解したうえで，取り組みを行う企業の財を選択することが課題解決の一助になるのではないか，と考えられるようになった。SDGsでは，目標12番で「つく

18）このこともあり，フランスでは2001年にCSRの活動内容の開示を義務付け，2014年欧州連合（EU）では，非財務情報開示の義務付けなどが行われており23，自主的な取り組みであった企業のCSR活動の質を規制で担保しようとする動きが進んでいる。サステナビリティ分野では，法的な規制の限界を民間のCSRが補う一方，CSRの課題を規制で克服しようとしている。このように，CSRを通じた民間がサステナビリティに果たす役割と政府の役割の境界線は曖昧になっている（Scherer & Palazzo 2011）。

30　第Ⅰ部　サステナブル認証の基礎

る責任，つかう責任」が掲げられているが，このように，サステナビリティの課題に対しては，生産者だけでなく，生産者と消費者が取り組むべきであるということが強調されている[19]。

　SDGs目標の第12番「つくる責任，つかう責任」のなかの目標12.6では，消費や調達を通じて，生産を行う大企業や多国籍企業に「つくる責任」を果たすこと，すなわち持続可能な生産活動を行い，関連する情報を開示するように促していくことを推奨している。サステナビリティを高める責任は生産者だけではなく，消費活動にもともなうことを強調する背景がある。「つかう責任」を負う主体は消費者や政府などの需要者であり，これらの主体が消費や調達をする際にサステナビリティに配慮をすることが必要とされている[20]。政策や政府調達がエシカル消費推進に果たす役割も期待される。

　このように，生産者のサステナビリティ向上への取り組みと，消費者がサステナビリティに配慮した商品を選択するという行動変容が両輪となり，新しい市場や需要を創り出していくことが期待されている[21]。そしてエシカル消費は国境を越えて，生産者の行動を変えていく力になる可能性がある。

　しかし，序章で述べたように，消費者がスーパーやコンビニなどで買い物をするときに，どれが持続可能な生産方法で作られているのかを判別することは難しい。そしてその判別ができなければ，消費者は財の購入を通じたエシカル消費を行うことができない。そこで，次節ではエシカル消費のツールとしてのサステナブル認証，サステナブル・ラベルについて論じていく。

---

19)　SDGsとサステナブル認証の関係についての分析，論述は以下を参照（中川 2021）。

20)　「つかう責任」には，購入時のサステナビリティ配慮だけでなく，食品の廃棄など無駄をなくす消費者の行動変容も含まれる。

21)　消費者庁でもエシカル消費に関するウェブサイトを作成している〈https://www.ethical.caa.go.jp, 2024年10月アクセス〉。

3　サステナブル認証の活用

サステナブル認証とは

ここで，実際のサステナブル認証をみていくことにしよう。日常生活のなかでさまざまなエコラベルを目にしたことがあるのではないだろうか（図1.1）。コーヒーやチョコレートのパッケージにある国際フェアトレード認証（FAIRTRADE）やレインフォレスト・アライアンス（Rainforest Alliance）のカエルのラベル。マクドナルドに行くと，カップや紙のストローにはFSC®（Forest Stewardship Council®），そしてフィレオフィッシュを食べるとMSC（Marine Stewardship Council）というラベルが付いている。ほかには，日清カップヌードルやサラヤの石鹸のパッケージをみると，ヤシの木のロゴにRSPO（Roundtable on Sustainable Palm Oil）と記されたラベルがついているし，イオンやセブン‐イレブン，生協などで買い物をすると，食品や紙製品にもこれらのラベルを見つけることができる。このようなラベルをエコラベル，またはより広い意味のサステナブル・ラベルと呼ぶことにする。

これらのエコ（サステナブル）ラベルは，グローバル化した世界のなかで，国境をまたいで生産者と消費者が持続可能な生産活動と消費活動を行うためのコミュニケーションを図る目的で作られてきた。例で挙げたチョコレートや紅茶，紙，植物油などの原材料がどこからきているか考えてみたことがあるだろうか。カカオはアフリカのコートジボワールやガーナ，紅茶はケニヤやスリランカ，石鹸の原料となるパーム油はインドネシアやマレーシア，紙の原料となる木材はベトナムなどが主要な原産国である（図1.2）。このように日本で目にするエコラベルのなかには開発途上国の農産物を原材料とする商品も多い。そして私たち消費者に，遠い国や地域で生産された原材料の生産工程が環境や人権に配慮したものであるというメッセージを伝える役割をしている。

これらのラベルは，サステナビリティ価値を付与した財やサービスのエシカル生産・消費を促進するひとつの手段として使われている。そして本書の

32　第Ⅰ部　サステナブル認証の基礎

国際フェアトレード認証　　FSC「チェックツリー　　　MSC「海のエコラベル」
ラベル　　　　　　　　　　マーク」ロゴ

図1.1　日本でみられるエコ（サステナブル）ラベル
画像提供：特定非営利活動法人 フェアトレード・ラベル・ジャパン，特定非営利活動法人 日本森林管理協議会（FSCジャパン），一般社団法人 MSCジャパン。

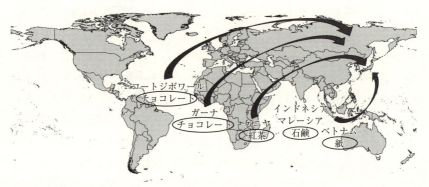

図1.2　エコ（サステナブル）ラベルが貼られている商品の原産国の例
出所：筆者作成。

　テーマは，これらのエコ（サステナブル）ラベルと認証であり，グローバル・サプライチェーンを通じて生産され，取り引きされる財を対象としている。

　第2章でサステナブル認証についてはより詳しく説明するが，簡単にいうと，サプライチェーンを通じてサステナビリティの向上につながる実践を，定められた基準にもとづき行うことで，財のサステナビリティを確保し，監査を通じてそれを確認，またラベル等を使って見える化し，結果として創造されたサステナビリティ価値を市場で取り引きする取り組みである。さらにいうと，NGO，生産者，小売企業，銀行など民間セクターが議論をして環境保全や森林保護，労働環境を含むサステナビリティの基準と仕組みを作り，

第1章 グローバル化とサステナビリティ 33

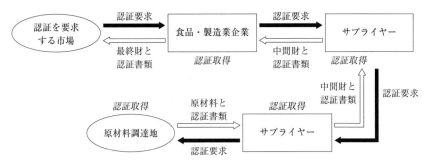

図1.3 サステナブル認証の要求と財の流れ
出所：筆者作成。

生産者，加工業者に対して策定したサステナビリティ基準にもとづく生産活動を求め，さらに生産者や流通業者に商品のトレーサビリティを確保してもらう。サステナビリティに配慮した原材料を使って生産した財を認証し，エコラベルを財に貼付する。関心をもつ消費者がエコラベル付きの商品を選択して購入することで，サステナビリティ価値が取引可能になる。

このように，サステナブル認証は，サステナビリティ推進の取り組みに市場メカニズムを使う特徴がある。さまざまな方式が出現しているので一般化は控えるが，先進国市場に供給を行う多国籍企業等が，生産者に認証取得を促すことで，先進国市場がサプライチェーンを通じてサステナビリティを世界に広げていく仕組みが想定されている。

企業がサステナブル認証を利用する場合のサプライチェーンの管理は，どのような方法になるだろうか。図1.3はサステナブル認証の要求と財の流れを示したものである。サステナブル認証財を市場に供給することを意図する企業が，立地する国や地域を越えて，サプライヤー企業に，認証取得を要求することになる。最終財（消費者や最終需要者に供給される財）の生産者が，調達を行うサプライヤー企業にサステナブル認証を取得した中間財を納入するよう要求を行う。要求を受けた企業は，自社サプライヤーにも同様の対応を求める。要求の連鎖は原材料の生産者に到達し，サプライチェーンの上流の生産者にも基準への適応と認証取得の要求が伝えられる。要求を受けた原材料生産者，中間財生産業者，最終需要者である消費者に供給する最終財生

産者の各段階でサステナブル認証を取得し，分別管理したうえで，認証財とそれを証明する書類を最終財生産者につなぎ，認証された財を市場や顧客に供給する。

実は図1.3のような認証要求の伝達は，製品規制などのデ・ジュールの（法的な）規制と同様に実施される。顧客からのサステナブル認証取得の要求が拒否できないものであるならば，デ・ファクトの（事実上の）規制であると考えられ，その機序の経路も同様のものとなる。くわえて，生産工程における環境問題や労働・人権問題のような現場での確認が必要なサステナブル認証は，サプライチェーンの各段階の生産現場が基準を満たし，また状況についての情報を入手したうえで，財と情報を消費者まで伝達する役割を果たしている。

サステナビリティ課題の国家と民間施策の比較

これまで述べたように，国境を越えるサステナビリティ課題は，国家による政策や国家間で合意する条約では十分な効果が得られてこなかった。規制当局としての国家の役割が十分果たせないなか，サステナブル認証は，国家を超えた事実上の規制制度を民間が構築した取り組みともいえる（Vogel 2008）。そして，民間サステナブル認証は，非政府で市場主導的な（NSMD：Non-State Market-Driven）仕組みと呼ばれることもある。

民間のサステナブル認証の仕組みは参加が自主的であるため，参加する生産者には動機が必要となる。そして，サステナブル認証は基準を適用し認証を取得する企業にメリットをもたらす必要があり，5つのメリットが挙げられる。

第一に，企業がグローバル・サプライチェーンの環境や社会配慮を行う取り組みには，世界に張り巡らされる生産ネットワークの複雑さを考えると多大な困難やコストの増加がともなう。とりわけ，サプライチェーンの国際化で原材料や生産工程は世界に散らばっている。サプライチェーンのサステナビリティを確保するためには，まず何層にもわたる取引相手先のサステナビリティの状況を把握しなければならないが，認証されたサプライヤーを使えば，その作業を代替できる。

第1章　グローバル化とサステナビリティ　　35

　大手多国籍企業はリソースもあり，自社農園を保有する場合など，各サプライヤーにサステナビリティ基準を説明し，適用を促し，確認をすることが可能な場合もあろう。しかし，大企業でさえ，いわんや中小企業が，グローバルに広がるサプライヤーも含めてサステナビリティ基準に適用していくことには限界がある。そもそも自社サプライヤーの調達先の情報を入手できる機会も限られているのが現状で，サプライチェーンの上流まで遡ってトレーサビリティをとることなどほとんどの企業はできないだろう。しかし，サステナブル認証はその困難な作業を少なくとも一部代替することが可能である。なぜならサステナブル認証制度は，自社のサプライチェーンのサステナビリティの状況を直接確認しなくても，サステナブル認証を取得したサプライヤーを調達先に選定することで，一定のサステナビリティの確保を可能にするからである。このため，グローバルに広がる生産ネットワークのサステナビリティ施策の実施と管理をアウトソースする方法として，認証制度が必要とされるようになった。

　第二に，企業はCSR活動においてサステナビリティの取り組みを試行錯誤しながら行ってきた。企業にとってサステナブル認証が必要になった別の背景として，国際市場に輸出をする各企業が，CSR活動として独自にサステナビリティを定義して実践する基準を策定することも，多くの知見と作業を必要とすることがある。何をサステナビリティとするかは，国や企業，NGOなどの主体間や課題ごとに異なっている。どのような内容であれば現地で基準の適用が可能なのかは現場の生産者や状況によって異なり，外部者では十分な把握は難しい。また目指すサステナビリティの内容は，サステナビリティに関する新しい課題が認識されるとともに，その状況を改善するように変化していく。

　このような背景もあり，サステナビリティ基準を企業が策定してもそれが市場や社会で十分受け入れられない不確実性がある［コラム①］。国際的にサステナビリティが重視されるようになる一方で，サステナビリティという壮大で漠然とした概念をどう定義するか，実施やモニタリングのメカニズムをどのように設定するかについて，世界的に合意された唯一の定義はない。このような複雑な状況で，何がサステナビリティの中身として適切なのかを

決め，それを標準化していくルールづくりをする必要がでてきたことも，基準策定や監査を第三者機関として請け負うサステナブル認証制度設立の背景にある。

第三に新技術への対応をアウトソースできるメリットがある。技術進歩はサステナビリティの分野にも影響を与えている。モニタリングの方法をとっても，デジタル技術の開発や普及，森林破壊の状況を客観的に把握するための衛星画像の利用が容易になることなどで，それまで可能でなかった施策やモニタリングが可能になることもある。個別のサプライチェーンで温室効果ガスを計算するツールも開発されている。技術にあわせてサステナビリティに求める内容もモニタリング方法も変化するが，その対応を認証制度にアウトソースすることが可能である。

第四に，サステナブル認証は，原材料を出荷する生産者にもメリットをもたらす。すでに説明したように，サプライチェーンを通じた生産活動は，途上国で環境や労働・人権問題を引き起こす可能性がある。しかし，生産者が問題解決を行うインセンティブや経済的余裕がない場合，サステナビリティの施策は進展しない。このような状況下，サステナブル認証ではいかに，途上国の生産者がサステナブルな生産活動を実践するための資金を先進国市場から，サプライチェーン上流の生産者に移転するかも重要な課題となってきた。サステナブルな財にプレミアムを支払ったり，ある一定の所得を保障するなどの仕組みが必要であることも認識され，そのような仕組みを備えることが多い。このため，生産者も認証に参加することにメリットを感じる。

第五に，エシカル消費に関心がある消費者にとっても，商品にサステナビリティに配慮した生産活動を通じて生産されたことを示す表示があることは，商品の選択肢を提供するうえでも重要である。ラベルの認知度を高めるのも企業努力が必要であるが，サステナブル認証の場合は認証団体が広報活動を行っており，広く知られるものも多い。このため，よく知られた認証を使うことで消費者にも認知されやすい。そして，そのような財を購入する消費者や最終需要者がいることで，サステナブル認証の市場が成立する。

4　小　　括

　このように，サステナブル認証の制度は，企業やNGOなど問題意識をもつ民間セクターが中心となって作られ，とりわけ多国籍企業のCSR活動の一環として，サプライチェーンの（政府の規制によらない）自主規制の方法のひとつとして使われるようになってきた（Abbott & Snidal 2009）。背景には，社会からの企業の社会的責任を果たす要求の高まり，グローバル化による複雑なサプライチェーンの管理，CSR活動では成し遂げられなかった客観性の担保がある。さらに，サステナブル認証制度は，CSR活動のような自主的かつ，とくに直接目に見える形で利益を生まない取り組みを，エシカル消費に賛同する消費者やESG投資を行う投資家に見える形で提供し，企業の利益と普及につなげる役割をもつ（Gulbrandsen 2014）。

　このように，サステナブル認証は，グローバル化のなかで，既存の政府の施策では達成が難しいとされてきた課題に取り組む仕組みのイノベーションとして登場し，重要な役割が期待されている。

38　第Ⅰ部　サステナブル認証の基礎

コラム①　自社基準によるサステナビリティへの取り組み

　私たち消費者はチョコレートやシャンプーの原材料としてパーム油を多く消費している。東南アジア原産国のプランテーション開発では，熱帯林の伐採や泥炭地の利用で温室効果ガスを増加させるほか，生物多様性を減少させる原因となってきたといわれている。

　パーム油を原料とするチョコレートの生産を行う多国籍企業のネスレ（Nestlé）は，調達するパーム油がサステナビリティに配慮していることを示すためサステナブル認証も利用するが，自社で「責任ある調達（Responsible Sourcing）」[1]基準を策定し，運用している。基準は人権や環境，企業倫理の項目のほか，確認や違反がある場合の対応についても定めている。森林に関しては，2010年に，2020年まで森林伐採をともなわずに確保できる原材料を調達することを目標として掲げた。

　しかし，基準を満たしているかどうかの確認は，監査や認証のほか，自己宣言でも可能と規定した。このため，自己宣言による確認が信頼できるかどうかが問われた。また，調達先の情報などの情報公開が十分ではなく，外部からの検証が十分行えないという批判がなされた。ネスレの取り組みはサステナビリティへの貢献が認められるものの，その基準の実効性には疑問を投げかける NGO などの報告書も出されている[2]。

　1）ネスレ責任ある調達コード〈https://www.nestle.com/sites/default/files/asset-library/documents/library/documents/suppliers/nestle-responsible-sourcing-standard-english.pdf，2024年10月アクセス〉。
　2）ネスレによる RSPO との問題に関する説明〈https://www.nestle.com/sites/default/files/asset-library/documents/library/documents/suppliers/nestle-response-rspo-suspension-28-june-2018.pdf，2024年10月アクセス〉。

第 2 章

サステナブル認証とは？

　本章では，サステナブル認証の策定や取得にかかわる仕組みについてみていく。サステナビリティの基準とはどのようなもので，誰がその基準を決め，どのように取得が行われているのかを述べる。また認証制度運用にあたり，苦情や疑義があるときの解決メカニズムについてもみていく。

1　サステナブル認証と基準例

　前章でいくつかのサステナブル認証を紹介したが，複数の分野でサステナブル認証が策定されている。サステナブル認証は財やサービスなどに対して作られており，食品（農産物・水産物），林産物，化学物質，繊維・衣類，化粧品，電気・ガス，電気電子製品，おもちゃ，観光，ビル，住宅などの分野でみられる。表2.1は国際的に流通するサステナブル認証の例を挙げている。また，国際的な制度が先行しているが，国内向けに策定された認証もある。表2.2は，日本で作られたサステナブル認証を挙げている。たとえば農業分野をみると，ヨーロッパで策定された GLOBALG.A.P. が国際的に普及している一方，JGAP という日本独自の認証が作られるなど，複数の認証が同じ分野で策定されることもある。国内外で類似の認証が作られることは，日本だけではなく，他のアジアの国々やアメリカ，ラテンアメリカなどでも行われている。

40　第Ⅰ部　サステナブル認証の基礎

表2.1　国際的に流通するサステナブル認証の例

分　野	国際的に流通する認証と主な策定国・地域
ビル	LEED（アメリカ），BREEAM（イギリス）
農業	GlobalG.A.P.（ヨーロッパ），RSPO（ヨーロッパ）
林業	FSC[※], Rainforest Alliance（アメリカ），PEFC（フランス）
水産（漁業・養殖）	MSC（イギリス），ASC（オランダ）
繊維	OEKO-TEX（ドイツ）
省エネ	Energy Star（アメリカ）
労働	FAIRTRADE（ドイツ）

出所：筆者作成。　　※設立当初から国際的な取り組みである。

表2.2　日本で策定されたサステナビリティ認証の例

分　野	開始年	ラベルの名称
ビル	2001	CASBEE（建築環境総合性能評価システム）
農業	2001	有機 JAS
	2007	JGAP
	2017	ASIAGAP
水産（漁業・養殖）	2016	MEL（マリンエコラベルジャパン）
エコ	1989	エコマーク
	2002	エコリーフ環境ラベル
林業	2003	SGEC（PEFC）
省エネ	2000	省エネラベリング／JIS 規格
輸送	2005	エコレールマーク

出所：環境省の環境ラベル等の紹介ページ〈https://www.env.go.jp/policy/hozen/green/ecolabel/a01_01.
　　　html，2024年10月アクセス〉より筆者作成。

サステナビリティ基準と標準

　本書では，環境だけでなく，生産性の改善と生産者の生活向上，労働環境の向上や人権保護を含むサステナビリティにかかわる基準をサステナビリティ基準と呼ぶ。「スタンダード」は日本語では規格・基準であるが，サステナビリティという生産工程にかかわる環境や労働等についての基準であるため，製品の規格とは異なる。本書では，「スタンダード」，または「基準」という言葉を使う。サステナビリティ基準について扱う国連サステナビリティ基準フォーラム（UNFSS）では，自主的サステナビリティ基準（VSS）を以下のように定義している（UNFSS 2016: 4）。

　　サステナビリティ基準は，農家や流通業者，加工業者，小売業者，サ

第2章　サステナブル認証とは？　　41

表2.3　RSPO 2024年の原則とその概要

項　目	原則（Principle）
ガバナンス	倫理的に透明性のある活動を行う
合法性	法律や国際法に則り，権利を尊重して活動を行う
経済	生産性や効率性を高め，レジリアントでよいインパクトを与える
社会	コミュニティや人権を尊重する／小規模農家の包摂性に配慮する
労働者権利	労働者の権利や条件を尊重する
環境	環境とエコシステムを保全する

注：RSPO ホームページ〈https://rspo.org/resources/，2024年10月アクセス〉をもとに筆者作成。
　　P&C2024 の原則部分の筆者によるまとめ。

　ービス業者などが満たすことを要求される基準で，人権や労働者の福祉，
安全性，環境，コミュニティとの関係，土地利用の計画など幅広いサス
テナビリティにかかわる基準を指す。

　サステナブル認証は，具体的にはどのような基準を採用しているのであろ
うか。サステナビリティ基準は多様であり一般化はできないが，パーム油の
サステナビリティに関し，世界でもっとも普及している認証制度のひとつで
ある RSPO を例としてみてみよう。RSPO では，サステナビリティの原則と
基準（P&C）を定めた文書を作成している。2018年に出された基準書は137
ページの文書であり，ここで望ましい結果を示した「原則（Principles）」と，
原則を満たすために必要な実施方法や条件についての「基準（Criteria）と
指標（Indicators）」が定められている（RSPO 2018）。P&C は定期的に改訂が
行われるが，2024年 P&C のサステナビリティ基準が求める方針の項目だけ
取り出し，非常に簡易にまとめたのが表2.3である。大きく環境や労働，人権，
社会への配慮，そしてガバナンスの項目がある。それぞれのサステナブル認
証は，このような原則や，その項目にもとづいた細かな基準，そしてそれを
測る指標にもとづいて運用が行われている。
　基準策定の過程で，策定された基準に問題があると考えるステークホルダ
ーや一般市民がいる場合もある。基準を策定する過程には労働者やコミュニ
ティ，NGO などのステークホルダーが関与したり，また基準案が策定され
たのちにパブリックコメントを募集することで，より広い意見や視点を取り
入れる仕組みになっている。さらに時間の経過とともに新たなサステナビリ

42　第Ⅰ部　サステナブル認証の基礎

ティのリスクに対応する必要性が発生したり，運用している過程で課題が見いだされるなど，現在の基準の改訂が必要になる場合は，次の改訂時期に反映させる仕組みとなっている。

サステナブル認証の仕組み

前章でも説明したように，多くのサステナブル認証は，定められたサステナビリティ基準を満たしているかどうかを確認するために，第三者監査機関を経て認証を発行している。このため，サステナビリティ基準を満たし，それが監査機関によって確認される仕組みを本書では「サステナブル認証」の主な対象として扱う[1]。また，認証された生産者により生産された原材料が消費者に届けられるような管理を行う商品に，「サステナブル・ラベル」が表示される。

まず，一般的に馴染みがある言葉であると考えられるエコラベルについて定義しておきたい。エコ（環境）ラベルとは，「製品やサービスの生産から廃棄までの環境側面について，環境保全に役立つと認められた商品について，製品や包装ラベル，製品説明書，技術報告，広告，広報などに書かれた文言，シンボル，または図形・図表を通じて購入者に伝達するもの」を幅広く指す用語である。ただ近年これらのラベルの対象は環境問題だけではなく，広くサステナビリティの課題を扱うようになっている。

本書で扱うサステナブル・ラベルはエコラベルよりも対象が広く，とりわけ（1）環境に配慮することを含むサステナビリティの基準にもとづき生産活動や交易を行い，（2）商品の原材料や加工工程を含む生産現場や流通を含むサプライチェーンのトレーサビリティ（原料から加工，消費段階の追跡可能性）を確保したうえで，（3）基準に適合した原材料・商品が流通していることを監査して認証し，（4）それを伝達する手段として商品にラベルを貼り，購入者に対して提示する役割を果たすものとする（図2.1）。

また，エコラベルとサステナブル・ラベルの違いとして，エコラベルは環境配慮をした生産を推進し，消費者に伝達するものだが，サステナブル・ラ

---

1 ）第三者監査を採用しない確認方法もあるが，本書では主に第三者監査の制度を扱う。

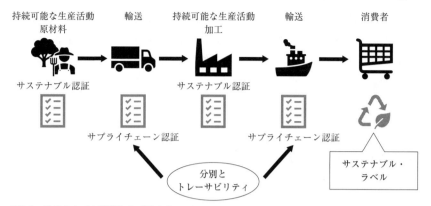

図2.1 サステナブル認証とサプライチェーン
出所：筆者作成。

ベルは市場を変革する（transform the market）ことを目的にしていると説明されることもある（Bernstein & Hannah 2008）。しかし，ここではわかりやすさを優先してエコラベルとサステナブル・ラベルの詳細な区別をしないことにする。

　食品，たとえばチョコレートがサステナブル認証を取得し，ラベルを最終財に表示するためには，厳密にはカカオ農園や農家の生産工程がサステナブルであることを示すだけでは十分ではない。サステナブルな方法で生産されたカカオが，流通業者や仲介業者が分別管理をしたうえで加工工場に運ばれ，またそこでサステナブルなカカオのみを用いて加工された商品を分別管理して包装を行い，最終消費者に届ける必要がある。

　このような分別管理が上流の農園や農家まで行われ，生産者を特定できる認証には，RSPO の例だと，農園から識別が可能な特定認証モデル（IP: Identity Preserved）がある。また農園の特定はできないが認証を取得した原材料のみを使っており，非認証財と分離されている分離認証モデル（SG: Segregation），また認証取得したものとしていないものが一定割合で混ざっているものは混合認証モデル（MB: Mass Balance）と区分される。このように，認証においてトレーサビリティや分別管理の方法は複数ある。いずれにしても，一定のトレーサビリティをとる必要がある[2]。

　サステナブル認証では，流通業者などによってトレーサビリティがとれる

よう，認証財の分別管理ができるかを監査し認証するものもある。このような認証はサプライチェーン認証，または CoC（Chain of Custody）認証などと呼ばれる。農家や加工工場に対する認証と，トレーサビリティを確保する CoC 認証の組み合わせで，生産現場から消費者までをつなぎ，最終財にラベルを貼付する認証が完成することになる。

2 基準の類型と仕組み

スタンダードの類型と成り立ち

サステナビリティ基準の類型について示す前に，まず一般的なスタンダードについておさらいしておこう。スタンダード（基準や規格）とは，標準化の結果策定される文書である[3]。標準化やスタンダードの役割は，製品や製造過程，サービスがそれぞれの目的に合致するように調整することである。スタンダードの目的には，たとえば製品の使い勝手や，他の製品との互換性，製品や製造工程にかかわる健康，安全，環境保護にかかわる標準化もある。そして，スタンダードを作ることにより，生産者同士，生産者とユーザーや消費者の間で製品や製造工程にかかわる情報の非対称性を是正し相互理解を促すことで，取引や貿易の円滑化に資することができる。サステナビリティ基準そのものも，サステナビリティを担保するための方法の標準化を目的とするものと考えられる。

スタンダードといえば，国際標準化機関（ISO）が思い浮かぶのではないだろうか。ISO は政府間で設立した公的な国際機関である印象を持たれがちだが，実は1947年に NGO によって設立された組織である。ISO では各国専門家が集まり，その合意形成を経てスタンダードを決定してきた。ISO では，

2）ここでは，最終財から原材料までトレーサビリティをとって各過程を認証するものを取り上げているが，このほかにも対象財の現物をともなわない帳簿上のクレジットの売買も行われる。これは Book & Claim などと呼ばれる。クレジットについては第9章で触れる。

3）奈良（2004：19）では，スタンダードは標準，基準，規格を含む概念としている。

主にネジやボルトなどの製品に互換性をもたせるためなどの目的で技術的な仕様を決めていた。国際規格について定める文書 ISO/IEC（2004）によると，ある問題に対して，最適な結果が達成できるように，繰り返し利用され，また適切な秩序が保たれるように共通化するための決まりを確立することを「標準化」と呼び，その結果として作成された文書を「スタンダード（基準）」と定義している。また，スタンダードは，科学や技術，経験などにもとづき，社会の便益に貢献する目的をもって策定されるものとされている。

　スタンダードの文書に含まれる内容には，材料や製品，製造過程やサービスなどについて，望ましい姿をあらわす指針，指針を達成するための基準や技術的な要件，基準や要件を満たすべき基準点（コントロール・ポイント），基準や要件が満たされているかを確認する適合性評価の方法，遵守のためのガイドライン，スタンダード運営にかかわる一般的な規則などがある。

　そして ISO でも，サステナビリティのスタンダードを扱っている。ISO がサステナビリティについて扱うようになったのは，設立後20年以上が経過した1971年であった。環境問題，とりわけ大気や水の質について委員会を設置したのが最初である。その後，1996年に環境管理を扱う ISO14000シリーズが始まり，2010年には，ISO26000として企業の社会的責任についてのスタンダードが導入された。さらに，労働者の健康と安全のスタンダードは2018年 ISO45001として始まる。しかし，ISO がサステナビリティ課題やスタンダード策定に取り組みはじめたのは，民間に比べて遅い時期であったといえる。

　国際機関もサステナビリティ基準の作成にかかわってきた。グローバル・サプライチェーンで調達網が世界に広がるなか，原材料調達から最終消費までサステナビリティの配慮をしていくためには，国の規制では十分な対応ができないことはすでに説明したとおりである。このため，国際機関でも，環境や労働，人権などのサステナビリティ課題に関して，企業に責任ある行動を求める動きが起こった。2005年に国連が始めたグローバル・コンパクトという取り組みや，2011年に経済協力開発機構（OECD）が多国籍企業に対して責任あるビジネスのあり方についてのガイドライン「OECD 多国籍企業行動指針」を策定する動きがあった。しかし，これらの国際機関からの自主的

46 第 I 部　サステナブル認証の基礎

なガイドラインの発出が大きな効果をあげたという評価は得られていない
（Schuler 2008）[4]。実施が自主的であるうえにモニタリングや実施に関する
仕組みがないことが，十分な効果的な施策となりえていない原因とされた。

　国際機関や ISO がサステナビリティの課題に取り組みはじめた時期に比
べて，民間のサステナビリティのスタンダード策定はより早くから始まって
いた。民間スタンダードは，ISO よりも素早くさまざまなサステナビリティ
の取り組みをルール化してきた。また国際機関が策定した自主的なガイドラ
インとは異なり，第三者の監査機関が実施状況を確認して認証を与えるとい
う ISO でも使われてきた方式をとった。その意味で，国際的なガバナンス
を行ううえで，民間スタンダードは，国際機関の役割が十分届かない隙間を
埋める役割を担うようになったともいえる。

　サステナビリティ基準の分類

　民間も含む主体が策定するサステナビリティ基準は，いくつかの軸で分類
することができる。一つ目の分類は，サステナブル認証が対象とする地理的，
産業の範囲，財の種類による分類，二つ目は，基準の策定主体と実施の性質
である。とりわけ，策定主体が政府か民間部門か，そして実施が強制的か自
主的かに分類される。三つ目は，サステナビリティ基準を策定する主体の組
み合わせの分類である。

〈分類 1〉認証が対象とする範囲の違い

　まず，一般的にスタンダードと呼ばれるものの地理的な対象範囲をみると，
国際的に通用する基準か，国や地域レベルなのかの違いがある。たとえば
ISO の基準は国際的に策定され，国際的なスタンダードとして使われている。
これに対して JIS は，法律にもとづき経済産業省の日本産業標準調査会が策
定にかかわる国家のスタンダードである。また，国レベルだけでなく，都道
府県レベルのスタンダードも作られている。JIS は産業が対象だが，農業分

4）そのほかにも，人権活動や環境配慮を含めたブルーウォッシングについて扱った文献
　もある（Berliner & Prakash 2015）。

第2章　サステナブル認証とは？　47

野では農林水産省の日本農林規格調査会が日本農林規格（JAS）を作っている。また農業生産工程管理（GAP：Good Agricultural Practices）には，都道府県が主要な農産物に対して策定するスタンダードがある。さらに，企業レベルで，サプライヤーに対する調達基準や行動規範なども作られている[5]。先に述べたように，サステナビリティのなかでも森林保全を目指すFSC®認証は国際的なスタンダードであるが，日本を対象とした森林認証のSGEC認証も策定されている。

　また，認証や基準の対象が産業である場合や企業の場合などでも分類できる。企業が対象の例は，第1章のコラム①で紹介したネスレなど企業がサステナビリティ調達基準を策定している場合がある。またこのあと述べるバングラディシュ・アコードのように縫製業など特定の業種に対して，関連する企業のみを対象とするスタンダードが設定される場合もある。

　さらに，認証のなかでも対象の財によって分類されるものもある。コーヒーだけを対象とする，パーム油だけを対象とするなど単一の農作物を対象にする認証がある一方で，国際フェアトレード認証などは，コーヒーもカカオも綿花もと複数の財を対象にしている。このようにサステナブル認証は，さまざまな対象での分類が可能である。

〈分類2〉政府と民間／強制と自主的認証

　基準（スタンダード）の類型には，産業標準などさまざまなものがあるが，公的な任意規格（標準，standards），強制規格（technical regulations），自主的な民間基準，規制で引用される民間基準，そして，企業が独自に定める調達基準などがある。JISは任意の国家標準だが，法令の技術基準などに引用される場合には強制力を持つ。

　サステナビリティ基準・認証が強制か自主的かの関係で分類をするとどうなるだろうか（表2.4）。民間部門が策定したサステナブル認証の取得は任意であるが，近年EUなどで規制の一部に採用される場合や公共調達で指定さ

___

5）たとえば，キヤノンのグリーン調達基準書〈https://global.canon/ja/procurement/green03.html, 2024年10月アクセス〉がある。

48   第Ⅰ部　サステナブル認証の基礎

表2.4　サステナブル基準・認証の策定主体と性質

実施の性質＼策定主体	公的・政府	民　間
規制	① 国家が設定したサステナブル基準のうち政府が遵守を求めるもの	② 民間サステナブル基準のうち，政府が遵守を求めるもの
自主的	③ 国際・国家が基準を設定するサステナブル基準で利用は任意	④ 民間が基準を設定するサステナブル基準で利用は任意

出所：Henson and Humphrey（2010），Fig 1 より筆者作成。

　れる場合には，その対象事案において強制力をもつ場合もある。政府によって策定される基準は，国家や地域を対象とする公的な性質をもつ。政府や公的な性質をもつ組織において策定されたサステナビリティ基準は，規制によって遵守が求められるものもあるが（表の①），自主的なものもある（表の③）。遵守が必要なサステナブル規制・基準には，たとえば，インドネシアが策定する ISPO（Indonesian Sustainable Palm Oil）というパーム油を対象とするサステナビリティ基準は対象企業や農園に遵守を求め，対象生産者の遵守が義務化されている。

　公的な規格や基準であっても自主的なものもある。たとえば有機 JAS は公的なサステナビリティ基準であるが，認証取得は任意である。日本の県が定める県別の GAP は，野菜や果樹，米などの生産が持続可能な方法であるかを認定するものである。日本の経済産業省が策定した省エネラベルは努力義務となっており，強制と自主の間に位置する。

　一方で，サステナブル認証の多くは民間部門で策定されている。国際フェアトレード認証や FSC 認証などは自主的な民間基準である。その他，企業が調達基準として策定するサステナビリティ基準もある。民間による基準では，その基準の採用や遵守は自主的なものが主であるが（表の④），政府が特定のサステナビリティ基準・認証を規制の一部として採用することもある（表の②）。たとえば，EU の再生可能エネルギー指令（RED）や日本の再生可能エネルギーの固定価格買取制度（FIT 制度）やフィードインプレミアム制度（FIP 制度）で，バイオマスを原料に発電する事業者が制度を利用する場合がある。政府が求める評価基準を満たすサステナブル認証を取得する必要がある場合は，一定程度の強制力をもつ。このように，政府の政策や規制

で利用される民間基準は取得が必須となることがある[6]。

〈分類3〉策定主体

認証の基準を策定する主体は，スキームオーナーと呼ばれる。スキームオーナーは，サステナビリティ基準の策定や，スキームの仕組みや運営を決定する。スキームオーナーによる基準を通じた取り組みには，市民がサステナビリティにかかわる課題に対する理念によって始められるものもある。また企業の生産管理の一環として単体の企業によって策定され，行動規範や調達基準書として企業のサプライチェーンに適用されるものがある。業界団体として策定するものもあり，後の章で詳しく説明するが，たとえばGLOBALG.A.P. は食品関連企業が中心となり，食品安全を担保するために作られているほか，化学産業ではレスポンシブル・ケアという自主的な取り組みをすすめる仕組みが作られている。

サステナビリティ基準は対象も，策定主体も多様であり，一般化することは困難である。しかしこれらの多くは，マルチステークホルダー（多様な利害関係者）がかかわり策定される傾向がある。なぜ多様な利害関係者がかかわることが重要なのだろうか。もし，森林保護にかかわるサステナビリティ基準が，木材を利用する企業だけで決められるならば，企業に都合がよいように緩められた基準なのではないかと疑いを向けられるであろう。環境団体のみがかかわる場合には，企業にとって取得が難しい基準が策定される可能性があり，基準を採用する企業が少なくなる懸念もある。このため，マルチステークホルダーのサステナブル認証は，企業だけでなく，環境団体や市民団体，政府などが協働してルールを作ることが多い。マルチステークホルダーの利点は，多様な視点をもった主体がルールの策定にかかわることである。そして，ルールが特定の主体の利益を代表するものでなく，複数の視点からの議論を経て民主的なルールになっていることを担保する目的がある。

ある研究は，このような多様なサステナビリティ基準の類型を整理してお

6）ただし，これらの政策では利用可能な民間基準が複数呈示されており，どの基準を選択するかは事業者に任されている。

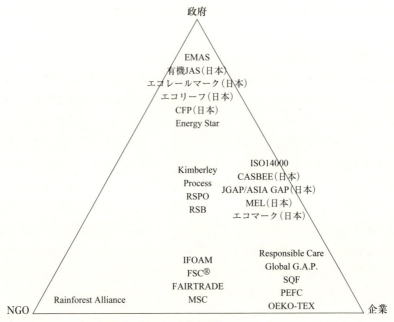

図2.2 サステナブル認証策定にかかわる主体と関係
出所：Abbott and Snidal (2009) をもとに筆者加筆。

り（Abbott & Snidal 2000），異なる策定主体によって，いくつものスタンダードが策定されることで，これらのスタンダード間にどのような相互関係が生まれたのかについて分析した論文もある[7]（Lambin & Thorlakson 2018）。図2.2は，Abott & Snidal 論文にもとづき，筆者が日本の認証を加筆し，さまざまなサステナビリティ基準が，どのような主体が関与しているかを示したものである。主な主体として政府，企業，NGO の 3 つを挙げている。NGO には，企業以外の主体を含んでおり，環境や社会課題に関する NGO だけでなく，消費者団体，労働者団体などを含む広い概念として提示している。

ここで示すように，多くのサステナブル認証はマルチステークホルダーという複数の立場の主体が策定にかかわるが，主体の組み合わせや関与の度合いは多様である。たとえば，森林保護のサステナブル認証にはレインフォレ

7）中川（2017）が，この論文の図について詳細に説明している。

スト・アライアンスとFSC, PEFCがあるが，レインフォレスト・アライア
ンスは環境保護家によって始められた認証でありNGO寄りに配置されてい
る。これに対しFSCは産業と環境保護団体が協力して策定されているため，
より企業よりに配置されている。主体の関与の度合いの違いの背景について
は，第3章，第4章で詳しく述べる。FSCはNGOと企業の協働で策定され，
EUREPGAP（現在のGLOBALG.A.P.）は食品安全を担保する仕組みとして
小売企業によって策定された。

　これに対して，企業と政府が策定や運営で協働しているサステナビリティ
基準もみられる[8]。日本のサステナビリティ基準であるビル基準CASBEE,
GLOBALG.A.P.の日本版であるJGAP，水産物のサステナビリティを担保す
るMELは，企業や業界団体と政府が協働して策定・運営されている。この
ほかに，政府が策定している自主的なサステナビリティ基準も複数ある。政
府がかかわるが自主的なサステナビリティ基準には，EUのEMASという環
境管理監査制度や日本の有機農法で栽培されていることを示す有機JAS，環
境省がかかわるエコマーク，気候変動枠組条約第3回締約国会議COP3を契
機に通商産業省が主導し産業界と協働して策定したエコリーフ，同様に国土
交通省が主導したエコレールマークがある。関係する主体が異なることは，
サステナビリティ基準がどのような目的や動機で作られているのかが各認証
で異なるということも示唆している。

3　基準の適用過程

　サステナブル認証の適用過程は表2.5で示すように，サステナブル認証を
採用する意思決定を行う主体，認証取得対象になる主体，監査，そして疑義
や紛争が起こった場合のグリーバンス・メカニズムという段階に整理するこ
とができる。以下で順を追って説明していく。

---

8 ）一方，民間部門のみで策定されている認証のなかには，政府の関与はないほうがよい
　と判断しているものもある（UNFSS 2016）。

52　第Ⅰ部　サステナブル認証の基礎

表2.5　基準の採用・実施・監査

基準の採用主体	政府や公的機関	民間企業，業界団体
認証取得主体	生産者（企業，団体，農家など）	
監査・認証	認証機関	
違反時の執行 グリーバンス・ メカニズム	認証機関による仲裁・認証取消 規制の場合，行政による指導・勧告・ 事業者名公表・罰金等	認証機関による仲裁・認証取消

出所：筆者作成。

サステナブル認証の採用と取得

　多くのサステナブル認証では，主に認証取得を働きかける対象は先進国企業やビジネスであり，これらの企業がそのサプライチェーンに参画する生産者に認証取得を促す市場主導のメカニズムを想定しており，また個人に認証財の購入を促すことで普及をはかっている。このプロセスでは，まずサステナビリティ基準や認証を採用する意思決定を行う企業が主体となる。企業であれば，商品を供給する際に，サステナブル認証を取得している原材料を使うことを決定して，調達を行う。また，業界団体などでサステナブル認証の利用を加盟企業に求める場合もある。

　政府が採用主体である場合は，公共調達や規制実施の手段として認証取得を要求する。たとえば，違法伐採対策のために農林水産省林野庁が策定している木材の合法性確認を求めるクリーンウッド法では，認証を取得した木材を利用することを企業に求めたり，グリーン購入[9]など公共調達でサステナブル財を調達する場合に，民間のサステナブル認証取得商品を使うことを求めている。

　サステナビリティ基準・認証を採用することが決まれば，つぎにサステナブル認証財を供給する企業や対象商品の選定が必要となる。グリーン購入の例であれば，公共調達が行われる際に対象となる財を納入する生産者は，サ

9）グリーン購入とは，製品やサービスを購入する際に，環境への負荷ができるだけ少ないものを選んで購入すること。各国にも類似の制度があるが，日本では2001（平成13）年からグリーン購入法が施行され，国等の機関にグリーン購入を義務づけている。環境省によるグリーン調達の説明〈https://www.env.go.jp/policy/hozen/green/g-law/net/index.html, 2024年10月アクセス〉。

ステナブル認証を取得した財を調達する必要があるし，その財を生産する生産者はサステナブル認証を取得した原材料を使うサプライヤーから調達する必要がある。そして，サステナブル認証の取得のためには，認証機関による監査を受ける必要がある。

サステナブル認証の監査

　サステナブル認証やサプライチェーン認証では，経済活動が基準に合致しているか検証し，監査が行われる。一般的に，基準を満たしているかどうかを検証する方式はいくつかある。第一に，遵守していることを自己宣言・自己認証をする方式である。つぎに，二者間で，サプライヤー企業が取引先からサプライヤー企業の取引先基準に適合しているかの監査を受けるサプライヤー監査も行われる。これに対して，第三者機関から認証を受ける場合もある。サステナビリティ基準は，その多くが第三者機関による監査を必要としている。サステナブル認証は，「監査文化」を体現するシステムともいわれる（Campbell 2005）。民間の第三者認証機関は，サステナビリティ基準を策定するスキームオーナーから依頼を受けて，監査対象の生産者が基準に適合しているかどうかを監査する。グローバルに活動する監査機関にはSGSやTüVなどの民間の機関がある。これらの監査機関は，認証取得を目指す生産者の書類や現地での検証を行う[10]。認証取得や付与には費用がともなう。認証取得を意図する主体は，認証スキームを保有する団体に加入し，その際に加入料を支払う必要がある。また認証機関の監査を受けるため，認証機関への支払いも発生する。

　そしてサステナビリティ基準・認証が不正表示されていたり，虚偽があることが確認された場合には，認証機関が認証をした案件であれば，対象となる生産者の認証取り消しが行われる。また基準を採用する主体は，違反が確認された生産者からの調達を停止するなどの措置がとることがある。基準の採用主体が政府であれば，許認可の取消や行政指導，勧告，不正を行った事

10）ただし，小規模生産者などサプライヤーが多い場合は，あらかじめ規定されるサンプリング率に応じてサンプルとして抽出した生産者のみ現地で監査するなどの措置がとられる。

業者名の公表，罰金支払いなどを求めることがある。

また，認証取得をした生産者が基準に違反していると指摘されることもある。この場合には，認証を採用する企業や影響を受けるコミュニティ，労働者，関連するNGOなどが認証機関や認証スキームオーナーに苦情を通報し，苦情処理を行うメカニズム（グリーバンス・メカニズム）を通じて解決がはかられる。

認証スキーム，認証機関，生産者の関係

つぎに，サステナブル認証にかかわる認証スキームオーナーと認証機関，認証取得主体である生産者（企業・農家など）の役割についてみたものが図2.3である。ここでは典型例について述べるが，認証スキーム団体によって異なることを断っておきたい。

「認証スキームオーナー」は基準や仕組みを作る団体であるが，監査を専門に行う「認証機関」に監査を委託している。認証機関は，認証付与の過程で恣意的な判断をするような圧力を受けることがないよう，客観的な立場であることが求められ，第三者性をもつ独立監査機関が選択される。さらに，認証機関が適切な監査を行う能力を保有していることも必要であるため，別途認証機関の監査能力を検証する「認定団体」が認証機関の確認をすることで監査の質を保つことが担保される。認証機関は認証の取得を希望する生産者を監査したのち，基準を満たしていることが確認されれば認証付与を行う。認証付与にスキームオーナーが関与することで恣意性が出る可能性も危惧さ

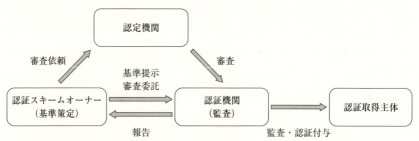

図2.3　サステナブル認証の手続きにかかわる主体と関係
出所：筆者作成。

れるため，認証付与も第三者認証機関が行う。認証を取得した企業等の情報は認証スキームオーナーに共有され，ホームページなどで情報が公開される。サステナブル認証はすでに述べたようにサプライチェーン全体で認証した財を管理することが求められるため，認証取得主体は原材料の生産者，加工業者に加えて，サプライチェーン上で輸送を行う業者，そして認証された財を利用する企業などが含まれる。

　図2.3では認証取得の手続きにかかわるフローを示したが，すでに触れたように，認証スキームには異議申し立て制度も備えられており，異議の確認や内容の検討が必要な場合は，認証機関も対応を行う。

サステナブル・ラベルの効果

　サステナビリティ基準を達成した生産者が生産する財ができたとしよう。サステナブル・ラベルが貼付され，従来品と差別化された商品が市場に出回ると，持続可能な商品の市場が創り出される。ラベルが貼られた持続可能な商品の認知が消費者の間で広がり，購買者が増えることで，商品に対する需要が喚起される。すると，途上国で持続可能な生産を行う生産者は，需要が増えた持続可能な商品の供給を増やす誘因（インセンティブ）を持つことになる。このように，サステナブル・ラベルは市場メカニズムを使って，市場から遠く離れた国で生産する農業従事者や企業に対し，生産方法を持続可能なものに切り替えるようなインセンティブを与えようとするものである。

　サステナブル・ラベルによっては，国際フェアトレード基準のように生産にかかわる労働者への適正な賃金支払いを規定しているものもある。とりわけ，先進国と途上国間に大きな所得格差がある場合，先進国の消費者にとっては少額の支出であっても，物価水準が相対的に低い途上国の生産者にとっては大きな金額となり，環境や社会の改善に役立てることが可能となる。このように，グローバル市場で機能する市場メカニズムをレバレッジとして使った方法として機能している。

ラベルの表示方法

　認証の表示方法として，基準を満たした商品にラベルを表示することが一

56　第Ⅰ部　サステナブル認証の基礎

般的である。ラベルを表示する場合，タイプⅠからⅢの方式があり，タイプ
Ⅰは第三者が認証してラベルを表示する方式（ISO14024），タイプⅡは企業
自らによる自己適合宣言（ISO14021）[11]，タイプⅢは製品のライフサイクル
の定量的環境情報を開示する（ISO14025）である。企業による自己適合宣
言の場合には，曖昧な表現や環境主張を行わない，主張を裏づけるデータが
提供可能であるなどの条件が満たされる必要がある[12]。ラベルの貼付につい
ては，消費者向け（B2C：Business to Consumer）の商品では消費者への情報
提供のためにラベルを貼付することが多いのに対し，GLOBALG.A.P. という
企業間取引（B2B：Business to Business）を対象とする商品については，ラベ
ルの貼付はしない場合もあるなど，スタンダードの用途と対象によってさま
ざまな方式がある（第5章参照）。

　また，政府が策定するラベルの表示は規制で求められるものもある。たと
えば EU の指令や規則では，製品に必須の要求事項を定めているが，これら
の事項を満たした製品に CE マークを表示している。適合性評価を受ける場
合には，スタンダードに適合しているか，また技術文書が整備されているか
を評価し，製造者自身が適合宣言書を作成して CE マークを表示する方法が
ある[13]。

　サステナビリティという労働や環境，人権などを含む概念が普及する以前
から，実は消費者に情報を提供する施策は，政府もエコラベルや規制を用い
て行ってきた。日本では，環境3R 政策（リデュース・リユース・リサイク
ルの英語頭文字の R を3つという意味）で容器包装リサイクル法が1997年
に施行された。そして，2001年の資源有効利用促進法では容器包装含め，紙
やプラスチック，金属，小型二次電池などのリサイクルを促進するために，
商品に原材料について消費者や事業者に知らせて再資源化を促す目的でラベ

11）環境省の環境ラベル等データベース〈https://www.env.go.jp/policy/hozen/green/ecolabel/
　　guideline/, 2024年10月アクセス〉。
12）環境省の環境表示ガイドライン〈https://www.env.go.jp/policy/hozen/green/ecolabel/
　　guideline/guideline.pdf〉。
13）ジェトロ CE マーキングの概要〈https://www.jetro.go.jp/world/qa/04S-040011.html, 2024
　　年10月アクセス〉。

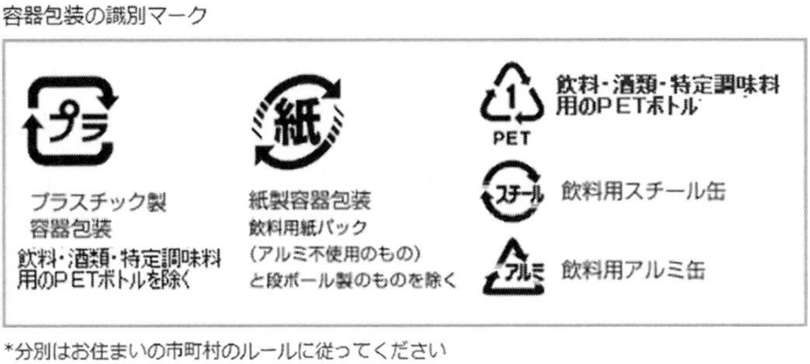

第 2 章　サステナブル認証とは？　　57

容器包装の識別マーク

*分別はお住まいの市町村のルールに従ってください

図2.4　紙やプラスチック，金属を原料としていることを示すエコラベル
出所：経済産業省ホームページ〈https://www.meti.go.jp/policy/recycle/main/admin_info/law/02/index06.html，2024年10月アクセス〉「3R 政策」より。

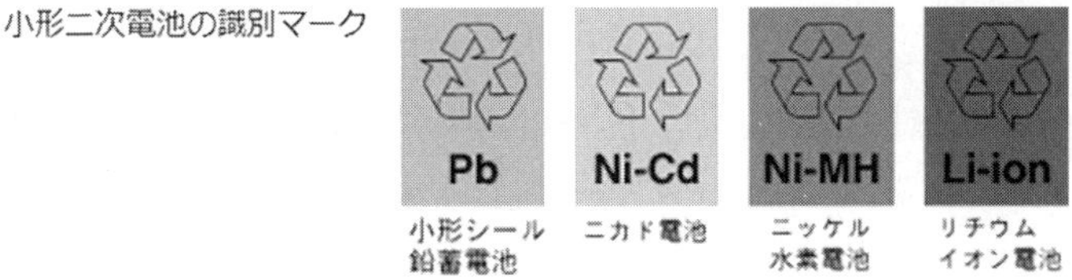

小形二次電池の識別マーク

図2.5　電池の種類を示すラベル
出所：同上。

ル表示が義務化された（図2.4，図2.5）。これらの表示は，商品の材質にかかわるものであった。

　このようなエコラベルは後に環境だけではなく，労働や人権など幅広いサステナビリティのイシューも対象となってきている。本書で主に扱うサステナブル・ラベルは，さらに市場を変革することをも目的としたものに発展していく。

4　認証の目的とラベル

B2C（消費者向けの認証ラベル）

　消費者向けに直接販売を行う小売企業は，サプライチェーン全体のサステナビリティ活動の普及に大きな役割を果たしている。前章でもみたように，スーパーなど小売企業は，消費者の購買行動や企業価値の観点から認証商品

58　第Ⅰ部　サステナブル認証の基礎

の取り扱い量を決め，関連サプライヤーに伝達し調達する。認証されたサプライヤーは加工・流通過程管理のための CoC 認証でつながり，サステナブルなサプライチェーンが構築される。このように，小売企業や消費財を製造する企業が消費者に情報提供するためにラベルを表示する場合，企業から消費者向け（B2C: Business to Consumers）ラベルとよぶ。

　小売企業が B2C のサステナブル・ラベルを利用する動機には，どのようなものがあるのだろうか。まず，市場における製品差別化を目的とするものである。スーパーなど小売業者などサステナブルな商品市場拡大を目指す企業は，サステナビリティという価値軸で商品を差別化するために認証商品を利用している。

　前章で述べたように，サステナビリティに関しては，生産者と消費者の間に情報の非対称性がある。売り手と買い手の間に情報の非対称性がある場合に取引される財の品質が低下する問題は，「レモン市場の理論」として経済学でメカニズムが明らかにされている（Akerlof 1970）。そこでは，情報の非対称性を減らす規制などのフォーマルな仕組みがない場合，「悪貨が良貨を駆逐する」という逆選択が発生する。そのような事態が発生しないよう，供給が需要を満たせるような民間の仕組みが必要となることが指摘されている。認証を採用することで，情報の非対称性を減らし，生産工程がサステナブルであることを示すことができる。

　生産工程の環境改善や労働者支援などサステナビリティに対して行ったさまざまな改善努力を消費者に伝えることで，企業価値を向上させ，自社商品の販売を拡大したい。その方法のひとつがサステナブル認証とラベルの利用である。このあとで紹介する B2B の認証では，ラベルがないものもある。しかし，B2C の認証では消費者が商品のパッケージを見て，サステナブルな工程を経て生産された商品と，そうでないものを識別する必要があるため，ラベルが不可欠なのである。

B2B（ビジネス向け認証）

　GLOBALG.A.P. のように，グローバルな調達をするなかで，食品安全や品質に関するリスク管理の手段としても認証は使われるようになってきた。こ

のような認証はビジネス向けで使われている。より一般的な認証でいうと，品質管理の国際標準である ISO9000 や環境管理の ISO14000，食品安全管理の HACCP（ハサップ）なども企業から企業向け（B2B：Business to Business）認証である。B2B では，消費者の認知を目的としないため，ラベルは使わないこともある。

　企業がビジネス向けのサステナル認証を利用する理由のひとつは，サプライチェーンがグローバル化するなか，一企業が世界中に広がる調達網のサステナビリティを担保することが実際上困難になってきたことがある。サステナビリティや食品安全にかかわる生産現場の取り組みを確実に追跡する必要がある。このため，B2B の認証の場合は，目立つラベルではなく，企業が確認可能な認証番号などを，梱包材などに表示して管理している。

第Ⅱ部
サステナブル認証制度の形成

第3章

経済主体と制度の形成

　第2章では，多くのサステナブル認証が多様な視点に配慮しながら異なる利害関係をもつマルチステークホルダーによって策定されていること，そしてマルチステークホルダーには企業，市民やNGO，政府などがかかわることを述べた。

　本章では，民間のサステナブル認証の策定動機と，政府の関与を通じた公共政策とのかかわりを横断的に検討する。サステナビリティ向上を目指す目的は共通していても，サステナブル認証は個別の背景のもとで成立している。このため，サステナブル認証を三種類の策定主体別に事例を検討していく。① NGO や市民社会が策定主体となった事例，②政府が策定主体になった事例，③製造業，④加工・小売企業がそれぞれ策定主体となった事例をみていく[1]。これにより，多様な策定背景や動機と，それが個別の基準に反映されていることを示す。

1　NGO や市民が主導する基準認証

　本節では，市民による運動という側面が強い認証を事例として取り上げる。

---

1) これまでにみてきたように，認証制度はマルチステークホルダーによる協働により策定されており，実際は1つの主体に分類することは困難である。ここでの分類は便宜的で，他の分類方法も可能である。

64   第Ⅱ部　サステナブル認証制度の形成

農業に焦点をあてたオーガニックと，労働に焦点をあてたフェアトレードについて歴史をさかのぼる。つぎに NGO が主導しながらも，一部の生産者の利益とも一致したことで生産者との協働が実現した森林認証 FSC® を取り上げて，その相互関係についても触れる。

有機農業（オーガニック）

有機農業は，無機質の肥料による土壌の劣化と農業生産性の低下，農薬による消費者や農業従事者の健康への懸念などにより20世紀，ドイツやアメリカで始まった（Vogt 2007）。有機農業は化学農薬を使わない農法という狭義の理解がなされてきたが，社会の問題意識の変化を受けて複数のサステナビリティ課題への対応も強調されるようになった。このため，本書では有機農業の基準もサステナビリティ基準として取り扱う。

有機農業についての考え方は，学者や起業家，思想家によって古くから発展していた。スタンダードが使われはじめたのはドイツのデメター（Demeter）という農家の組織によってであった（Schmid 2007）。この組織は1924年頃に設立され，バイオダイナミクスと呼ばれる有機農業により土壌を豊かにする農法の実践を行っていた[2]。1928年には簡易的ではあるが，初めての基準が作られた。基準を作ることは，有機農業の方法の標準化の努力であるといえる。この標準化の背景にあったのは，有機農法の定義について合意が行われたこと，基準を満たすことを支援金の支払いの条件としたことがある（Schmid 2007）。

また，第二次世界大戦後，作物の品質や包装，そして食品加工を管理するガイドラインと商品のロゴ（トレードマーク）を策定した。同様の動きは，スイスやイギリスでもみられ，それぞれの国で基準策定が進んでいった。アメリカ，カリフォルニア州でも，当初は農家どうし，また農家と消費者の個人的なつながりに依拠するシステムであったが，1960年代に有機農業の認証プログラムが始まった（Jones 2017：235-237）。

2）Demeter のホームページ〈https://www.demeter-usa.org/about-demeter/demeter-history.asp，2024年10月アクセス〉。

第3章 経済主体と制度の形成　65

　1970年代，有機農業の商品が国際的に貿易されるようになり，商品が有機農業によるものであることを担保する国際的な制度の必要性が出現してきた。そして貿易の増加を背景に，国際的な基準が定められるようになった（Geier 2007）。1972年，農学者，医者，農家，消費者団体の長であったフランスのローランド・シェブリオットの呼びかけで，イギリス，スウェーデン，南アフリカ，アメリカ，フランスという複数の国の団体が協力して作った組織である国際有機農業組織連盟（IFOAM）が，国際基準の策定に動き出した（Paull 2010）。IFOAM は有機農業の国際化を進め，またそれにともない広報活動を活発化させた。さらに，有機農業によって利益を得る企業などとも協働するなど，しだいに組織化されていった。

　IFOAM のスタンダードでは，有機農業に関する要件のほかに，さまざまなサステナビリティの観点が取り入れられてきた。作物の生物多様性を維持することや，環境汚染や水資源を持続可能な方法で利用すること，そして労働者の権利に関するポリシーが国際労働機関（ILO）の「労働における基本的原則及び権利に関する ILO 宣言」に則っていることが基準に追加された。さらに，オーガニック運動が地球温暖化の解決法としても役立つことが謳われた。このように，時代の要請を背景に，複数のサステナビリティにかかわる目標がもともとのスタンダードに紐づけられ，オーガニック認証はより広いサステナビリティの目標の達成を目指すものとなっている。また，当初生産者が有機農法にかかわる理念を実行することに重点が置かれてきていたが，購入する消費者への説明責任や，市場開拓などがスタンダードの役割として重視されるようになった（Schmid 2007）。

労働者の福祉：フェアトレード[3]

　有機農業の始まりと同様に，活動家の理念から始まり，途上国の生産者に適切な対価が支払われ，適切な労働環境や生活環境を保障することを目指しているのが，フェアトレードである。フェアトレード運動は，1946年にアメ

3）フェアトレードには，The World Fair Trade International（WFTO）という複数のフェアトレード団体によって設立された団体（岡本 2024）や Fair Trade USA という組織などもあるが，ここは Fairtrade International について述べている。

リカのエドナ・ルース・バイラーという女性が，南アメリカの低所得者の女性によって作られた手芸品を輸入したことから始まった。生産者に公正で平等な市場へのアクセスを与えられるべきだと考え，手工業品を特定の店で販売するようにした。

オランダのフェアトレード支部のメンバーで，キリスト教の牧師でもあったニコ・ローツェン[4]らが，1988年にとりわけ途上国の生産者と先進国の取引業者の協力を通じて，発展途上国の農業従事者の労働・生活環境を向上することを目的としてフェアトレードのラベル（マックスハーフェラール：Fairtrade Maxhavelaar)[5]を作った。フェアトレードは，その歴史的経緯を辿り，通商ガバナンスの視点からみると，自由貿易体制から取り残された弱者救済を目的として発展してきたといえる（岡本 2024）。とくに，先進国で販売されるコーヒー 1 杯の値段を考えると，その販売額の 1 ～ 3 ％程度しか農家に支払われていないといわれており（佐藤編 2011），適正水準の支払いが途上国の農家に行われない不公正な取引慣行の改善が必要だと考えた。

貧困撲滅の活動家であったニコらは，貧困は見過ごせない問題であるが，開発援助という方法は，受け取る側が誇りを失い受け身になってしまうと考えた。このため，適正な水準でコーヒーを売買する消費者と生産者間の経済活動としてフェアトレード（公正な貿易）を実現させようとしたことが，フェアトレードの活動を始めた動機であった。初期は，農家に対してより多くの支払いを行うことを目的としていたが，しだいに一部の問題意識を持つ消費者のみを相手にしていたのでは，途上国の小規模生産者に恩恵をいきわたらせるための必要量には到底足りないという問題意識を持つようになった。このため，オランダのスーパーで消費者に，適正な賃金を支払って生産されたコーヒーであることをわかるように品質保証スタンダードを作り，ラベル

---

4) ニコ・ローツェンは小規模農家支援を重視しており，その後 Solidaridad という NGO 活動に転身した。

5) マックス・ハーフェラールは，オランダ植民地下のインドネシアを舞台にした小説の主人公である。この小説では，東インド会社が農民から収奪を行うことで，ヨーロッパが富を享受していると指摘した。そして，この小説が，インドネシアの独立運動の機運を高める契機のひとつにもなったといわれている。

をつけて消費者を説得することにした（ローツェン & ヴァン・デル・ホフ 2007）。

　ラベルを表示することによって，国際フェアトレード認証商品はフェアトレードの店舗以外でも販売できるようになり，スーパーなどを通じてより多くの消費者に販売できるようになった。また消費者も小売業者も商品の製造元まで追跡できるようになり，生産者と消費者の距離が縮まった。当初オランダのみで販売していたマックスハーフェラール認証商品は，その後ヨーロッパ，さらに各国に広がっていった。1997年に Fairtrade International が設立され，世界で国際フェアトレード認証を運営する役割を担っている。国際フェアトレード認証の対象となる農産物は，コーヒーやお茶，バナナ，カカオ，砂糖，米，スパイス，ナッツなどに広がっている（Fairtrade 2022）。

森林認証：FSC®

　森林破壊の抑止については，国際条約が成立せず，国際社会の協調や公共政策が十分な機能を果たしてこなかった。政府の介入を減らし，市場メカニズムを活用することを推進する新自由主義的な国際背景のもと，民間の取り組みが公共政策を補完する努力が行われてきた分野といえる（Bartley 2003）。

　1980年代，環境 NGO や国連などが熱帯林破壊への警告を発していた。一方，熱帯林の問題を強調することで，熱帯林以外の林産物は問題ないというメッセージとして伝わってしまう問題も同時に抱えていた。このため，環境 NGO は，先進国の森林問題にも多くの問題があるにもかかわらず，それらが見過ごされてきたことにも危機感を抱いていた（Boström 2003）。これを受けて，NGO のグリーンピースや，熱帯雨林活動ネットワーク（RAN）がカナダの木材産業を対象に，森林破壊を引き起こしていると批判し，市民にボイコットを呼びかけた。また熱帯林破壊についても，世界自然保護基金（WWF）が，熱帯林からの林産物をボイコットする運動をはじめた。この時期は，林産物の国際的なボイコット運動に発展した時期でもあった（Stanbury & Vertinsky 1997）。

　グローバルな森林保護政策については，1992年ブラジル・リオデジャネイロで開かれた環境と開発をテーマにした国連環境開発会議（地球サミット）

で森林条約の合意に期待がかけられていた。しかしその合意が成立しなかったことが契機となり，1994年に環境・社会・経済を考え，適切に管理された森林の製品を消費者に届けることを目指して設立されたのがFSCである。FSCは，NGOが林産物を対象に策定した初の国際認証制度であり，民間セクターが市場メカニズムを使って課題解決を目指した制度といえる（Bloomfield 2012）。ヨーロッパ政府やメキシコ政府，NGOsから資金支援を受けて認証設立の必要性などの議論が行われた。そして，FSCは，NGO，社会団体，小売企業，林業事業者，木材事業者，製紙事業者，森林組合などが協力して認証策定や運営が行われた。

　FSCは，地球サミットで合意された森林の保護・育成についての森林原則声明にもとづき森林認証を策定した。一方，FSCの仕組み作りに影響を与えたのがオーガニックのIFOAMの経験であった。当時のFSC認証策定関係者は，森林分野の認証として成功するためには，オーガニックよりもより大きな市場を対象にする必要がある。とりわけ認証の対象は，温帯林が賦存する先進国と熱帯林が賦存する途上国を含むものでなければならないと考えた（Cashore *et al.* 2006）。そして，当初から先進国・途上国を含む対象地域を念頭に，制度作りが行われた。

　林業事業者や木材加工業者はなぜ，ビジネスにとって厳しい規制となるFSC認証の設立に参画したのであろうか。当初の目的のひとつは，木材や木製品のボイコットに対抗するためであった。とりわけ，事業者は，木製品に対して行われていたボイコットが林業産業に負の影響を与えると考えていた。このため，木材が森林管理のスタンダードを遵守していることを認証で示すことで，林業への信頼を回復するねらいがあった（FSC 2022）。また森林破壊に関与する企業をターゲットにする社会運動キャンペーンに対応する必要も感じていた（Bartley 2003）。このように，FSCへの事業者の参加は，林業の生産活動を守る目的であったといえる。また企業によっては，将来森林破壊が進展すると原材料や資源が不足することで，調達に支障がでる危惧もあった。

　しかし，認証を策定する動機をもつ企業はなぜNGOとの協働を選択したのだろうか。FSC設立にはWWFが関与したが，WWFなどの著名なNGO

が認証に関与することは，政治的にも，また認証の商業的な成功のためにも
重要であったためといわれている（Ponte 2012）。

NGO や市民による認証の特徴

本節で挙げた NGO や市民が主導するサステナブル認証は，サステナビリ
ティにかかわる基準は，主に農産物や食品を対象に市民や活動家が問題意識
や情熱をもって行う自主的な取り組みのなかから出現してきた。そして，取
引範囲の拡大とグローバル化により財が国際貿易を通じて海外でも行われる
ようになると，基準や認証を通じた標準化が必要になっていった。また，ラ
ベルを作ることで，生産者と消費者の間の情報の非対称性を減らし，また消
費者が生産者に配慮できるように情報を提供し，消費市場の力を利用するこ
とを目的としていた。このような方法で，生産者や生産地の労働環境や環境
を改善する取り組みでもあった。個人であれ政府であれ，消費者を主な対象
にして，サステナビリティ実施の情報伝達を行うことが特徴である。

これらのサステナブル認証の歴史でわかるのは，策定の経緯には多様性が
あるということだ。有機農法やフェアトレードなどは，民間の活動家がサス
テナビリティの課題への問題意識をもち，地域社会にその取り組みを広める
方法を模索していった。その過程で，サステナビリティの基準が文書化され，
また第三者監査を使って客観的に検証可能になった事例であった。

一方，森林認証の FSC は NGO の関与が大きいが，企業の動機も重要であ
った。背景には，企業自身の資源管理が不十分であれば企業や産業が社会で
非難の対象になることがある。このため，対外的に説明責任を果たせる制度
が必要であった。また，FSC がオーガニック認証の仕組みや運営に影響を
受けたように，同時期に複数の分野の認証制度が相互に影響しあっていた。

2　政府が主導する基準認証

政府も民間セクターと同様，環境やサステナビリティ課題への懸念から，
社会に環境配慮を浸透させる目的でサステナビリティ基準を策定している。

70　第Ⅱ部　サステナブル認証制度の形成

エコラベル：ブルーエンジェル

　1972年，ローマ・クラブによって『成長の限界』という本が出版されてから，資源が有限であることの危機感が共有された。当時の環境問題といえば，排気ガスや水質汚染，オゾン層，森林破壊などが主要な問題であったが，生産者の対策だけでなく，消費者を含む需要者の環境配慮を促すため，環境配慮製品について情報伝達を行う必要があると考えられた。また消費者が手にする包装容器が資源を無駄にしているとの危惧が強くあった。国際的な議論の高まりのなか，ブルーエンジェル（Blue Angel）は，ドイツ内務省のイニシアチブと連邦政府の環境省により，1978年に世界に先駆けて策定されたエコラベルである。これはドイツの政府機関が策定した認証制度であり，環境政策のツールとして用いる目的であるが，利用は自主的である。また，国際的に認知されるよう，ISO14024に準拠したタイプⅠ環境ラベルとして策定されている（Blue Angel 2024）。

　策定の経緯を詳細にレビューした論文によると，ブルーエンジェルは当初，環境配慮，またはエコフレンドリーとは何かを規定し標準化して，消費者に伝え，環境配慮をする買い物を促すことを目標としていた（Savadkouhi 2012）。そして，「何をもって環境配慮とするか」の議論を，政府だけでなく，環境団体や市民，そして当初否定的であった産業界を巻き込んで行った。だが，環境配慮をどのように定義するかにはさまざまな考え方があり，コンセンサスは得られなかった。このため，対象製品と対象環境問題を絞り，結果的に低騒音の芝刈り機，廃棄物を減らすリユース可能な容器という対象についての基準策定が進められた。

　しかし，産業界が，政府が策定主体になると後に強制規格になることを恐れたため，最終的に環境団体や教会，政府も参加した独立機関をつくって，ブルーエンジェルが創設された。近年，ブルーエンジェルが設立当初想定していた環境配慮を越えて，社会や人権などのより広いサステナビリティ課題に対応する必要がでてきている（Rubik *et al.* 2022）。

ビルのサステナビリティ基準

　サステナブル認証は農業分野に多くみられるが，ビルも，建築時の資源の

投入や，利用時も含むエネルギー利用と温室効果ガス排出の観点からサステ
ナビリティの課題が指摘されてきた。ビルの建築と使用によって排出される
温室効果ガスは，グローバルな温室効果ガス排出量の40〜50％程度になると
も試算されている（Miller *et al.* 2015）。

　ビルの認証の策定の起源はイギリスのBREEAMという認証にある。1917
年にイギリスの化学産業研究省が建築物の材料や建設方法などを研究する組
織として，BRS（Building Research Station）という研究所を政府の資金で設
立した。後年英国建築研究所（BRE）と改称。BREはその後政府から独立し，
社会貢献により利益をあげることを目的としたNGOとして活動し，研究者，
科学者，エンジニアなどで構成されている。

　BREは，1990年にイギリスでBREEAM（Building Research Establishment
Environmental Assessment Method）という，ビルのエネルギー効率性の向上
を含む持続可能な建築物（グリーンビル）の基準の策定を開始した。
BREEAMは，エネルギー効率性に関心を持っていた政府系研究機関と，同
じく関心を持った民間セクターの不動産業者の協力によって策定された。
BREEAMは，ヨーロッパの建築物に関する欧州指令によりイギリスが規制
を導入した際，政府資金を使って建造される建物に取得が義務づけられ，国
の規制の一部として使われる事例となった。第4章で述べるが，BREEAM
は直接的・間接的に他国のグリーンビル基準に影響を与えた（Doan *et al.*
2017）。

3　製造業者が主導する基準

　以下では，事業者がかかわり，事業者にとってのコストを削減しつつサス
テナビリティにも配慮する認証や，環境や労働事故が発生したことを契機に
策定された基準を事例として挙げる。

　化学：レスポンシブル・ケア
　化学産業では，深刻な化学工場の事故を契機に，また社会の懸念の高まり

72 第Ⅱ部 サステナブル認証制度の形成

のなかでサステナビリティ基準策定の取り組みが進められた。1984年，インドのボパールの化学工場が引き起こした事故で，イソシアン酸メチルのガス漏れにより4,000人の死者と55万人の負傷者が出た史上最悪の事故であった。この事故はアメリカのユニオンカーバイド社という化学企業の子会社で起こった。途上国だけではなく，先進国でもたとえば，1950年代のカナダで石油化学産業による環境汚染が深刻化し，1970年代には新規プラントの建設も，既存プラントの運転も難しくなってきた。

このような状況下で，化学品業界団体は，市民や政府，環境活動家との対話を試みて，法規制ではなく，自主的なイニシアチブとしてサステナビリティへの取り組みを進めてきた。ボパールの事故がレスポンシブル・ケアという民間の自主的取り組みを進めることにつながった。

レスポンシブル・ケアは化学物質を扱う企業が，ライフサイクルでサステナビリティを確保するイニシアチブとして行動指針を示すものである。本書で主に対象とする第三者認証を必要とする認証ではないが，ラベルは利用している。法規制以上の要件を求めるが，監査はなく自主的，かつ自己宣言を行う形式である。行政からみると，複雑化する化学物質管理の自主的な取り組みを企業自身が行うことで，規制を補完する目的もあった。

アメリカ・ヨーロッパ・日本の化学産業界が設立した国際化学工業協会協議会（ICCA）から日本でもリスポンシブル・ケアの取り組みを進めるよう求められた。当時の通産省が規制ではなく，自主的な取り組みとして進めるのが適当として後押しし，1995年に日本レスポンシブル・ケア協議会が設立された（日本化学工業協会 2012）。産業界の自主的取り組みは，課題への対応策として，政府による後押しで進められた取り組みでもあるといえる。

実効性を示すことができない自主的枠組みは何を意図してつくられたのだろうか。化学業界団体に所属しているすべての化学企業がレスポンシブル・ケアの行動指針に従い事故を減らすことで，業界団体の加盟企業が社会からの信頼を獲得することを目指した。化学産業が原因となり労働者や住民に被害を与え，公共財である環境を汚染した事態により，すべての化学企業に対して社会から厳しい目が向けられていた。レスポンシブル・ケアでは，業界団体のもと，少なくとも加盟企業は環境汚染を防止する努力を行っているこ

とを示すことで，非加盟企業が引き起こした問題の責任を切り離すための仕組みであったといえる。

　対象とする環境汚染問題は公共財の課題と考えられるが，化学産業全体を対象に取り組みを行っても，信頼を棄損する企業を排除することができない。このためリスポンシブル・ケアでは，参画する企業のみがかかわる環境や安全という属性を切り取り，準公共財（クラブ財）として位置づけたうえで，加盟企業の信頼性を再構築する意図があり，非難の対象を変換する意図があった（Prakash 2000）。

衣料：バングラディシュ・アコード

　同様に，悲惨な事故を契機として策定されたサステナビリティ基準もある。2013年にバングラディシュのダッカ近郊で縫製工場が入居していたラナ・プラザというビルが倒壊し，死者1000人，負傷者2500人以上となる悲劇もあった。このビルの縫製工場で働く労働者の労働環境は劣悪で，崩壊の危険性のなか対策も取られていなかった。このビルには世界的なファッションブランドの下請け工場が入居していた。事故のあと，企業の労働基準が引き上げられる契機となった（Schuessler *et al.* 2018）。

　国際機関である ILO が支援するバングラディシュ・アコード（Bangladesh Accord）[6] では，縫製産業で働く労働者の安全と健康について，労働組合，先進国のファッションブランド間で基準が法的に効力をもつ形で合意され，また監査も行われることになった。ただし，この事例では消費者に適合を示すためのラベルはなく，サステナビリティの基準のみを扱っている。このほかにも Alliance for Bangladesh Worker Safety という業界の協定，そして，バングラディシュ政府と EU, ILO によるバングラディシュ・サステナブル・コンパクトも結ばれた（永島 2024b）[7]。

---

6) Bangladesh Accord on Fire and Building Safety in Bangladesh〈https://bangladeshaccord.org/, 2024年 9 月アクセス〉。

7) 基準の効果についての原著論文は次を参照（Bossavie *et al.* 2023）。

74 第Ⅱ部 サステナブル認証制度の形成

製造業企業による基準の特徴

　レスポンシブル・ケア，バングラディシュ・アコードでは，産業が抱える
サステナビリティへの事故や懸念があるなか，NGO 主導の認証より柔軟な
方法を確立することで，生産者にとってより使いやすい基準や認証を作る動
きがでてきた。産業界にとっては，政府による規制が導入される前に民間認
証という自主規制でサステナビリティ課題に対応可能であると示すことで，
内容やコスト負担の面でもメリットもあった。また，サステナビリティへの
取り組みを示すことで，市民から向けられる業界への不信感を払拭する意図
もあった。

　政府も規制執行のリソースが限られるなか，自主規制が望ましいと考えた。
企業が実際に詳細な生産工程の情報を持つこと，そして企業自身が自主規制
を実施する過程でステークホルダーとのコミュニケーションを行うことが可
能になるという理由であった。

　民間による取り組みが主ではあるが，政府や国際機関もスタンダード策定
に対して意見を出したり，資金面での支援を行ったりと，民間部門（プライ
ベート）と政府や国際機関（パブリック）の協働が多くみられる事例といえ
る。

4　加工・小売業者が主導する基準認証

　サステナブル認証のなかには，加工・小売業者が主導するものも出現した。
農産物や消費財などを消費者に直接販売するのはスーパーなどの小売業者で
ある。小売業者による認証策定の背景には，サプライチェーン管理と製品差
別化がある。加工・小売業者は，自社の商品の安全性に問題が発生すると，
消費者心理とブランドイメージを棄損する。このため，サプライチェーンの
リスク管理は欠かせない。加工・小売業者が参画して策定した認証について
事例を挙げる。

第3章 経済主体と制度の形成 75

農業：GLOBALG.A.P.（Global Good Agricultural Practices）（旧EurepGAP）

ヨーロッパの小売業者が主導した事例に，農産物認証がある。1997年，イギリスの小売業者が大陸のヨーロッパの複数の小売業者，生産者，NGO，消費者団体，学術界と協働してEUREPGAPを策定した。背景には，消費者の狂牛病（BSE）や残留農薬，遺伝子組み換え食品への懸念を含む食品安全への信頼低下や，環境影響，労働者の厚生や動物の厚生等に対する意識の高まりがあった。

EUREPGAP策定の背景は以下のように説明されている（Campbell 2005）。食品安全と環境面のサステナビリティを軸に始まったEUREPGAPは，オーガニック市場や政策の影響を受けていた。当時ヨーロッパ消費者のオーガニック農産物指向が高まり，オーガニック農産物を推進するヨーロッパ政府の補助金政策が実施されていたにもかかわらず，オーガニック農産物生産者は小規模で限定的であった。このため，オーガニック農産物の取り扱いを増やしたいヨーロッパ小売企業は，大規模な調達を海外からの輸入農作物に頼ることになった。しかし，完全なオーガニック食品は大量生産に不向きであり，需要に見合う規模の調達ができない。このため，小売企業はオーガニックを代替するため，商品となる農産物に安全性が担保され，また環境面で持続可能であるという属性を付与しようと考えた。

一方，当時小売業者は食品安全危機と呼ばれる状況を受けて，スポット市場での調達からサプライチェーンを通じた調達に切り替えるなどリスク管理の必要に迫られていた。そしてこれらのリスク管理努力を消費者に知らせ，それによる商品差別化も行われた（Codron *et al.* 2005）。

食品安全の危機意識の高まりと商品差別化により，小売業者は，たとえば残留農薬において規制が定める最低基準より厳しい水準を課すようになっていた。このことにより生産者と個別に，たとえば使用化学物質の種類や水準を交渉していた。しかし，複数の小売企業が個別に生産工程を設定したことで，複数の小売企業から受注するサプライヤーでは工程が重複し，また監査も個別に行ったため，コストが上昇する事態が発生した。オーガニックの課題と調達上の問題を解決するため，農薬企業が小売企業に生産工程の統合を働きかけた。環境面のサステナビリティ需要の高まりも受けて，このような

動きが農業生産工程管理（GAP）としての EUREPGAP 設立につながった。

EUREPGAP により，それまで小売業者ごとに異なっていた農産物管理は統合，そして標準化され，危害要因分析にもとづく必須管理点（ハサップ）の監査手法の導入と，環境面で持続可能な工程管理を実施することを定めた。ヨーロッパ政府が合意した共通する農業生産工程管理などの政策がないなか，民間団体の努力により各小売業者別に行っていた管理や監査を共通化することができた。

このように，化学肥料などの投入財に焦点があったオーガニックとは異なり，EUREPGAP 認証は生産工程を管理するという観点を重視しており，同じ農業分野を扱うが，考え方が異なる制度として発展した。そして EUREPGAP は公共政策や規制によらず，競合相手も調達先も含む民間企業が協働することで，国の規制を越えた影響力を持つようになった。

しかし，EUREPGAP も他の民間認証同様自主的な取り組みである。このため，コストが高すぎるなどと判断した企業は参加しない。さらにその他の民間の基準も乱立する傾向にあり，消費者を混乱させる問題が生じた。このような状況を受けて，フランス政府は規制として，自国の政策で認証された農園から調達した農作物のみ民間認証のラベルを表示してもよいとした。ただし，グローバル・サプライチェーンが広がり，輸入農産物が増えるなか，この政策には懐疑的な意見も多かった（Codron *et al.* 2005）。

サプライチェーンのサステナブル認証の重複はヨーロッパ域内にとどまらない。グローバル化し，英国やヨーロッパ以外の国や地域との取引の増加もあり，よりグローバルな制度が必要となったことから，2007年 EUREPGAP は GLOBALG.A.P. と改称し，国際的に通用する取引要件と利用されるようになった。

当初 EUREPGAP や GLOBALG.A.P. は対ビジネス向け（B2B）の生産管理の認証であり，消費者に対して品質の優位性を表示する目的でないため消費者向けのラベルの使用は認められていなかった。しかしその後，GLOBALG.A.P. 認証を取得した生産者であることを示す生産者番号の表示や，認証商品取扱業者であることを示す消費者向けラベルは認められている。

漁業：MSC（Marine Stewardship Council）

　MSC は乱獲による漁業資源の枯渇への危機感を背景に設立された。1992年，カナダのニューファンドランド島沖で，漁業資源の減少が危惧されながらも，経済的・政治的な理由でそれが見過ごされ，過剰漁獲により漁業資源が枯渇して，タラ漁を禁止せざるをえない事態となった。その結果，資源の枯渇に加えて，当初保護しようとした漁業者や加工業者も職を失う結果となり，大きな経済的な損失ももたらした。1995年，国際連合食糧農業機関（FAO）が責任ある漁業の行動指針（Code of Conduct for Responsible Fishery）[8] を策定するなど，持続可能な漁業のための国際的な動きも始まった。

　そのような時期に，WWF と消費財メーカーのユニリーバと議論し，MSC の構想を発案した。これは当時ユニリーバが，世界最大の冷凍魚のバイヤーであり加工業者でもあったことから，資源の枯渇により将来自社の調達ができなくなる懸念をもっていた。また，WWF が関与して FSC が策定されたことも漁業分野の認証策定の動きに影響していた（Ponte 2012）。1997年に独立した非営利団体として MSC が設立され，持続可能な漁業の指針を出した[9]。FAO は2005年に水産エコラベルのガイドラインを策定し，このガイドラインに準拠した MSC は，それまでグローバルなコモンズである海洋漁業についてのエコラベルに懐疑的であった各国政府にも受け入れられるようになった（Gulbrandsen 2014）。2007年，オランダのすべての小売業者が100% MSC 認証水産物を取り扱うコミットメントを出し，オランダ政府も漁業行政のなかで消費者に MSC が重要であると説明している[10]。

パーム油：RSPO（Roundtable on Sustainable Palm Oil）

　パーム油は熱帯地域で育つアブラヤシの実から絞られる植物油で，揚げ油,

---

8 ）FAO「責任ある漁業のための行動規範」（水産庁訳）〈https://www.fao.org/ 3 /v9878ja/V9878JA.pdf, 2024年10月アクセス〉。

9 ）MSC ホームページ 〈https://www.msc.org/jp, 2024年10月アクセス〉。

10）オランダ政府漁業政策ホームページ 〈https://www.government.nl/topics/fisheries/dutch-fisheries-policy, 2024年10月アクセス〉。

お菓子や洗剤などさまざまなところで使われている。東南アジアのインドネシアとマレーシアが世界のパーム油生産の8割以上を占めている。年中収穫できることもあり生産性が高いため，需要も生産も拡大の一途をたどってきた。途上国では，地方開発を通じた貧困削減に寄与すると期待されてきた。しかし，プランテーションや農園開発で森林破壊やオランウータンをはじめとする動植物の生息地を脅かすなどして，生物多様性損失に寄与している，また土地利用で先住民の人々の権利を侵害しているなど社会的問題で批判されてきた。途上国の地方で開発が進むアブラヤシ農園の公的な規制は十分機能しておらず，民間に自ら規制を行うことが求められていた。

　そのなかで，RSPO はパーム油のサステナビリティ基準を策定する民間機関として，2004年に非営利団体の形で設立された。

　RSPO の創設は NGO の WWF と，MSC 設立にもかかわった消費財企業のユニリーバに主導され，当初はスイス小売企業の Migros，スウェーデン油脂企業の AAK などヨーロッパの需要家のみが議論に参加していた[11]。しかし，その後ヨーロッパ側のみの組織は影響力が限定されると考え，供給サイドのステークホルダーとして，マレーシア・パーム油協会（MPOA）やインドネシア・パーム油協会（GAPKI）にも加入を依頼した（Schouten & Glasbergen 2011）。RSPO は「市場を変革し，持続可能なパーム油を規範とする（transforming markets to make sustainable palm oil the norm）」というキャッチフレーズを採用している。

　現在本部はマレーシアに置かれている。設立の意図は，パーム油のステークホルダー（利害関係者）を集め，信頼されるグローバル・スタンダード策定を通じて，持続可能なパーム油の利用を促進するというものであった。円卓会議（Roundtable）という名称はスタンダード策定において，さまざまな立場のステークホルダーが関与するマルチステークホルダーという枠組みの上に，それぞれのステークホルダーに平等な立場を与えたうえで円卓を囲んで議論を行い，共通の理解をつくりだしていくことを意味している（Ponte

---

11）RSPO 紹介ホームページ〈https://rspo.org/resources/?category=who-we-are，2024年10月アクセス〉。

2014)。多様な人の理解にもとづき，また受け入れられることで，ルールメイキングにおいて正当性を担保する仕組みといえる。

　政府との関係では，RSPOの制度策定が政治問題化されることを防ぐため政府，とりわけ生産国政府の基準策定への関与は妨げられていた。しかし，RSPO基準では地域や国，国際的な法規制や条約の履行を求めており，法規制に則った運用をすることで正当性を確保したほか，MPOAやGAPKIはそれぞれの政府への報告を行ったり会議に政府官僚が参加したりと関係を持っていた。また，オランダやドイツなどヨーロッパ政府はサステナブル・パーム油の支援としてRSPOにも資金を供与していた（Schouten & Glasbergen 2011）。

　RSPOは，EUの再生可能エネルギー指令（RED Ⅰ）や日本のFIT（Feed-in-Tariff）政策で，持続可能なパーム油を調達する際の基準として公共政策で利用され，民間認証のなかでもエネルギー政策と密接にかかわることで，大きな影響力を持った。その後，EUでは再生可能エネルギー指令が改定されRED Ⅱとなった際，輸送燃料としてのパーム油を段階的に廃止することが決まり，RSPOも政策の基準を満たす民間認証として使われなくなったが，後述するように，生産国の生産現場や政策に大きな影響を与えることになった。

5　小　　括

　サステナブル認証や基準は，複数の主体によってさまざまな動機で策定されてきた。NGO，生産者，小売企業や加工企業はそれぞれ異なる動機を持っていた。NGOは理念や課題解決のためにスタンダードを策定するのに対し，生産者が積極的に関与して策定するサステナビリティ基準では，実際に発生した問題に対する解決策であったり，自主規制により社会の理解を得ること，そしてNGO主導の認証への懸念なども動機としてあった。

　政府機関が策定主体となった制度では，結果的に産業界の反発で，認証制度を外部の独立機関で運用することにした事例もみた。小売企業主導の認証

80 第Ⅱ部 サステナブル認証制度の形成

は，グローバルに広がるサプライチェーンのリスク管理という実利的な目的が動機になっていたほか，消費者へのアピールが目的となっていた。このように，多様なサステナブル認証の背景には，民間部門が大きな役割を果たしてきたが，公共政策とのかかわり方も大きく影響してきたのである。

第 4 章

波及する制度とハーモナイゼーション

　第 3 章では，農業，森林，環境や労働などの各分野で，サステナビリティ基準・認証の先駆者や初期の策定者の動機や，試行錯誤の取り組みを通じて，民間発の制度が発展をしてきた様子をみた。既存の公的な制度では十分な対応ができなかったグローバルなサステナビリティ課題に対して，新たな民間の取り組みで対応したという意味で，制度のイノベーションともいえるだろう。これらの認証制度は，企業や業界団体，政府にさまざまな影響を与えた。先駆者となった認証は，環境や労働などに関する理念や問題意識を出発点としていた。一方，サステナビリティという概念は広く，さまざまな定義や解釈がありえる。このため，理念や歴史的ルーツの違い，消費者や産業界のニーズの反映などにより，同じ分野に複数の認証制度が策定され，制度の波及が起こった。

　本章では，主に先進国においてサステナビリティ基準がどのような動機で波及し，制度が断片化[1]したかをみていく。制度の断片化がもたらした影響と，それを克服しようとするハーモナイゼーションの動きもあわせて整理する。途上国・新興国については第 8 章で取り上げる。

---

1 ）制度の断片化は，国際関係論の英語文献では "fragmentation" という用語が使われる。

82　第Ⅱ部　サステナブル認証制度の形成

1　制度の断片化

焦点となる課題の違いによる差別化

　先駆者のサステナブル認証が登場したあと，同じ商品作物を対象として，複数のサステナブル認証が設立される事例がみられるようになった。たとえば，コーヒーを対象としたサステナブル認証には，国際フェアトレード認証のほか，レインフォレスト・アライアンス，UTZ, 4C（Common Code for the Coffee Community）がある。それぞれの認証は相互に影響を与えており，国際フェアトレード認証，レインフォレスト・アライアンス，UTZ は，お互いがよい意味での競争相手であると認識していた（Reinecke *et al.* 2012）。

　レインフォレスト・アライアンスと国際フェアトレード認証は，重点をおくサステナビリティの対象分野と仕組みに違いがある認証制度として発展した。レインフォレスト・アライアンスは1987年に環境保護運動家のダニエル・カッツによって設立され，アジア，アフリカ，ヨーロッパ，ラテンアメリカなど各地の NGO の協働を行うサステナブル・アグリカルチャー・ネットワーク（SAN）とも協力してサステナブル認証を策定した。レインフォレスト・アライアンスは，2001年に持続可能な農業の普及と，サプライチェーンを通じて企業や消費者をつなぐことを目指して創設された[2]。対象とする商品作物は，コーヒー，カカオ，お茶，バナナなどである。前章で取り上げた国際フェアトレード認証でもコーヒー，カカオ，お茶，フルーツなどが対象となっており，認証間で重複している。

　国際フェアトレード認証とレインフォレスト・アライアンスの 2 つの認証制度で何が違うのか，レインフォレスト・アライアンスのホームページでは以下のように説明している。「似た目標を共有する非営利団体だが，活動の重点と実践方法に違いがある」[3]。国際フェアトレード基準では，途上国の

2）レインフォレスト・アライアンスの設立について説明されている〈https://www.rainforest-alliance.org/about/, 2024年10月アクセス〉。

農業従事者の貧困を改善する方法として，最低価格を保証し，製品に最低価格を設けることで，農産物に上乗せ価格（プレミアム）を支払い，生産者の生活保障を重視する。これに対しレインフォレスト・アライアンスでは，生物多様性の保持に重点をおきつつ，農業生産者と森林コミュニティの生活向上のために，市場メカニズムを使うとしている[4]。そして，農民の生産性が向上するのを助け，ビジネスとして利益がでるようにすることを主眼においた仕組みであると説明している。このように，同じ財に対する認証だが，サステナビリティの焦点や仕組みが異なっている。

先行認証への対抗

森林分野では，重点を置くサステナビリティ課題の違いとは別の動機で，複数の認証制度が立ち上がった。第3章で取り上げた森林保護分野でのFSCの設立にともない，産業界から複数の懸念が生じていた。その内容は，FSCがNGO主導の認証であり，産業界の意見が十分反映されていないこと，また費用負担が発生することなどであった。このような懸念を背景に，FSCに対抗する認証制度が世界中で策定され（Cashore *et al.* 2004），「認証戦争」ともいえる状況が出現することとなる。

まず北米では，アメリカ林産物・製紙協会（AF&PA）の持続可能な森林イニシアチブ（SFI），カナダ規格協会（CSA）の持続可能な森林経営システムなど，業界主導の民間認証が策定された。また，先進国の産業界からだけでなく，熱帯雨林を擁する途上国でも同様の動きが起こった。木材産業が重要な産業である生産国各国では，自国の状況を加味した認証プログラムが設

3）ホームページの該当箇所は次のリンクを参照〈https://www.rainforest-alliance.org/
business/certification/difference-between-rainforest-alliance-certified-fair-trade/，2024年5月アクセス〉。

4）ただし，これらの認証のホームページでの文言は，筆者が2022年時点で確認した当時の内容である。サステナビリティ基準や重点は，どの認証制度においても国際社会の動きとニーズにあわせて変更されている。たとえば人権デューデリジェンスの法規制の導入の前後で，レインフォレスト・アライアンスの説明で人権への配慮が強調されるようになった。サステナビリティ認証では，基準は不断の見直しが行われることが仕組みとして埋め込まれているほか，強調する内容も時代とともに変遷している。

立された。1999年にはインドネシア政府が主導するインドネシア・エコラベル協会（LEI），同じ年にマレーシアではマレーシア木材認証協議会（MTCC）の認証制度である MTCS, 2002年にブラジル政府 INMETRO もかかわる CERFLOR[5]，2004年アフリカ・ガボンの汎アフリカ森林認証（PAFC），2011年にインドネシアの非営利団体であるインドネシア森林認証協議会（IFCC）なども設立された。

　認証制度の波及は，農業分野でも起こった。農産物を先進国市場に多く輸出する国や企業は，ヨーロッパの小売企業が中心となって，輸入農産物の食品安全にかかわるリスク管理を目的として要求を行う GLOBALG.A.P. を，新たな輸出要件の出現と受け止めた。GLOBALG.A.P. は民間基準で自主的ではあるが，サプライチェーンのリスク管理のために，小売各社とも共通して GLOBALG.A.P. の取得を生産者に求めるようになった。GLOBALG.A.P. の取得がなければ，ヨーロッパ市場を仕向け地とする生産者や生産国が輸出できなくなることから，サプライヤーにとっては事実上規制のような意味を持った。このため各国で類似の認証が策定された。（日本や途上国に波及した認証については，第8章で扱う。）

小売業者によるブランド競争

　ヨーロッパの小売市場は寡占化されており，ドイツ Aldi や Rewe, イギリス Tesco, フランス Carrefour など主要な小売企業はプライベート・ブランドを作って商品差別化を図っていた（Fulponi 2006）。これらの小売企業は，GLOBALG.A.P. を食品安全を担保するために利用するほか，各社独自のサステナビリティ基準にもとづくプライベート・ブランドも展開していた。このため，ヨーロッパにおいても，業界共通の基準に加え企業独自のものなど，サステナビリティ基準が乱立している状況であった。

5）CERFLOR の説明は次のリンク参照〈https://www.celso-foelkel.com.br/artigos/outros/41_2002_CERFLOR%20palestra%20ITTO.pdf, 2024年10月アクセス〉。

各国政府による制度の策定

　オーガニックの分野では，IFOAMによる有機農業分野の取り組みは広がったが，さまざまな国の団体間でのサステナビリティの定義の違いなども露呈した。民間部門での取り組みは，政府にも影響を与え，ヨーロッパの各国政府もオーガニックに積極的に関与を始めていた。フランスやオーストリア，デンマーク政府などは1980年代から，環境や社会に便益をもたらす産業として，また地域振興のツールとして，オーガニックの政府基準を策定した。ヨーロッパ各国がオーガニックに取り組む動機は環境や社会問題対応から，ニッチな産業育成などさまざまな動機によるものであった。このように，ヨーロッパでは，民間・各国政府がさまざまなオーガニック基準を作り，またグリーンと銘打った類似したラベルを表示したことで，消費者や生産者に混乱を招いていた。

　制度が政府に影響を与えて波及した認証は，農産物や林産物に限らない。グリーンビル認証もBREEAMがイギリスで策定されたあとに，各国で類似の制度が創設された。1998年にはアメリカのUSグリーンビル協会（Green Building Council）によってLEEDというグリーンビルの基準が作られた（Doan *et al.* 2017）。LEEDは，BREEAMと同様に，建物のエネルギー効率性を高めることに関心を持っていた商務省や州政府が関与して策定された（Jones 2017：249-256）。日本でも国土交通省が支援し，産官学共同プロジェクトとして委員会を設置し，建物の環境性能を評価するCASBEE（建築環境総合性能評価システム）[6]という制度が作られた。CASBEEは日本の法制度に融和的に作られている（Shiraishi & Iseda 2021）。2003年に公表され，改定により省エネや環境負荷の少ない建材というだけでなく，よりお幅広いサステナビリティに対する貢献も考慮されている[7]。

---

6 ）CASBEE の概要〈https://www.ibecs.or.jp/CASBEE/CASBEE_outline/about_cas.html, 2024
　　年10月アクセス〉。
7 ）CASBEE ／一般社団法人 日本サステナブル建築協会（JSBC）〈https://jsbc.or.jp/
　　research-study/casbee/concept.html, 2024年10月アクセス〉。

2 制度の断片化の背景と課題

制度断片化の背景

　政府による認証であれば，1か国につき同様の目的の制度は1つしか策定されない。これに対し民間認証は自主的であることから，複数の制度が形成されることがある。また国の政策として導入された認証であっても，各国が異なる制度を使うことで，国際的な取引では重複した制度となる。これまでみたように，サステナブル認証は，サステナビリティ分野のなかでの重点の違い，小売企業による製品差別化と企業間競争，産業界主導の認証の出現，各国の実情に合わせた基準策定の必要性など，さまざまな理由でサステナブル認証制度という仕組みのなかに複数の制度が作られ，制度の断片化が発生した。

　なぜ同じ分野に複数の認証制度が共存可能なのかという問いについて，コーヒーの複数認証を事例に検討した研究がある（Juliane Reinecke *et al.* 2012）。国際フェアトレード認証は，貿易の取引方法を変化させ，生産者に有利な仕組みを作ることを目的としていた。このため，最低価格やプレミアムの水準を保障する仕組みを導入した。そして，その他のコーヒー分野の認証では行っていない事前の資金供与を実施したり，長期契約を行えるようにした。一方でレインフォレスト・アライアンスは民間企業の関与が大きく，基準と認証の目的がより企業に有利なように設定され，商品の品質向上と経済的利益のためのトレーサビリティ，そして個々の買い手と売り手が自由に交渉できるようにしたことを指摘している。買い手と売り手が自由に交渉できる認証の仕組みは，交渉力が弱い生産者がプレミアムを得にくくする原因となり，買い手の企業にとって有利な仕組みといえる。

　制度の断片化の別の背景として指摘されているのは，それぞれの認証が異なるターゲットグループを設定したことにある。国際フェアトレード認証は，民主的に組織され，利益を平等に共有する家族経営の小規模農家のみを対象にしていた。一方，後発の4CやUTZは，フェアトレードの対象層を補完す

るため，すべての種類の生産者を対象にするとした。原材料の調達規模の大きい製造業者や小売企業は継続的な供給のために十分な調達量を確保する必要性があり（Henson & Reardon 2005），このような後発の認証制度は企業のニーズをとらえたものであった。

主体によって使い勝手の良い制度が異なるため，複数の認証制度が策定され，共存することになる。第7章，第8章のパーム油認証の事例でも，生産国である新興国で認証が設立された動機や背景をさらに議論する。

底辺への競争（race to the bottom）

複数の認証制度が導入可能であると，認証参加へのハードルを下げるため，また生産者に有利になるよう低い基準を設定したうえで，緩やかな改善を求めるという制度が現れる課題もある。基準が緩やかであれば，対応のためのコストも低くなることが予想され，消費者によって厳しい基準との差別化が適切に行われなければ，低い基準を設定する制度のほうが，より多くの認証採用を見込めることになる。

また，第三者監査ではなく，検証（verification）という簡易な方式を採用するものも現れた（Reinecke *et al.* 2016）。このように，より緩い基準の制度が策定されていくことを「底辺への競争」という。

しかし，第8章で議論するように，これが「底辺への競争」であるのか，より簡易な方法をとることによる包摂性のある制度の提供なのかは議論の余地がある。また，複数の認証の共存が，競争によってよりよい制度に向けた競争（race to the top）を促す可能性もあるため，注意深い検討が必要である。

制度の断片化による弊害

制度の断片化は，いくつかの弊害をもたらすと考えられている。第一に，利用者である消費者や企業の混乱を招く可能性がある。同じ市場に類似の基準が複数共存する場合，利用者が各認証の理念や基準の違いを把握することは容易ではない。利用者が認証や基準の十分な情報を持っていれば違いを踏まえて選択できるが，そうでなければ非効率が生じる結果となる。さらに，基準が相対的に緩い認証と厳しい認証の判別がつきにくくなることで，簡単

に，安価に取得できる緩い認証が普及する可能性が高まり，認証の正当性に疑問符が付くことになる（Mueller *et al.* 2009）。このように，情報の非対称性のために，買い手が認証間の違いを識別できなければ，逆選択が起こる。結果として，より緩い基準が選択されるようになり，制度の底辺への競争が起こる可能性もある[8]。

　第二に，サプライヤーの認証コストの問題がある。サプライヤーは，複数の顧客企業と取引することがあるだろう。顧客がそれぞれ異なる認証を求める場合，複数の認証を取得する必要がでてくる。そして，サプライヤーは，類似の認証を取得するために，認証コストを重複して負担が増加することになる問題がある（Trienekens & Zuurbier 2008）。認証取得のためにはメンバーとしての加入料金のほか，監査費用の支払いが発生する。また認証を更新していくためには，数年ごとに監査を受ける必要もある。認証取得にかかる費用だけではなく，人的資本や認証取得の準備等の負担が増加する。サプライヤーに対する認証費用の負担増は，財の価格の上昇や，小規模生産者の排除につながる（Henson & Humphrey 2010）。

　第三に，国際貿易を通じた認証財の取引を考えると，特定の認証を取得しなければ輸出できず，さらにその種類が多くなることで，認証制度が非関税障壁になる可能性が高まる。重複した認証が非関税障壁になる場合について，グリーンビルの事例で検討した研究も行われている（Shiraishi & Iseda 2021）。グリーンビルの分野では，複数の内容の異なるスタンダードが共存するが，日本のみで主に普及する CASBEE と，国際的に普及が進むイギリス発の BREEAM やアメリカ発の LEED が存在する。

　日本の法制度や仕組みになじむ CASBEE は，日本国内での普及には役立つが，デメリットもある。事実上の国際標準である LEED と日本独自の CASBEE 間では違いが大きく，日本の認証を取得しても LEED が取得しやすくなるわけではない。逆に CASBEE を取得する費用が負担になり，国際的に普及する認証である LEED の取得の妨げになることもある。結果として，

8）政策についての「底辺への競争」の議論はこれまで多く行われてきている（Klevorick 1996；Vogel 1997）。

LEED を必要とする国際プロジェクトへの参画を阻むことも懸念される。国内重視の認証を各国で策定すると，国内法制度への親和性が高いなどメリットもあるが，国際競争力に負の影響があるなどのデメリットも考えられる。

民間認証と公共政策の関係

これまでみてきたように，サステナビリティの取り組みでは民間の役割が重視されるようになり，企業レベルの取り組み，業界レベルの取り組み，市場を通じて国際的に広げる取り組みなど多様な方法でサステナビリティ課題へのアプローチが行われた。またその影響力を広げるために，スタンダードを策定することによる標準化が行われるようになった。民間と政府の協力も行われたが，スタンダード策定そのものは政府によるものだけでなく，政府は協力するが民間主導のものもあらわれた。このように，民間主導のルールは，政府主導のルールを補完，さらには代替できる可能性があると論じる研究者もいる。一方で，民間主導のルールによるガバナンスには懐疑的で，ルール形成は国家の役割である。民間はセカンドベストの結果しかもたらさないほか，民間のガバナンスは企業のグリーンウォッシュに利用されると議論する研究者もあり，議論は二分された（Renckens 2020）。

民間によるガバナンスを補完する政府の役割はどのようなものか，などの議論も行われた。政府は民間スタンダードの取り組みを支援することもあれば，制約することもある（Gulbrandsen 2014）。民間スタンダードの目的の設定やアドバイス，実務・資金面のサポートなどに政府が関与していたこともある（Boström 2003）。

3　ハーモナイゼーションの動き

多様なサステナブル認証が出現し，重複による弊害が明らかになるにつれ，認証スキームオーナーや利用企業などは，認証の役割が棄損されることに危機感をもつようになった。このため，ハーモナイゼーションに向けた方策として，いくつかの試みが行われている。以下では，農業・食品安全分野，オ

90　第Ⅱ部　サステナブル認証制度の形成

ーガニック，森林分野の取り組みが，企業や NGO，国際機関，政府などに
より進められた事例をみていく。また，各分野の取り組みとは別のアプロー
チも行われたことを確認する。

共通の利益追求を通じたハーモナイゼーション

　第3章で農業分野の GLOBALG.A.P. について述べたが，これ以外にも，
各国で農業工程管理（GAP）認証が乱立する状況が発生していた。国際機関
である国連食糧農業機関（FAO）は，状況を改善するため，科学的な知見を
集約し，2003年に GAP のコンセプトをまとめ，国際社会や加盟国政府の
GAP 関連の政策を支援する目的で方針を発出した[9]（FAO 2003, 2004）。輸出
国側での反応は第8章で述べるが，2000年代に途上国を含む各国で GAP 関
連の制度が構築されるようになり，そのような動きにあわせた国際機関での
動きといえる。

　また，消費財産業や小売産業が主導するハーモナイゼーションの取り組み
も行われた。食品関連産業では，BSE やリステリア菌汚染など食品事故が
起こるなか，各食品事業者がそれぞれ食品安全基準を設定することで監査の
重複がおき，サプライヤーのコストが増加していた。危機感をもった企業の
経営者達が中心となり，2000年に国際的な小売・消費財企業等が集まるコン
シューマー・グッズ・フォーラム（CGF）において，監査の重複を解決する
目的で世界食品安全イニシアチブ（GFSI）というプラットフォームを設置
した（CGF 2024）。CGF は，世界70か国から400企業が参加し，合計500兆円
の市場規模をもつ巨大な民間団体で，巨大な力をもっていると考えられてい
る。CGF に参画する40以上の企業には，コカ・コーラ，ネスレ，マクドナ
ルド，カーギル，ウォルマート，イオン，花王，味の素，キリンなどの大企
業が含まれており，これらの企業が GFSI のメンバーになっている。

　GFSI は，"one world, one safe food supply（一つの世界，一つの安全な食品
供給）"（2022年時点）または "safe food for people everywhere（安全な食品を

9）FAO の方針では，土壌や水，動物の福祉，エネルギー利用，廃棄物，労働者の安全
　と福祉，野生動物などに言及している。

すべての場所の人々に)"（2024年時点），そして "once certified, recognized everywhere（一度認証されれば，どこでも受け入れられる)" というスローガンを掲げ[10]，GFSI の食品安全基準を策定し，基準に合致する認証を選定して，複数の認証の同等性を確認し，選定された認証であれば同等とみなすことをグループ内で確認している。この作業はベンチマーキングといわれるが，ベンチマーキングにより，同等とみなされる認証制度であれば，認証取得の重複を避けることができるようになった。ただし，GFSI 自身が認証を行ったり，ラベル付与を行うわけではなく，ベンチマークのみを行うところが，通常の認証スキームと異なるところである。

　GFSI は競合する企業が協力してハーモナイゼーションを行った成功例ともいえる。企業間の協力がなぜ可能になったのだろうか。関連するすべての企業にとって，消費者の健康と安全に問題がない基準を満たす財を市場に供給することは，何よりも優先される。そして食品安全は，より高い水準や低い水準という競争の対象にすべき課題ではない。たとえば腸管出血性大腸菌O157による感染や狂牛病など，さまざまな食品安全の問題が過去に発生してきた。このような問題の発生を防止することは，競争や商品差別化ではなく，企業の垣根を超えた共通の利益である。また，共通の利益を守るために高い認証コストを支払うことは誰の便益にもならない。このような考えが共有されたことが，食品安全という非競争領域でハーモナイゼーションが行われた背景にあった。

　GFSI は世界の市場シェアが非常に大きい組織であるため，GFSI で行われたベンチマーキングは広く受け入れられる理由であっただろう。2023年1月現在，日本からは農園認証である ASIAGAP，食品安全マネジメント協会（JFSM）が策定した食品加工の認証が選定されているほか，上で挙げたGLOBALG.A.P. が認められている。青果物，穀物，茶に関する ASIAGAP はCGF の下部組織である GFSI でベンチマークされ，CGF 会員企業にとっての基準として認められることになった。このため，GFSI の参加企業が

10）GFSI やこれらのホームページのスローガンやメッセージは国際状況にあわせて更新される場合も多く，この文言は2022年と2024年に確認したものである。

GLOBALG.A.P. 認証を求める場合，ASIAGAP を取得すれば同等であると認められることになる。

ただし，ハーモナイゼーションのために導入したベンチマーク基準であるGFSI 基準も，改訂ごとにベンチマーキングの作業が発生するなど，新たな負担とコストとなってきた。このため，たとえば GLOBALG.A.P. では GFSIを満たす基準は追加項目としており，選択可能にしている。このように，GFSI で標準化したものの，それによって認証団体ごとの基準がなくなるわけではないことには注意が必要だろう。

GFSI は食品安全の項目のみを対象としている。食品安全のサステナブル認証は，環境や労働，人権の項目も含んでいるが，これまでのところ食品安全以外の項目でハーモナイゼーションは進んでいない。食品安全は企業の競争領域ではないため，複数の認証の同等性を確保するための協力ができた。しかし，環境や労働，人権に関しては，認証によって対象とする問題領域や基準が異なっていたりと，よりそれぞれの価値観に依存した違いがより大きい。異なる基準こそが差別化とブランド価値の源泉でもあり，企業ごとに焦点が異なることで競争をしている面もある。このため，サステナブル認証のベンチマークは，消費者の混乱を引き起こさないためには望まれるところであり，成功事例もある[11]。しかし，今後も大きく進展する動きはみられないこともありうるだろう。

政府・国際機関を通じたハーモナイゼーション

有機農業の分野では，民間と政府の複数の基準が乱立したことを受けて，政府がハーモナイゼーションを行った。EU では，消費者団体や有機農業の団体から行政に規制の導入の要請が行われた。オーガニック規制の目的は，公平でない競争から農家を保護し，消費者を正当性がなく有機と名乗る農産物から保護するためであった。しかし，規制や公的な政策の場合には国内での実施に限られるため，輸入する食品についての扱いが課題となる。ヨーロ

11）国際フェアトレード認証の分野で，Fairtrade International（FI）と The World Fair Trade Organization（WFTO）の 2 団体が協力した事例を含め，通商制度を含めた背景についての検討も行われている（岡本 2024）。

第4章　波及する制度とハーモナイゼーション　93

ッパで各国が独自の政策を導入したあとに，共通市場では各国ばらばらな基準では取引が阻害されるため，EU で共通基準を作ることになった。EU 政府は，ヨーロッパ共通市場でのオーガニック農産物の流通を促す目的もあり1991年にオーガニックの法制度を作った。これにより，各国基準はヨーロッパ基準で置き換えられた（Geier 2007：94-98）。

　アメリカでも，1980年代にいくつかの州政府がオーガニック規制を導入したのに加えて，複数の民間団体も基準を策定し，基準が乱立している状態であった。これを受けて，1990年農務省がオーガニック基準を策定することで乱立する基準の調和がとられた。また，1990年にカリフォルニア州でオーガニックのラベル規制が導入された。このように，EU もアメリカも，民間認証と政府規制が共存するようになった（Jones 2017：238）。

　NGO である IFOAM でも，国際的なハーモナイゼーションへの取り組みを始めた。同様に国際機関も，オーガニック関連法制度を整備しようとしている各国政府に対して，明確な国際的なルールにもとづく仕組みを作る支援を行う必要性を認識していた。FAO と WHO も世界貿易機関（WTO）の自由貿易体制で食品の国際基準策定を行うコーデックス（CODEX）委員会において，1999年から有機農業にかかわるガイドラインの策定を始めた。消費者の信頼を築くこと，また WTO において国際的に同等であることを示す根拠として使われること，また政府，とりわけ途上国政府が各国規制を策定する際のガイダンスになることが理由である。これにより，国際的にも有機農産物の基準を統一する動きが進んだ。コーデックスのガイドライン策定の際に参考にしたのが，IFOAM であった（村上 2004）。民間組織の IFOAM は，政府や国際機関の基準の策定において知見を提供する役割を担った。

　IFOAM はまた，各国のさまざまなオーガニック基準を IFOAM 認定基準であると認定し，かつオーガニックの認証機関が十分な基準を保有しているかを検証する認定機関としての役割を担う。認定の文書は，FAO と国連貿易開発会議（UNCTAD）の協力で策定され，WTO の文書[12]やこの後説明す

12）WTO Technical Barriers to Trade 8 （TBT）Agreement Annex 3 Code of good practice for the preparation, adoption and application of standards。

94 第Ⅱ部 サステナブル認証制度の形成

る国際社会環境認定ラベル表示適正行動規範（ISEAL）にも適合するなど（IFOAM 2014），国際的な正当性を担保した取り組みであるといえよう。IFOAM は NGO であるが，IFOAM 認定基準の対象は，民間のオーガニック基準だけでなく，政府による規制も含まれる。従来，各制度に正当性を与えるのは政府機関や国際機関の役割であることが多かったが，民間組織である IFOAM が，民間も政府の基準もあわせて認定するという仕組みである。

　国際貿易の取引が増加するなか，各国の参加団体と認証制度が IFOAM の定めるスタンダードに則っていることを確認することで，「底辺への競争」を防ぐ役割を果たすことが期待されている。IFOAM には2022年時点で100か国以上の800以上の団体が加盟している（Willer *et al.* 2022）。さらに，IFOAM は他のサステナブル・ラベル団体や政府間の協力関係を構築してきた。IFOAM はヨーロッパのオーガニックの規制策定時には議論をし，民間団体が，政府規制の策定にも重要な役割を果たしている。

日本におけるハーモナイゼーション

　日本の有機農業は，農薬や化学肥料の安全性に危惧をもつ消費者の需要もあり，1970年以降供給を増やそうとしていた。しかし当初は，有機農業の基準もなく，有機や減農薬と書かれていても，価格を高く設定するのみで実際は有機栽培とは呼べない商品が市場に出回るようになっていた（村上 2004）。その後，1991年に農林水産省が「農産物及び特別栽培農産物に係る表示ガイドライン」を策定し，有機栽培や無農薬栽培などの基準と表示法も定めた。しかし，この方法では生産者の客観的ではない主張にもとづく表示が可能であり，またガイドラインには強制力がなかったため，表示や生産基準が統一されていないなど，混乱が続いていた[13]。

　有機農業がコーデックス基準として認められたことによって，さらなる制度の波及が起こった。民間の認証から影響を受けて新たな制度が作られることが第1ラウンドの波及とすると，日本でみられたのが第2ラウンドの波及

13）農林水産省有機食品の検査認証制度のページ〈https://www.maff.go.jp/j/jas/jas_kikaku/yuuki.html，2024年10月アクセス〉。

であろう。日本は，食品の国際基準であるコーデックスが策定されたことにともない，2001年に農林水産大臣が定める国家規格として有機食品に関する日本農林規格（有機JAS）を策定した。有機JASは，信頼性を確保するために，第三者認証を必要とする認証制度として運用されている。

オーガニックのハーモナイゼーション

このように，民間からはじまったオーガニックは，民間組織IFOAMによって基準が作られ，それがヨーロッパの政策やコーデックスに影響を与えた。さらに，コーデックスという国際基準が策定されたことで，日本を含む各国にもオーガニック基準が波及していった。

有機食品については，アメリカ，ヨーロッパ，日本など有機の基準が同等であることを承認した国々[14]が輸出国で政府の有機認証を取得していれば，相互に有機食品と表示することができる。同等性が認められているこれらの国々から日本に輸入した有機農産物や畜産物，加工食品は，有機JASマークを表示することが可能になっている。このように，政府間でも各国の制度の同等性を認める手続きを行い，貿易障壁を取り除く努力が行われている。

政府が策定した認証制度であっても，政府間のみで連携を行っているわけではない。有機JASは，民間の制度であるIFOAMとも親和性が高い制度設計になっており，第三者認証機関として登録した機関はIFOAMのポリシーに則っているとしている。たとえば，有機JASの認証機関である日本オーガニック＆ナチュラルフーズ協会（JONA）はJONA-IFOAM認証を作っている。JONA-IFOAM認証では，有機JASと差別化をはかっており，有機JASで求められる要件に加えて，生態系や労働者の処遇の公正性なども加えた基準を作っている。

このように，オーガニックの分野では，民間主導で公共政策もかかわりながら，民間も公共政策も国際的に基準の標準化や相互承認の手続きが進められた。IFOAMはヨーロッパ以外の政府ともかかわりをもち，影響力をもっ

---

14) 2021年4月時点では，EU，イギリス，オーストラリア，アメリカ，スイス，アルゼンチン，ニュージーランド，カナダ，台湾。

ている。日本政府の有機認証である JAS や日本オーガニック＆ナチュラル
フーズ協会（JONA）も基準を満たした有機農業としてベンチマークしてい
る。このように，民間で信頼されている NGO 団体が，各国政府による公的
なサステナブル認証とも協力しながらハーモナイゼーションを進めている。

森林分野：対抗する認証のハーモナイゼーション

　各国で策定されたさまざまな森林認証制度の協働を目指したのが，ヨーロ
ッパで土地所有者と産業が主導した PEFC であった。1999年にヨーロッパ地
域の小規模・家族経営の森林所有者が集まり，汎欧州森林認証制度を策定し
たのが始まりである。PEFC は，森林は地域ごとに多様であり，森林認証の
基準は地域に根差したものでなければならないという信条にもとづき，各
国・地域の優先事項や条件にあわせて策定された森林認証制度を相互承認し
ている。PEFC は包括的なスタンダードを策定し，それを基準に各国認証制
度のスタンダードが合致することを相互承認の判断根拠にしている。本部は
スイス・ジュネーブで，マルチステークホルダーの仕組みを有しており，メ
ンバーとして各国の認証制度，NGOs，労働組合，商工会議所，森林保有者
組織などが参加している[15]。

　先述のアメリカの SFI，カナダの CSA，マレーシアの MTCC，インドネシ
アの IFCC に加え，日本でも2003年に，森林・林業・木材産業界や NGO，
市民団体などが参加した緑の循環認証会議（SGEC）が森林認証制度を策定
し，2016年に PEFC での相互承認が認められた。PEFC は2022年で54か国の
制度がメンバーになっており，世界最大の認証制度である。

　PEFC が FSC と異なるのは，FSC がグローバルに一律の基準を適用してい
るのに対し，PEFC は森林保全の政府間基準[16]にもとづき国ごとに異なる基
準のプログラムを相互認証しているため，その内容にばらつきがあることで
ある。このため，NGO は FSC に比べて国によっては基準が弱いのではない

15）PEFC の紹介ページ〈https://www.pefc.org/discover-pefc/what-is-pefc, 2024年10月アクセ
　ス〉。

16）ヨーロッパのヘルシンキ・プロセス，環太平洋のモントリオール・プロセス，アフリ
　カのアフリカ木材機関（ATO），東南アジアの国際年帯木材機関（ITTO）など。

第4章　波及する制度とハーモナイゼーション　　97

かと懸念をもっていた。多くのヨーロッパの多くの政府は，公共調達におい
てFSCを公共調達等で，違法伐採でないことの証明やサステナビリティ担
保のために利用していたが，PEFCは基準を満たす認証として認知されてい
なかった。しかししだいにPEFCも基準の引き上げを行い，デンマーク政府
やイギリス政府に認められるようになった。NGOは国ごとのプログラムの
内容を精査すべきと主張したが，各国の森林認証を精査するには多くの労力
を要することもあり，PEFCがそのまま使われることが多かった（Gulbrandsen
2014）。

　このように，PEFCは，先駆者の民間認証であるFSCに対抗する形で出現
した別の認証のハーモナイゼーションを行った事例であろう。政府の公共調
達においてサステナブル認証を求める際に，FSCとPEFCの両方が認められ
る場合が多く，結果的に共存がはかられている。

認証スキーム統合によるハーモナイゼーション

　別のハーモナイゼーションの方法は，認証スキームの統合である。認証団
体の視点からみると，認証を取得する企業の数やそのリソースは限られてお
り，民間認証間の競争につながる（Dietz & Grabs 2022）。過当競争を避ける
ため，レインフォレスト・アライアンスは，2018年にUTZと相互に同等の
認証であることを合意する相互承認の過程を経て統合を行い[17]，2020年にレ
インフォレスト・アライアンスとして新しい基準を設定した。さらに，レイ
ンフォレスト・アライアンスはFSCの設立メンバーでもあり，レインフォ
レスト・アライアンスの認証が林産物を対象とする場合には，FSC認証で
認証された森林から原材料調達が行われている[18]。このように，似た役割を
もつ民間認証間の協働や統合により，民間認証の形態は時代とともに変わっ
てきた。継続性の不確実性や時代を超えて正当性を認められるかどうかとい
う点は，公共政策とは異なる民間認証の特徴となっている。

17）レインフォレスト・アライアンスとUTZの合併に関するSustainable Japanによる記
　事〈https://sustainablejapan.jp/2017/06/25/rainforest-alliance-utz/27218, 2024年10月アクセス〉。
18）レインフォレスト・アライアンスの紹介〈https://www.rainforest-alliance.org/insights/
　what-does-rainforest-alliance-certified-mean/, 2024年10月アクセス〉。

基準の第三者評価を通じたハーモナイゼーション

第三のハーモナイゼーションの動きには，ISEAL アライアンスという NGO[19] によって，効果的にサステナビリティ向上に資する信頼性のある認証スキームを選定することにより，「底辺への競争」を抑止しようというものがある。認証基準策定そのものが，サステナブルな生産活動を規定した標準化を目指すものであるが，その基準をさらに標準化する活動ともいえる。ISEAL では認証スキーム相互の重複を理解し，スキーム間で協力を進める会議も設置された（Loconto & Fouilleux 2014）。2024年で国際フェアトレード認証，レインフォレスト・アライアンス，4C, FSC, RSPO を含む36機関が ISEAL のサステナビリティ基準を満たしているとして認められている。しかし，多くあるサステナブル認証の一部にとどまっており，先進国で策定された認証スキームで占められている。

監査品質のハーモナイゼーション

第四のハーモナイゼーションの方式は，認証機関と監査機関が ISO に準拠しているかどうかを確認する方法である。認証スキームや認証機関が ISO17065や ISO17021に適合していることを求め，実施の品質を担保するという側面のハーモナイゼーションである。

4 小 括

先駆者たる認証が導入されたのち，産業界の利害や政府の介入も反映して，類似の認証の策定が行われ，制度の分断が起こる事例をみてきた。法的な強制がないにもかかわらず，制度が波及し，同様の認証が作られていく状況が生まれた。とりわけ，世界的な環境問題への世論が厳しくなると同時に，理念主導のサステナブル認証が産業の競争力を奪うのではないかという懸念のなかで，生産者が主導するサステナブル認証が出現するようになる。その目

19）ISEAL の役割〈https://www.isealalliance.org/about-iseal/our-mission, 2024年10月アクセス〉。

的は，NGO 主導の認証の普及や，政府による規制の導入を回避し，産業や企業がより自身で調整しやすい仕組みを作り，自主的に国際世論や課題に取り組むことが目的であった。

　また，企業が自社ブランドとして策定するサステナブル認証もあり，サプライヤーの認証コストの負担が増大すると同時に，消費者や利用者にとっては非常に理解が難しい状況が生み出されている。多くのスタンダードや認証が乱立することにより，「認証のジャングル」の状況と比喩される。同時に，認証をビジネスとしている団体にとっても，厳しい競争環境に置かれている。このため複数の主体や複数の側面からハーモナイゼーションの動きも起こっている。ただし，後の章で議論するように，制度の分断は引き続き課題であり，EU の規制政策では認証をつかわず，企業にデューデリジェンス[20]を行うことを求める方向に向かわせている一面もある。しかし，認証が SDGs 達成のための新しいガバナンスとなってきていることが指摘されるようになっている（岡本 2024）。

---

20) この文脈での「デューデリジェンス」とは，ビジネスを行う際にサステナビリティ要件を満たすかどうかについて，合理的な段階を踏んで調査や分析することを指す。

第5章

企業と政府の認証利用

　これまでサステナブル認証の形成過程と断片化，そしてハーモナイゼーションへの試みについてみてきた。しかしサステナブル認証を策定しただけでは役立たない。農家や加工業者，小売企業などがそれを取得し普及して効果を上げる。

　本章では，認証ユーザーである企業やそのサプライヤーが，どのような目的でサステナブル認証を取得し，利用しているのかについて考えていく。企業によっては，国際フェアトレード認証など第三者機関のサステナブル認証商品を取り扱う以外に，自社基準を作ったり，サプライヤー支援を行う企業もある。企業はどのようにサステナビリティに関する取り組みを使い分けているのだろうか。さらに，グローバルに広がる供給網に参画する各国のサプライヤーは，認証をどう理解して取得の決定をするのか。

　また，政府もサステナブル認証を，サステナビリティに資する生産方法を普及させる政策に利用している。政府が公共政策や国際イベントを通じてサステナブル認証を利用し，普及を後押しするさまをみていく。

1　消費財を扱う企業の認証利用

　先進国の多国籍企業は，サプライチェーン上の生産現場で発生するサステナビリティのリスクを減らす必要に迫られている。消費財企業にとっては，

認証を利用する以外にも自社基準を策定する方法や，CSR活動を行う方法もある。消費財企業はどのような場合にサステナブル認証を利用するのだろうか。

認証利用の意思決定（小売企業）

まず食品業界では食品安全を主目的としたサステナブル認証であるGLOBALG.A.P.の導入が進んでいる。食品にかかわる小売業界は，サステナブル認証を利用する以前からさまざまな認証を利用していた。品質・工程管理にはISO9000，環境管理のISO14000があり，労働社会状況にかかわるSA8000，食品安全のHACCPなどである。しかし，これらの認証は各財の特性を考慮した基準ではない。食品安全やサステナビリティという財ごとに性質が異なる課題を扱うために，別の仕組みが必要とされるようになった。このような背景で，食品安全やサステナビリティを対象にするサステナブル認証の利用が普及したといわれている。

食品業界の特徴は，利益幅が小さく，商品の需要の価格弾力性が小さいことである。一方で，消費者の商品や製造工程に対する要求は高い。このため，小売業者にとって消費者をつなぎとめることが重要であり，そのために食品の質の向上とコスト削減を継続的に行っている。とりわけ，小売企業は，食品安全の事故を一度起こすと消費者の信頼を失い大きな損失になることに危機感をもっていた（Fulponi 2006）。第3章でも論じたように，食品安全を担保することはどの小売企業にとっても最優先の課題であった。

食品の安全性を確保するためには，サプライチェーン上流の各国の原材料生産者を起点とし，加工，流通を通じて安全な食品の管理体制が確立されていなければならない。一方で，第1章で述べたように，内容や厳しさ，実施状況が異なる各国の食品安全規制の遵守をサプライヤーに求めるだけでは，食品安全を確保するのに十分ではない。食品業界は，グローバル・サプライチェーンの安全管理とリスク管理の取り組みを，低いコストで行う必要性があった。GLOBALG.A.P.のような食品安全を担保するための認証を業界全体で取り入れることは，小売業者にとって，食品事故リスクを下げ，管理コストを削減する意味でも，共通した利益に叶うものであった。このように，ヨ

ーロッパなどでは小売業者のサステナブル認証利用がすすんだ。

　一方，世界各地のサプライヤーに食品安全の認証が普及した背景には，先進国，とりわけヨーロッパやアメリカなどの市場において少数の小売業者が寡占市場を形成しており，市場支配力を持っていたことがある（Fuchs *et al.* 2009）。そして，これらの大手小売業者が，サプライヤーにサステナブル認証の取得を要求した。世界各国のサプライヤーは，大きな市場と重要な取引相手を維持するため，認証取得を行った。このように，欧米市場では，小売業者も，そのサプライヤーも，認証取得を進める土壌があった（Gereffi & Lee 2012）。このような背景で，食品安全を担保する GLOBALG.A.P. のような認証が普及した。

　GLOBALG.A.P. はビジネス向けにトレーサビリティを確保し，食品の安全性を確保することが主目的であったため，初期には消費者向けのラベルの表示は行っていなかった[1]。とくに，食品安全は競争領域でないことは共有されており，食品安全を目的とする GLOBALG.A.P. は差別化が目的でなかったといえる。

　これとは対照的に，小売企業は味や香り，農薬の使用や，労働や環境配慮などサステナビリティにかかわる品質で差別化をはかっていた。商品差別化のために利用したのが自社基準，またはプライベート・ブランドであった。イギリスのスーパーマーケットのテスコ（Tesco）は "Nature's Choice"，イギリスのセインズベリー（Sainsbury）ブランドなどでプライベート・ブランドを展開している。これらのブランドは，サステナビリティ基準を設定し，第三者監査を行う認証同様の仕組みを採用している。サステナビリティ配慮を打ち出しており，環境や労働，人権のほか，動物の福祉に配慮することが掲げられている。日本では，イオンがグリーンアイオーガニックというブランドで，有機 JAS 認証取得に加え，化学合成された保存料や着色料を使用しないなどの追加の要件も加えた商品を売り出している[2]。

---

1 ）GLOBALG.A.P. では，2016年に初めてサステナビリティ要素も対象にした GGN ラベルを導入した〈https://www.GLOBALG.A.P.org/about/history/，2024年10月アクセス〉。

2 ）イオンのグリーンアイについて〈https://www.aeon.info/wp-content/uploads/news/pdf/2023/03/230316R_3_1.pdf, 2024年10月アクセス〉。

プライベート・ブランドとして実施が強調されるサステナビリティの取り組みは，サステナブル認証の利用だけでなく，企業によるさまざまなプロジェクトの実施も含んでいる。たとえば，2024年時点のセインズベリーのホームページには，南米のバナナ生産者に労働者と家族が生活するのに十分な賃金である生活賃金（living wage）[3]を支払うプロジェクトが記載されている。

このように，小売企業は，食品安全という共通の利益に軸足があるGLOBALG.A.P. のような認証と，競争領域であるプライベート・ブランドの利用を使い分けている。GLOBALG.A.P. が競合小売企業間での安全管理とリスク管理の標準化である一方，商品差別化目的の各社のサステナビリティ基準とも共存するようになった。そして，サステナビリティの施策は認証やCSR としてのプロジェクト実施等も含め，組み合わされて利用されている。

認証利用の意思決定（消費財製造企業）

つぎは，消費財企業（メーカー）についてみていく。大手の製造業企業も，社会的要請に応えてサステナビリティ向上に取り組み，説明責任を果たす積極的な必要性を認識している。サステナビリティを損なう操業に関与してブランド価値を棄損することを回避する必要性に迫られてきた。サステナビリティに取り組む企業は，自社の生産活動において，サステナビリティに配慮した調達を行っている。

図5.1は，最終財を生産する企業がサステナブル認証財を調達する複数のルートを示している。環境や労働状況の配慮を把握している自社が所有する，または緊密な関係があるサプライヤー農園から調達する場合もある。また，商社を通じてサステナブル認証財や，自社のサステナビリティ基準を満たすような原材料を調達する場合もあるだろう[4]。企業は，サステナビリティへの取り組みを要求する社会や市場，投資家，金融市場からの圧力に直面しており，これらの要求にこたえる方法のひとつとしてサステナブル認証財の利

3）セインズベリーのサステナビリティページ〈https://about.sainsburys.co.uk/sustainability，2024年10月アクセス〉。

4）2018〜19年に実施したパーム油調達に関する企業・業界団体の聞き取り調査をもとにしている。

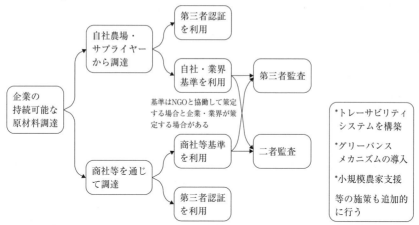

図5.1　企業のサステナブル原料調達の方法例
出所：筆者作成。

用を決める場合があった（Giovannucci & Ponte 2005）。企業によって，サプライチェーン構築方法も，対象とする市場や顧客も多様であることから，サステナブル調達を行う方法もさまざまである。

　一方，企業が自社でサステナブルな調達方針を設定し，社会問題を改善するためのプロジェクトなどを実施し，サステナビリティに貢献する方法も使われている。

　日本でも多くの消費財企業が，責任ある原材料調達方針を策定し公表している。輸入原材料の生産地での管理が自社である程度できる大手企業は，外部のサステナブル認証が設定した基準を上回る厳しい自社基準を策定する場合もある。たとえば2010年代は森林破壊や泥炭地利用をゼロにすること，2020年代に入ると人権や労働，コミュニティ問題への貢献を謳う内容を定める企業があった。

　それ以外にも，途上国で小規模農家支援を行ったり，苦情処理制度（グリーバンス・メカニズム）という苦情を受け付けて，コミュニティや労働者との紛争を解決するメカニズムを設置する事例もある。さらに，衛星画像を活用して森林破壊への関与がないことを確認する方策や，デジタル技術を利用したトレーサビリティ追跡制度の構築などを行っている。大手の多国籍企業

は外部のサステナブル認証と自社の取り組みの双方を使う場合が見受けられ，それぞれ補完的な役割もある（Chkanikova & Lehner 2015）[5]。

自社基準策定のメリットとデメリット

　自社でサステナビリティ基準を策定する企業もある。自社基準策定には，メリットとデメリットがある。自社基準は，刻々と変わる社会の要請や自社の状況にあわせて基準を柔軟に検討できる面はあるものの，その基準は外部者がみたときに十分であるか，どのように評価されるのかの情報を得て，何が求められているのかを熟知している必要があるだろう（第1章のコラム①参照）。

　一方で，自社のエコラベルは，成功すれば，消費者の企業への信頼を醸成することで，第三者のサステナブル・ラベルよりも消費者を獲得できる場合があることも報告されており（Chkanikova & Lehner 2015），自社ラベルの活用も引き続き行われる背景になっている。また第三者のサステナブル・ラベルよりも高い水準の基準を設けることで，企業のサステナビリティへの取り組みを進め，またそれを顧客に伝達しようとする場合もある。ただし，この場合には，長い時間をかけて顧客の認知を高めていく必要がある。

　そのほかにも自社基準を設定するメリットはある。NGO は，これまでもサステナブル認証を取得した企業や生産者についても，問題がある事例を公表してきた。費用をかけて行った外部のサステナブル認証を取得しても，十分にサステナビリティとブランド価値が担保されない事例がある。とりわけ，サステナブル認証スキームが策定した基準が十分でないことが批判される場合，基準改定が求められるが，迅速にはできない。認証スキームで基準を改訂するまでには，マルチステークホルダーによる議論，パブリックオピニオンの集約等いくつかの手順を経る必要がある。条約や公共政策策定でかかる時間ほどではないにしろ，企業は該当企業との取引を停止するなどの措置を

5）企業によっては，パーム油のサステナブル認証である RSPO も利用しながら，自社の取り組みも行っている。ただし，RSPO 認証油でも，認証された生産者までのトレーサビリティがとれているグレード，認証されていない生産者からのパーム油も含むグレード，小規模農家支援としてクレジットを買う方法があるなど，方式はさまざまである。

講じない限り，この間批判を免れないことになる。また基準が改訂されたあとも，実際に新しい基準が適用されるまでの時間もかかる。

サステナブル認証の取得によって企業価値を守ることができない場合，認証団体から離脱し，独自でより確実にサステナビリティを示すインセンティブが働く。このような場合，企業理念に共感する固定客や消費者投資家を含むステークホルダーの期待に応えるために自社ラベルを策定することがある。認証スキームも十分なブランド価値を守るための役割を果たさない場合もあり，自社基準を保有しておく動機も生じた（本章末のコラム②参照）。

自社基準のデメリットは，客観性を担保するための検証や監査には，多くのリソースを必要とすることである。自社のサステナビリティ基準を策定し，それを自社で二者監査のように検証するのであれば，基準の認知を高めるための広報活動も必要になるため，コスト上昇にはつながるだろう。

認証のメリット

企業が認証された商品を生産する場合，既存のサプライヤーに対して認証の取得を要求する場合と，認証を取得したサプライヤーを探す場合が考えられる。すでに取引がある企業に認証要求をする場合には，取得ができるよう協働する場合もある。実際，サプライチェーンにおける取引企業間の協働は，製品に関する規制や要件を満たすためにも重要であると，多くの企業は認識していることがわかっている（第7章のコラム③）。新しいサプライヤーを探す場合，多国籍企業がサステナブル認証を保有するサプライヤーを選択することによって，サステナビリティに関する問題発生の事業リスクを低下できる（Wolf 2014）。

国際的に要求されるサステナビリティ基準や認証取得がなぜ必要なのかなど，背景知識をもたないサプライヤーの場合には，コミュニケーションが欠かせない。企業が直接取引するサプライヤーに対しては，さまざまな要求を伝達したり，コミュニケーションが可能なことも多い。しかし，サブサプライヤー（サプライヤーのサプライヤー）など，サプライチェーンの上流（原材料の供給に近いサプライヤー）に位置する場合には，要求や情報の伝達や実施が難しくなっていく（Grimm *et al.* 2014）。このような場合には，企業が

108　第Ⅱ部　サステナブル認証制度の形成

サブサプライヤーとも交流することで，サステナビリティ基準順守が進みやすくなると考えられている（Grimm *et al.* 2016）。

　さらに，国際社会から求められるサステナビリティの内容は年を追うごとに複雑になっている。このため，小売企業側からみると，認証の導入によって，食品安全やサステナビリティ担保の責任とコストを認証スキームとサプライヤーに移すことができる。また，認証を取得したサプライヤーであれば，要件を満たしていることが客観的に確認できるため，複数のサプライヤーから取引先を選定でき，サプライヤー間の競争を促すことが可能になる。

　一方，第三者機関が策定したサステナブル認証を利用する場合，国際的に信頼される認証制度を選ぶことが可能になる。このため，基準が市場や投資家に受け入れられないというリスクはゼロではないが，減らすことができる。またサステナビリティ基準や認証，ラベルの宣伝などを行うのは認証団体であるため，広報のコスト負担も減らすことができる。

　さらに，認証を利用することでサプライヤーの実施や監査をアウトソースすることができ，万一問題が起こった場合でも認証団体や監査会社が対応に当たるため，企業の責任の範囲を限定することが可能となる。このため，外部の認証スキームを利用することで，小売企業自身が直接責任を問われにくい体制を構築できる面もある（Fulponi 2006）。

　ただし，サステナブル認証を取得していても，NGOから基準を満たしていないなど苦情や疑義が出されることもある。このような事態が発生した場合，認証団体が関与していれば，これらの苦情処理・対応を認証団体が行うことになる。認証スキーム団体では，グリーバンス・メカニズムを持つことが多い。そして当事者間で解決できない場合には，調査を行うこともある。このように，認証取得サプライヤーと取引する企業は，サプライヤーにかかわる課題解決を第三者である認証スキーム団体を通じて行うことで，信頼維持が可能になる（Prinanda & Dugis 2017）[6]。

　企業が独自にサステナビリティ基準を導入する場合，これらの上流のサプ

6）認証スキーム団体では，認証取得企業に問題がある場合には，苦情を受け付け，紛争がある場合にはグリーバンス・メカニズムを持つことが多い。

ライヤーの基準の不履行が大きなリスクとなる。たとえば，小売企業のカルフールや食品企業のネスレの上流のサプライヤーでありインドネシア企業でパーム油生産を行うサプライヤー Sinar Mas が，基準に違反して森林破壊を行っていたため調達を停止することになった事例などがあり，サプライヤーの管理が難しいことは明らかである[7]。自社でサプライヤーの管理を行うことは非常に難しいが，認証取得したサプライヤーを選定することで，これらの困難な手続きを回避することが可能である。

認証のデメリット

認証財の利用にはデメリットもある。認証財はプレミアムを上乗せした価格で調達することがほとんどなので，調達価格が上昇する。

企業からみた第三者機関によるサステナブル認証利用のデメリットは，商品差別化につながらないことにある。すでに述べたように，食品安全については競争領域でないが，そのほかのサステナビリティは差別化の対象領域になっている。ただし，サステナビリティ課題の改善は公共財であるため，自社の貢献がわかりにくい。このためブランド化に寄与せず，またサステナブル認証を外部機関にアウトソースすることで費用がかかり，小売業者にとって十分な収益の機会にならないという問題がある。たとえばある企業が国際フェアトレード認証商品の取り扱いを行う場合に広告を行うことを検討するとしよう。しかし，このことはフェアトレードという認証に対する消費者の認知を高めるが，競合する国際フェアトレード認証商品を同じように扱う小売企業がそのメリットを享受することを排除できず，企業間の差別化はできない。また，環境や人権という公共財に支払いを行う消費者は限られ，サステナビリティ価値を前面に出す第三者認証商品の市場シェアは拡大していない。このため，大手小売企業では自社ラベルで，より柔軟なマーケティングを行うケースも出ている。

一方，その他の多くの企業では，厳しいサステナビリティ基準を採用する

7）インドネシアのパーム油の問題を指摘する Guardian 記事〈https://www.theguardian.com/sustainable-business/nestle-indonesian-palm-oil, 2024年10月アクセス〉。

ことを避け，より簡便で第三者監査を必要としない自社基準を設定してすまそうとする企業もあった（Giovannucci & Ponte 2005）。サステナビリティに関する要求を受けていない中小企業などで取り組みを行う場合は，サステナブル認証を取得するかどうかを検討することになる。認証財は非認証財に比べて価格が高くなるため，市場や顧客がその費用負担ができるかどうかも影響する。中小企業などでサステナブル認証財を扱う意欲はあるが，市場に需要がないため，自社で認証費用の負担をすることになり厳しい場合もある。ただし，サステナビリティ価値やコストを適切に価格に転嫁できる場合は，規模にかかわらず認証財を使うことにメリットがあるだろう。

2　サプライヤーの認証利用

サプライヤーにとってのメリット

　消費者や投資家に注目され，直接対峙する大手多国籍企業は，サステナビリティ基準の導入をする主体的な動機がある。しかし，消費者や投資家と直接対峙しないサプライヤー企業では動機が異なる可能性がある。サプライヤー企業は，サステナブル認証取得にどのような動機を持つであろうか。

　まず，サステナブル認証が要求する基準を満たすことそのものが，メリットをもたらす場合がある。サステナビリティ基準には，生産性向上や安全管理の方法などの経営改善に寄与する内容も含まれる。たとえば，JGAP の基準書によると，農産物を出荷する農家が GAP の基準を満たすためには，これまで経験や知恵に頼っていた農薬散布の量や時期の記録を取る必要がある。また，トレーサビリティを確保するために，農薬や肥料などをどの店でいつ購入したか，収穫物の日にちや出荷先などの記録，労務管理の一環として，農園で働く人々とのコミュニケーションを考慮するなどの項目がある（一般社団法人日本 GAP 協会 2022）。

　この基準の遵守により，標準化された，専門家によってベスト・プラクティスと考えられる農産物管理方法が実施できるほか，トレーサビリティの確保や安全性の向上が見込まれる。認証取得の結果，生産方法が改善されれば

生産性向上が見込めるだろう。さらに，労働や環境へのダメージの低減，近隣のコミュニティとの関係等のリスクも低下することになる。また，日本生産者 GAP 協会では，サステナビリティ基準を策定し，認証という形でなく，実践方法をマニュアル化して普及している。

　第三者認証が必要ないと考えられるケースにおいては，このようなマニュアルは生産方法の改善という観点から，サステナビリティ基準と同様の役割を果たしている[8]。企業が認証を利用する場合も，自社基準を使う場合もあるように，さまざまな方式が試みられているが，これらの基準が生産者自身に役立つと考える場合には，サプライヤーが積極的に導入することを考えるだろう。

　またサステナブル認証取得によって，認証財市場へのアクセスが得られればメリットになる。さらに，小売企業や食品・消費財企業がサプライヤーを選定する場合に，サステナビリティ基準を満たす企業を能力の高い企業とみなし，選定に有利になる（Grimm *et al.* 2016）。国際的に認知されている認証を取得すれば，グローバル市場での顧客獲得にも役立つと考えられる。くわえて，認証財の販路が得られて，プレミアムを得ることができれば，それも認証取得の動機となるだろう（Liu 2009）。

　サプライヤー企業にとって，認証を取得することで，顧客の個別のサステナビリティ基準の要求を代替できるのであれば，対応の時間やコストを削減することが可能であろう。サステナブル認証の基準は公開されており，透明性が高い情報として流通可能である。認証取得企業として社名が公開されれば，認証財を探す新しい顧客の開拓にもつながるかもしれない。このように，認証取得が情報伝達の触媒となり，取引が活性化する可能性もある。

　さらに，顧客企業が，サプライヤーによるサステナブル認証取得を必要とする場合，必要な資金やノウハウなどの提供をして支援を行うことがある。また，企業が子会社に対して認証取得に必要な支援を行うことも考えられる。または調達先企業のキャパシティが大きければ，このような支援を提供するかもしれない。このような認証取得のための支援が得られれば，認証取得の

---

8 ）日本生産者 GAP 協会ホームページ〈https://fagap.or.jp/，2024年10月アクセス〉。

ハードルは下がるだろう。

サプライヤーにとってのデメリット

第4章で論じたように，企業が主導した認証制度の多くは，サステナブル認証財へのプレミアムの支払いが約束されていない。これは，認証財の価格が売買を行う当事者による交渉で決まるためである。さらに，通常の経済原理に倣い，サステナブル財の供給が需要に対して相対的に増加するとプレミアムは低下する[9]。それだけではなく，取引における独占力の影響も受ける（Grimm *et al.* 2014）。需要側が大手企業であり，ほかでは吸収できない大口の顧客であるような場合，サステナビリティ向上や認証取得にかかる費用はサプライヤー負担とするような交渉が行われることもある[10]。サプライヤーにとっては，サステナビリティ基準を満たす努力をしても，プレミアムが得られない可能性があることはデメリットである。

一方で，サプライヤーは，多くの場合顧客企業からサステナビリティ基準や認証取得を求められ，認証取得が取引条件になる場合も多いと考えられる。顧客企業からの要求が強制力をもつ場合や，サプライヤー選定にサステナビリティへの対応状況が使われることもある（Bai & Sarkis 2010）。このような場合を除き，サプライヤー企業にサステナビリティ基準の順守や認証取得を促すことは容易ではない事例が報告されている。このような側面については，第7章で扱う。

サプライヤーの意思による認証取得

顧客企業の要請をともなわず，自主的にサステナブル認証取得を目指す企業にとって，認証財の調達は容易な判断であろうか。RSPO認証の例をみてみよう。RSPO認証では，加盟企業に調達するパーム油に占めるRSPO認証油比率を高めることを求められている。そして，加盟各社は調達状況や達成状況を公表している。そのなかで，RSPO認証油の調達比率が上がらない企

9）後のパーム油RSPO認証でも議論する。
10）2019年，マレーシアのパーム油関連者へのインタビューにもとづく。

業が，その理由を開示している。たとえば，ある中国企業は，中国国内市場向けには RSPO 認証財の需要はほとんどない，このため国内にいる欧米向けに財を輸出する企業向けにのみ RSPO 認証油を供給しているのが実態であると記載している。

また，筆者が参加した会議において，日本の中小企業が社会の要請や期待を受けて，または東京オリンピック・パラリンピックなどでの納入に向けて RSPO 認証油を調達したいが，顧客は値上げを許容せず，認証コストは自社で吸収せざるをえないため，調達に踏み切ることができないと話していた。同様に，GAP 認証を取得したが，認証の価値を評価し，適正な価格で調達を行う買い手が見つからない問題もある。このため，サステナビリティの価値を理解する顧客の開拓が必要になるだろう。

3 政府の認証利用

第3章，第4章では，サステナブル認証の策定段階の政府の役割として，乱立する民間認証の弊害を回避するために政府が規制を導入するケースについてみた。それ以外にも政府は，民間の認証を利用することでサステナビリティの活動の社会での普及を試み，承認することで正当性を与えてきた。公共政策と民間施策が相互関係を持ちながら，それらのスマートミックス（適切な組み合わせ）が効果を上げられるような試みについてみていく。

政策との連携

オーガニックでは，民間組織である IFOAM の基準等の知見の蓄積を参考に公共政策を策定したという面で，政府が民間のサステナビリティ基準を活用したといえる。また，複数の民間認証が策定され，分断化された状況を整理するために，政府が政策導入を行い，政策と民間認証が共存する事例であった。

このほかにも，公共政策が民間認証の理念を踏襲する動きもみられる。フランスやベルギー，イタリアなどではフェアトレードやソリダリティ（社会

114 　第Ⅱ部　サステナブル認証制度の形成

的連帯）を促進する政策が導入されており，公共調達にもその方向性が反映されている。しかし，オーガニック認証と異なり，ヨーロッパを含む政府がフェアトレードの民間認証に直接言及する事例は少ない。一方，ブラジル政府は，包摂的な貿易制度をグローバルに広めていく意図をもって，2012年頃にフェアトレードや連帯経済に関する国の認証やラベルを策定した。ただし，民間の国際フェアトレード認証を使うのではなく，政策を反映した認証商品を国内の消費者向けに販売する意図があった。だが，ブラジルでは，政権交代ごとの方針の変化に翻弄されて継続的な活動が難しい状況になっている（Vasileva & Reynaud 2021）。

　FSC® 認証は各国の公共政策のなかにも取り入れられている。1998年，国際社会での議論を受けて，スウェーデンでは政策当局と FSC が協力してスウェーデン版 FSC 認証のルール策定に積極的に関与した。民間認証が政策を補完するために使われた初期の事例といえる。また，FSC はスウェーデンだけでなく，日本を含む各国でもサステナビリティに関連する政策に使われている。このように，FSC は，民間部門によるサステナブル認証を政府が積極的に支援した事例でもあった（Boström 2003）[11]。

　FSC は，政府が民間サステナブル認証を認知し，FSC 認証に正当性を与えるケースであったともいえる。とりわけヨーロッパの規制と民間認証が結びつき，輸入する財にも民間認証を要求することで，ヨーロッパ域外の輸出国でも民間スタンダード取得のインセンティブが生まれ，世界的に普及が進む契機となった。

　社会的な要請の高まりのほか，日本でも農林水産省が2021年に策定した「みどりの食料システム戦略」[12] において，食品についても，さまざまなサステナブル認証の活用を含む，持続可能な輸入原材料が推進されている。

　このように政策とサステナブル認証を連携させて後押ししている国は，ブ

11）ただし，FSC を活用する政策を策定する国がある一方で，FSC を使わないように別の森林認証を立ち上げる民間や政府の動きも同時に盛んになった。これについては後述する。

12）農林水産省，みどりの食料システム戦略〈https://www.maff.go.jp/j/kanbo/kankyo/seisaku/midori/index.html, 2024年10月アクセス〉。

ラジル，中国，アメリカ，ヨーロッパ各国など輸出志向で発展段階が高く，政府の機能が強い傾向があるといわれている（UNFSS 2020）。

グリーン購入と公共調達での認証利用

公共調達においてもサステナビリティへの配慮が必要であるが，政府の予算や人員などが限られ，政府だけでは十分な管理ができなくなってきている。このため，政府も公共調達において民間認証を積極的に活用する動きが盛んになった（Fulponi 2006）。前章でみたように，政府がエコラベルやサステナブル認証を策定することもあるが，政府認証，民間認証にかかわらず公共調達に認証財が利用されている。公共調達での購買を通じて，持続可能な財の消費，そしてそのような財を製造したり，利用したりする企業を後押しする目的がある。公共調達で環境配慮を求めることをグリーン公共調達（GPP）と呼ぶ。OECDの公共調達額はGDPの12％程度と推計されており[13]，この公共調達を通じた環境物品の普及がはかられている。

日本で2001年に施行されたグリーン購入法（正式名称「国等による環境物品等の調達の推進等に関する法律」）では，国や独立行政法人が特定調達品目として定められる物品を調達する場合に，環境省が定める基準を満たす環境物品を選択することが義務化されている。グリーン購入法の最近の改定ではバイオプラスチック利用が求められている[14]。

グリーン購入法は，たとえばコピー用紙では，古紙パルプの配合率が決められている。適合証明として利用できるサステナブル認証は，林野庁の「木材・木材製品の合法性，サステナビリティの証明のためのガイドライン」[15]で定められており，輸入材ではFSCやPEFC，北米材に使われるアメリカ林産物・製紙協会のサステナブルな森林イニシアチブ（SFI），インドネシアの

13）OECD の公共調達についてのホームページ〈https://www.oecd.org/en/topics/public-procurement.html, 2024年10月アクセス〉。

14）環境省ホームページ〈http://ww.env.go.jp/policy/hozen/green/g-law/index.html, 2022年12月アクセス〉。

15）林野庁ホームページのガイドライン〈https://www.rinya.maff.go.jp/j/riyou/goho/pdf/ 2 - 4sikumi02.pdf, 2024年10月アクセス〉。

エコラベル（LEI）やマレーシア木材認証（MTCC）とされている。グリーン購入は，地方自治体や企業，消費者も参考にすることが期待されている。

また，合法的に伐採された木材の流通をすすめるための2016年「クリーンウッド法」（正式名称「合法伐採木材等の流通及び利用の促進に関する法律」）でも輸入材についてFSCやPEFCが確認手段として認められている[16]。

ライフサイクル全体の環境配慮を行う環境ラベルについて定めたISO14020と，第三者機関に認証される環境ラベル（タイプⅠ環境ラベル）を満たす制度として日本で策定されているのが，エコマークである。エコマークは多くの分野でグリーン購入法と同じか，より厳しい基準を設定しており，エコマークを取得した商品をグリーン調達対象品として使うことができる。

エコラベルの国際団体であるGlobal Ecolabelling Network（GEN）[17] では，各国の認証制度がISO14024に準拠していることを条件に，ベンチマークを行っている。さらに，複写機やプリンターといった対象商品では，エコマークとドイツのブルーエンジェル，中国の環境ラベル，タイのグリーンラベルなど認証制度間の相互認証も行われている。国によってはこれらの認証制度が公共調達の必須要件として定められていることもある。

EUには，持続可能な生産と消費を推進する政策のツールとしてEU Ecolabelを使っているが，市場での利用はあまり広がっていない（Marrucci *et al.* 2019）[18]。EU Ecolabelは多様な課題を含む，ライフサイクルアセスメントを行うラベルとして，公共政策としてのラベルを食品分野に拡大することも検討されている。しかし，生物多様性や人権などのように計測が困難で，科学的・客観的なデータの収集が困難であるという問題が指摘されている[19]。

16）クリーンウッド法は2023年に改正され，執筆時点では改正クリーンウッド法で，利用できる森林認証制度がまだ指定されていない。

17）GENホームページ〈https://globalecolabelling.net/，2024年10月アクセス〉。

18）EUエコラベル商品のグループと基準〈https://environment.ec.europa.eu/topics/circular-economy/eu-ecolabel/product-groups-and-criteria_en，2024年10月アクセス〉。

19）EUの食品エコラベル報告書〈https://circabc.europa.eu/ui/group/6e9b7f79-da96-4a53-956f-e8f62c9d7fed/library/1189cf54-4ebc-47a1-912d-6c3830e6ea50/details?download=true，2024年10月アクセス〉。

その他，地方自治体が一定規模以上の建築物を建てるときに，環境計画書の届け出を義務づけているが，その際にグリーンビル認証の CASBEE が使われている[20]。

再生可能エネルギー

エネルギー効率性や森林がかかわる政策や公共調達でサステナブル認証やエコラベルが使われてきたが，農産物が関係するエネルギー政策について認証を使う事例がみられるようになった。とりわけ気候変動の問題が大きくなるなか，再生可能エネルギー向けにバイオマスが利用される場合，バイオマスの利用量は非常に大きくなる可能性がある。このため，とくに再生可能エネルギー用のバイオマスのサステナビリティは重要であろう。

EU の再生可能エネルギー指令（RED）は，2009年に導入され，2018年と2022年に改定された。この指令では，輸送用を含む再生可能エネルギーの原料となるバイオマス（固形，液体含む）が，EU の定めるサステナビリティ基準を満たしているかどうか，原材料の調達先までトレーサビリティが取れるかどうかなどを示すために，EU に認められた民間認証を利用することができる。

2022年12月現在の利用可能な認証制度は，複数の農産物を対象としている。さとうきびは Bonscro EU，大豆は Round Table on Responsible Soy EU RED，農産物は ISCC EU, Red Tractor，個体バイオマスは RSB EU RED となっている。2009年の再生可能エネルギー指令（RED Ⅰ）で認められていたパーム油は，2018年の改定再生可能エネルギー指令（RED Ⅱ）では持続可能なバイオマス燃料として認められておらず，RED Ⅰ では RSPO が EU のサステナビリティ基準を満たす認証としてリストに入っていたが，RED Ⅱ以降では入っていない。

このように，民間のサステナブル認証を公共政策で利用する際には，それぞれの制度が求められる基準や条件を満たすかによって安定的に利用可能か

20）たとえば，千葉市の千葉市建築物環境配慮制度〈https://www.city.chiba.jp/toshi/kenchiku/johosoudan/casbee-top.html, 2024年10月アクセス〉。

どうかが左右される。また，RSPO では，RSPO-RED という RED 指令を満たす基準を別に策定していたこともあり，公共政策におけるサステナブル認証の利用で，さらなる断片化が起きることもある。

　日本でも同様の動きがある。経済産業省資源エネルギー庁が所轄する再生可能エネルギーの固定価格買取制度（FIT・FIP 制度）は，再生可能エネルギーで発電した電気を，規定された価格で一定期間買い取ることを国が約束する制度だが，バイオマスを発電に利用する場合に，政府が定めるサステナビリティ基準に適合した認証を取得した原材料を用いる必要があるとしている。ここでは，2022年12月現在，パーム油に関しては RSPO，ISCC（International Sustainability & Carbon Certification），パーム殻については RSB（Roundtable on Sustainable Biomaterial）と Green Gold Label（GGL）が認められている。また FIT におけるサステナビリティ基準の範囲は拡大しており，2023年度からは固形バイオマスであるパームトランク，PKS について MSPO も認められることとなった。このほか，エネルギー需給構造高度化法で，石油精製事業者に対してバイオエタノールの供給義務があり，持続可能であることを示すために ISCC が利用できることになっている。

貿易政策

　貿易政策でも民間認証が利用されている。ヨーロッパや EFTA，アメリカなどが各国と結んだ貿易協定のなかで，サステナブル認証の利用に触れた協定は19であった（UNFSS 2020）。具体的には，持続可能な発展のため，民間や政府によるエコラベルの活用や，倫理的貿易に資する財やサービスの利用を促進するなどとの記述において触れられている。

　一方，より踏み込んでサステナブル認証を貿易協定で活用するのが，2018年にインドネシア－欧州自由貿易連合（EFTA）（アイスランド，リヒテンシュタイン，ノルウェイ，スイス）の包括的経済連携協定（CEPA）である。この協定では，CEPA のサステナビリティ目標を満たす条件として，RSPO の IP（Identity Preserved）と SG（Segregated），ISCC Plus Segregated，そして RSPO IP/SG を基にする POIG の取得を要件とした[21]。この事例は，民間のサステナブル認証が自由貿易協定で使われた初の事例となった。

4 国際的なイベント

2012年にロンドンで開催されたオリンピック・パラリンピック競技大会では，サステナブル認証が利用された（IOC 2015）。オリンピックゲーム期間中，豚肉と鶏肉の20％は動物の福祉に関する英国王立動物虐待防止協会（RSPCA）認証取得の食品を使うこと，国際フェアトレード認証商品をサポートし，乳製品や肉，野菜，果物はイギリスの食品向け民間サステナブル認証である Red Tractor 認証を取得することを決めた。ロンドンオリンピックを契機に，その後のオリンピック・パラリンピックでは関連する調達の際にサステナビリティ基準を設け，その基準を満たす認証取得を求める慣習となっている。

2020年東京オリンピック・パラリンピック大会も，ロンドンオリンピックに続いてサステナブル認証を利用し推進した。東京オリンピック・パラリンピック競技大会組織委員会は，公益財団法人日本オリンピック委員会（JOC）と東京都により一般財団法人として設立され，その後公益財団法人になった組織である。その準備委員会では，選手村で提供される食材やオリンピックの運営にかかわる資材などについて，持続可能な財であることを求めるサステナビリティ基準が策定された。農産物では，GLOBALG.A.P. や日本で策定した ASIAGAP，畜産物では JGAP と GLOBALG.A.P.，水産物でも海外発の認証で海産物を対象とする MSC（Marine Stewardship Council），養殖を対象とする ASC（Aquaculture Stewardship Council）に加え，日本の AEL（Aquaculture Eco-Label），MEL（マリン・エコラベル），紙は FSC または PEFC，パーム油に関しては RSPO と，後の章で紹介するインドネシア，マレーシア政府が策定した ISPO（Indonesia Sustainable Palm Oil），MSPO（Malaysia Sustainable Palm Oil）もサステナブル認証として認めた。

---

21) スイス連邦経済省農業局のホームページ〈https://www.blw.admin.ch/blw/en/home/international/agrarmaerkte-und-agrarhandel/freihandelsabkommen/freihandelsabkommen_schweizindonesien.html, 2024年10月アクセス〉。

120　第Ⅱ部　サステナブル認証制度の形成

　調達物品の種類にかかわらずに適用される基準に加え，農産物，畜産物，水産物，紙，パーム油の個別品目についての調達基準が定められた。オリンピックを契機に，RSPO では日本企業の加盟が増加するなど，サステナブル認証取得の取り組みの後押しになった。

　同様に，2025年に大阪で開催される日本国際博覧会（大阪・関西万博）では，国，地方自治体，経済界が協力して設立した協会がサステナビリティ基準を策定している。

5　小　　括

　サステナブル認証制度が拡大してきた背景には，認証に対する需要があった。企業，消費者，企業それぞれが需要をつくりだし，認証を受け入れ，また普及させる努力をしてきた。企業の種類に応じて，消費者向け，ビジネス向け，調達企業の CSR として認証を活用する動機がみられた。政府は，公共調達，政策，そして貿易協定を通じて認証利用を進めることで，サステナビリティを後押ししてきた。地方政府が所管するオリンピックや万博などの国際的なイベントでも，認証利用が条件として提示されるようになった。民間の取り組みとして始まった第三者認証制度は，いまや小さなグループの取り組みを越えて，国際的に広がりをみせているといえよう。

第 5 章　企業と政府の認証利用　　**121**

コラム② 自社基準と認証の関係

　2010年に NGO のグリーンピースは，スイスに本社をおく世界最大の食品
飲料企業であるネスレ（Nestlé）のパーム油が森林破壊を引き起こしている
と糾弾した。さらに RSPO 認証の基準が緩く，認証を取得していている生産
者が森林破壊に関与していると指摘した[1]。

　ネスレは2009年に RSPO に加入し，RSPO 認証財を使うことで，このよう
な批判から企業が守られると期待したが，RSPO の基準が緩いことで森林保
護の効果があげられていないという指摘が行われた。RSPO 基準は 5 年ごと
の見直しとされており，RSPO 認証を取得しても，これらの批判には対応で
きないことが判明した。ネスレは2011年，自社基準[2]として自分たちの商
品が森林破壊を起こさないこと，保護価値の高い森林を破壊しないことなど
を掲げた。

　2018年，RSPO は，ネスレが会員に要請されている年次報告書提出と会費
を支払わなかったとして会員資格を停止した。またネスレは持続可能なパー
ム油を利用すると表明していたが，RSPO が会員に求めるのは利用するパー
ム油を100% RSPO 認証油にすることであったのに対し，ネスレ側は持続可
能なパーム油の定義は RSPO 認証油のみでなく，自社基準の認証油も含んだ
うえで100%にするという解釈をしていたことも原因となった。

　一方ネスレは，自社基準に比較して RSPO 基準が十分厳しくないこと（泥
炭地の利用が条件付きで認められていること，高炭素貯蔵（High Carbon
Stock）の森林転換が可能であるなど）に不満を表明した。その後，RSPO
のサステナビリティ基準が改定の際に基準の引き上げを提言し，これらの意
見も反映されたとした。このためネスレは2023年までに RSPO 認証油を100
%調達する目標を表明すると同時に，より厳しい基準や衛星画像を使った森
林破壊の監視など自社で続けることを表明し，RSPO もネスレの会員資格を
復活させた[3]。

　しかし，複数の NGO はその後もネスレのインドネシアやマレーシアでの
活動によって森林伐採が進んでいると糾弾している[4]。RSPO は基準が乱立
する状況を回避し，RSPO をデファクト・スタンダードとしたいと考えてい
たが，企業によるさまざまな自社基準も策定されている。

　1 ）グリーンピースによる報告書〈https://wayback.archive-it.org/9650/20200417013540/
　　http:/p3-raw.greenpeace.org/international/Global/international/publications/forests/2013/

I22　第Ⅱ部　サステナブル認証制度の形成

Indonesia/RSPO-Certifying-Destruction.pdf，2024年10月アクセス〉。
 2 ）ネスレの森林破壊と森林保全に関する基準〈https://www.nestle.com/sites/default/files/
　　asset-library/documents/media/statements/2011-nestle_commitments_on_deforestation_forest_
　　stewardship.pdf，2024年10月アクセス〉。
 3 ）ネスレと RSPO に関するネスレのホームページ〈https://www.nestle.com/ask-nestle/
　　sustainable-sourcing/answers/nestle-rspo-palm-oil，2024年10月アクセス〉。
 4 ）レインフォレストレスキューという NGO によるネスレのパーム油についての課題
　　の報告〈https://www.rainforest-rescue.org/topics/palm-oil/nestle，2024年10月アクセス〉。

第6章

消費者の受容と日本の事例

　消費者がサステナブル・ラベルのついた商品を購入し，持続可能な商品の需要を拡大することで，社会にサステナビリティの普及をすることが，サステナブル認証が意図するところである。消費者に商品のサステナビリティに関する信頼性の高い情報を伝え，行動変容を促すためには，サステナブル・ラベルは重要な役割を果たすと考えられる。しかし，サステナビリティ基準は，消費者に直接利益をもたらす食品安全に関するものもあるが，環境や人権などの消費者に直接の便益はない公共財の改善を主要な目的にしているものもある。

　消費者はどのようにサステナブル財を購入する意思決定をしているのだろうか。また認識と行動のギャップはどのようにみられるのか。また，消費者がサステナブルな財を購入することを促すためには，どのような施策の実施が可能であろうか。本章では，消費者のサステナブル認証財を購入する際の意思決定のメカニズムの先行研究の知見を整理し，日本の消費者について調査[1]した結果について議論する。

---

1 ）本調査は2023年に日本貿易振興機構アジア経済研究所において，新潟県立大学（当時アジア経済研究所）佐藤仁志氏と実施した共同研究の一部である。また質問票は，桜美林大学の森田玉雪氏に多くのご助言・ご知見をいただいた。ここで心よりお礼申し上げたい。ただし誤りと解釈は，すべて著者の責任である。

1 サステナブル・ラベルと消費者行動

　欧米ではかねてからサステナブル・ラベルと消費者行動についての多くの研究蓄積がみられる。図6.1は先行研究（Yiridoe *et al.* 2005）をもとに，消費者がサステナブル・ラベルを提示されたあとに，購入の意思決定に影響を与える要因と，そのフローを示したものである。サステナブル財の購入の意思決定に与える要因がわかれば，その要因や経路の知見をもとに，消費者のサステナブル財購入を増やす取り組みができるかもしれない。このためさまざまな研究が行われてきた。サステナブル財購入の決定要因として挙げられるのは，消費者の性別や所得，また教育や家族構成など社会的属性がある。

　これまでみてきたように，サステナブル・ラベルには複数の種類があり，それぞれのラベルによって重点をおくサステナビリティの課題が異なっている。温室効果ガス削減，森林や生物多様性，海洋資源の保護，省エネ，労働環境，環境汚染や化学物質削減，ヨーロッパなどでは動物の福祉（アニマル・ウェルフェア）などがある。動物の福祉には，できるだけ自然な状態で飼育することや，病気のリスクを減らし，不安を与えない配慮などが含まれ

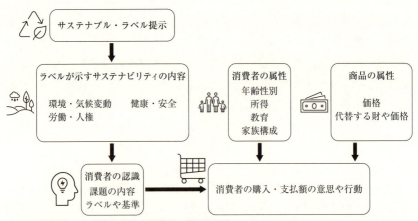

図6.1　サステナブル認証に対する消費者の認識と行動
出所：筆者作成。

る。

　ヨーロッパや日本を含むアジア，中東で消費者のサステナビリティ課題に関する認知について，牛肉，乳製品，魚介類について調査したアイルランドBoardBia の資料によると，各国で消費者が重視するサステナビリティの課題は異なることがわかっている。日本では安全性や添加物がないこと，抗生物質の使用が最小限であることがより重視される。一方でイギリスでは，食品安全よりも動物の福祉に対する関心が高くなる（BoardBia 2021）。国ごと，課題ごとにサステナブル・ラベルに対する消費者の対応が異なるため，サステナブル・ラベルのグローバルな普及では，これらの側面を考慮する必要があるだろう。

　サステナビリティ課題に対する消費者の認知についての知見が蓄積されれば，需要に応えるサステナブル財を供給することで，購買を増やすことも可能であろう。またサステナビリティ課題の理解を深める教育や啓もう活動，広告努力などが，新しく需要を掘り起こすことに役立つと考えられる。

サステナビリティの支払い意思額

　食品のサステナビリティ属性に対する消費者の評価を知るために使われる手法のひとつに，財のサステナビリティ属性に対して，消費者がどのくらいの価格を支払う意思があるのか，支払い意思額（WTP: Willingness to Pay）を尋ねる方法がある[2]。消費者の支払い意思額を実証的に示した既存研究を，国や品目を横断的に調べたメタ分析では，消費者はサステナビリティ属性に対してプラスの額を支払う意思があると結論づけている。くわえて，持続可能な商品と企業の関係についても研究が行われており，サステナビリティに配慮しない企業の商品に対して，より安価な商品があったとしても，消費者はそのような企業の商品に否定的な反応をすると分析されている（Choi & Ng 2011）。

　ただし，支払い意思額は，課題別，国別で違いがみられる。環境よりオー

────────────────

　2）ここでは手法の説明は行わないが，サステナビリティの評価には環境評価手法も用いられており，関連書や論文が多く出されている。この分野の手法の経済学の入門書には，栗山ほか（2013）などがある。

ガニックのほうが，食品では水産物や野菜，果物より食肉のほうが，支払い意思額が高いことが示されている（Bastounis *et al.* 2021）。また，水産物のサステナブル・ラベルに対する各国の支払い意思額の既存文献のレビュー論文では，各国のエコラベルに対する支払い意思額は7〜37％という結果であった（Maesano *et al.* 2020）。一方，日本の消費者を対象にした研究においては，海の水産物のサステナブル認証であるMSC認証への支払い意思額は，14〜26％と分析されている（Uchida *et al.* 2014）。分析手法も個々の論文で異なるため，単純な比較はできないが，参考になるだろう。

支払い意思額調査の難しさ

ただし，このような仮想的な状況下で，支払い意思額を質問する形式の研究には課題もある。図6.1で意思と行動を別記しているが，意思があることが，実際の購入につながるかはわからない。調査では多くの場合意思があることを表明したが，実際には支払わない場合など表明した意思と行動の間に齟齬が起こる可能性がある。また，たとえばMSC認証の普及は日本でもまだ十分進んでおらず（Iue *et al.* 2022），消費者が選択できる商品がスーパーの棚にない場合は，実際の選択にはつながらない。

また，前の章で述べたように，消費者のサステナブル・ラベルの重複が，消費者を混乱させる問題もある。世界のサステナビリティにかかわる課題は，環境や人権など複数の分野にわたっている。しかし，ラベルによって対応する課題の種類や数，そして基準の内容は異なる。FSC®認証とレインフォレスト・アライアンス認証の違いなどの詳細は，多くの消費者はわからないであろう。また同じ課題に対しても，認証により，さまざまな基準が設定されている。

たとえば，サステナブル認証における温室効果ガスの取り扱い方法もそれぞれ異なる。パーム油の食品や消費財向けが多いサステナブル認証であるRSPO認証の基準では，温室効果ガス排出量を削減することは求めるが，推計は求めていない。これに対し，同じパーム油を対象としバイオ燃料に使われるISCC認証では，温室効果ガスの計算を行い，その数値も含めて認証している。財の生産・輸送工程で排出される温室効果ガスについては，製品の

ライフサイクルで排出される GHGs をライフサイクル・アセスメント（LCA）の方法で計算したカーボン・フットプリントもある。対象となる財の性質が異なることもあるが，さまざまな計算方法があり，一律の比較は難しい。

　さらに，商品に貼付されるラベルだけでは，そのラベルが何を達成していることを示すのかの情報は伝わらない。別途ラベルについての周知活動が必要となる。周知が十分でない場合には，消費者によっては，地球温暖化への貢献をする意思があるが，サステナブル・ラベルが何か理解していないため，購入しない判断をするということも報告されている（Onozaka & McFadden 2011）。またラベルによってサステナビリティ保全が何を指すのか消費者が理解したとしても，それらの情報の信頼性や（Uchida *et al.* 2014），情報過多による嫌気などで購買意欲を下げる場合もある[3]。

消費者属性とサステナビリティ課題の受け止め

　さらに，サステナビリティ課題とラベルの意味の情報が与えられる場合にも，サステナビリティ課題への理解は年齢層や受けた教育，通常どのようなメディアを利用しているかとメディアでの問題の取り上げられ方などが，ラベル付き商品の購買意欲に影響を与える。複数の研究が，女性や高所得者層，年齢層が高い消費者は，安全性と持続可能な商品への関心がより高いという結果を示しているほか，子どもをもつ女性は，より健康によい商品を選択する傾向にある（Brécard *et al.* 2009）[4]。

　ただし，購買意欲は示されるものの，実際に購入行動をとるかは別の話である。財のサステナビリティへの関心は，値段や味などに比べると，消費者にとっての優先順位が低い。このため，値段や味の基準が合わない場合には，持続可能な財であっても購入しないということが起こるため，マーケティングの際はこれらの影響を考える必要もある（Schäufele & Hamm 2017）。

3）情報の信頼性について，また情報と購買意欲を検討した論文が発表されている（Ricci *et al.* 2018；Uchida *et al.* 2014）。

4）本文中では一部しか載せていないが，次の文献もあわせて参照されたい（Akdeniz *et al.* 2013；Apostolidis & McLeay 2016；Brécard *et al.* 2009；Brécard *et al.* 2012）。

128　第Ⅱ部　サステナブル認証制度の形成

　複雑なサステナビリティ課題を，どのようにラベル表示すべきかについても，議論が行われている。生産活動が環境やサステナビリティに与える影響が複雑である一方，複雑な情報について客観的データを収集し，全体を示すことは難しい。このような状況も含め，どのようなラベルがよいのかを今後検討していく必要がある（Futtrup *et al.* 2021）。

　日本においてサステナブルな社会を構築していくうえでは，生産者が国内外のサプライヤーを含めてサステナビリティに配慮した生産活動を行うことが不可欠だが，そのような生産活動を後押しする国内での需要喚起も重要となる。日本の全国の消費者がサステナブル認証をどのように認知しているのかについての調査は過去にも行われてきた（Uchida *et al.* 2014）。日本の消費者のサステナビリティ課題への認知度やサステナブル認証の市場への浸透は高くないとされてきたが（Blandon & Ishihara 2021），近年，教育現場やメディア等を通じて SDGs の情報が広まっており，変化もみられる[5]。

2　日本の消費者調査

　従来の日本の調査では，国内と海外のサステナビリティ課題への認知の違いや，環境と人権や労働の課題に対する認知，また政府・企業・消費者の役割をどう考えているのかについては十分に検討されてこなかった。ここでは，2023年に筆者らが実施したサステナブル認証の認知の調査結果にもとづいて検討を行う。

　これまでの章でも紹介したように，さまざまな商品に対するサステナブル認証があるが，本調査では農産物のサステナビリティを対象に調査を行った。本調査は2023年 2 月13日〜16日に調査会社を通じて14万9034人に回答を依頼し，6,485名から回収した結果である（表6.1）。登録している消費者パネルを対象にしたオンライン調査であり，サンプルには偏りがあることは断ってお

---

5 ）日本の消費者のサステナビリティへの認知については，ほかにも文献がある（Onozaka & McFadden 2011；Uchida *et al.* 2014）。

第6章　消費者の受容と日本の事例　　129

表6.1　消費者調査の対象者の属性等（サンプル数6,485人）

回答者属性・質問	回答内容	人数	割合（％）
性別	男性 女性	2,582 3,903	39.8 60.2
平均年齢	48.5歳		

出所：筆者作成。

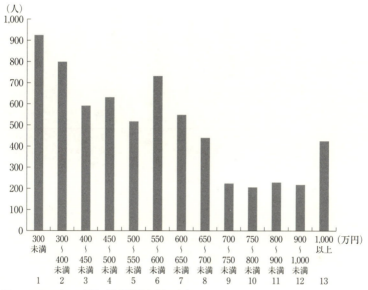

図6.2　サンプルの所得（世帯税込年収）分布
　注：横軸の下の数字1～13は，所得階層のランクを示す。
出所：筆者作成。

く。回収率は4.4％であった。また年齢，性別，所得による層化抽出法[6]を用いており，図6.2で回答者の世帯税込年収の分布を示している。世帯税込年収の区分けは，300万円以下，300～400万円，400万円から800万円の間は50万円刻みとした。そして，800～900万円，900～1000万円，1000万円以上である。図6.3は年齢分布を示している。20～70代までを対象とし，区分けも10歳ごとにしている。

---

6) 層化抽出法とは，母集団をグループに分けて各層のなかからサンプルを抽出する方法。

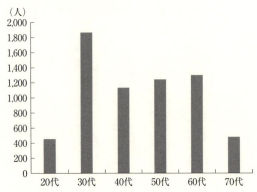

図6.3　サンプルの年齢分布（20〜70歳代）
出所：筆者作成。

表6.2　サステナビリティという言葉の認知度

内容について知っているか	(1) よく知っている	(2) 少しは知っている	(3) あまり知らない	(4) まったく知らない
人数（人）	1,284	3,453	1,106	311
割合（％）	19.8	53.2	17.1	4.8

出所：筆者作成。

サステナビリティの認知度

　回答者のサステナビリティの認知度を示している。聞いたことがある人が94.9％で，多くの人が言葉を知っていた。また表6.2は言葉を知っている度合いについて聞いたところ，(1) よく知っている，(2) 少しは知っている人を合計すると73.0％であった。

　サステナビリティ課題を知っている場合でも，自身の消費行動の結果，国内外のサステナビリティ課題を引き起こす可能性があるなど，その関連については認識をしているかわからない。そこで次のように質問した。「あなたが購入する商品は，原材料の生産，商品の製造・流通を通じて，環境・労働・人権にかかわる問題を引き起こしているかもしれません。あなたは一部の商品が森林破壊や土壌，海洋汚染のような環境問題を引き起こしていることについてどの程度知っていますか？」と尋ねた。表6.3はその回答である。(1)「よく知っている」と(2)「少しは知っている」を合わせた63.8％の人が環境問題について知っていると答えた。

表6.3 商品の生産工程で環境問題が起こる可能性の認識

	（1） よく 知っている	（2） 少しは 知っている	（3） あまり 知らない	（4） まったく 知らない	（5） 考えたことが ない
人数（人）	471	3,666	2,001	239	108
割合（％）	7.3	56.5	30.9	3.7	1.7

出所：筆者作成。

　EU との比較のために，2009年に EU で実施された消費者向け調査（EU Barometer）[7] の結果をみてみる。EU Barometer は15歳以上の EU28か国 2 万6500人を対象に，サステナビリティに対する EU 市民の考え方を調べたものである。質問項目は同様になるよう設計したが，サンプル属性などが異なるため安易な比較はできない。あくまで，概観をつかむために紹介するものである。EU では2009年時点で，購入する商品が環境問題に与える影響をよく知っている，知っていると答えた人が全体の55％であった。私たちの調査は EU 調査の14年後に実施されたものではあるが，当時の EU より高いシェアでエシカル消費について認識されていることがわかる。

サステナビリティの認識と購入行動

　サステナビリティ課題の認識と実際の購入行動にはギャップがあり，また国によっても異なることがヨーロッパ数カ国を対象にした研究でも明らかにされている（Grunert *et al.* 2014）。私たちの調査でも，表6.3の商品の製造工程が環境に影響を与える可能性について，（1）「よく知っている」，（2）「少しは知っている」，（3）「あまり知らない」と答えた計6,138人に，購入を行う際に商品の環境影響がどの程度重要かを質問した（表6.4）。自身の消費行動がサステナビリティに影響を与えることを知っている消費者のうち，77.2％の人は商品を購入する際に，商品の生産工程の環境影響は，（1）「とても重要」，（2）「まあまあ重要」と答えたが，「あまり重要ではない」，「全く重要でない」と答えた人も19.4％にのぼった。このため問題の認知が購入

---

7 ）この調査については，次の文献を参照のこと〈https://europa.eu/eurobarometer/surveys/detail/704, 2024年10月アクセス〉。

132　第Ⅱ部　サステナブル認証制度の形成

表6.4　商品を購入する際，商品の環境影響の重要度

	（1）とても重要	（2）まあまあ重要	（3）あまり重要でない	（4）まったく重要でない	（5）わからない・考えたことがない
人数（人）	1,444	3,299	1,173	80	142
割合（%）	23.5	53.7	18.1	1.3	2.2

出所：筆者作成。

表6.5　商品の生産工程で労働・人権問題が起こる可能性の認識

	（1）よく知っている	（2）少しは知っている	（3）あまり知らない	（4）まったく知らない	（5）わからない・考えたことがない
人数（人）	478	3,217	2,343	327	120
割合（%）	7.3	49.6	36.1	5	1.9

出所：筆者作成。

意識につながるわけではないことがわかる。

　EU Barometer で購入する際に環境問題が重要か聞いた設問では，「とても重要」が34%，「まあまあ重要」が49%となっており，あわせて83%が重要と回答しており，EU ではより多くの人が実際の購入に結びつけてエシカル消費を考える傾向がみられる。

　同様に，表6.5では労働・人権問題について，「意思に反する強制労働や児童労働などの労働，人権の問題についてどの程度知っていますか？」と質問した結果を示している。56.9%の人が，（1）「よく知っている」，（2）「少しは知っている」と答えたが，41.1%は「あまり知らない」「全く知らない」を選び，環境に比べて人権や労働問題の認知度は低いことがわかる。

　購入する商品の製造工程の労働者や人権に影響を与える可能性について，（1）「よく知っている」，（2）「少しは知っている」，（3）「あまり知らない」と答えた6,038人に（表6.5），自分が消費を行う際にその問題がどの程度重要かを聞いた（表6.6）。78.5%が（1）「とても重要」か（2）「まあまあ重要」と回答した。労働・人権問題について「あまり知らない」と答えた人は36.1%と，環境問題の30.9%に比べて高かった。それぞれの問題についてあまり知らない人が，購入時に問題が重要かどうかをどう考えているかをみると，労働・人権について（1）「とても重要」，（2）「まあまあ重要」と答

表6.6　購入する商品の労働・人権問題の重要度

	（1） とても重要	（2） まあまあ 重要	（3） あまり 重要でない	（4） まったく重 要でない	（5） わからない・考 えたことがない
人数（人）	1,614	3,129	1,065	73	157
割合（％）	26.7	51.8	17.6	1.1	2.4

出所：筆者作成。

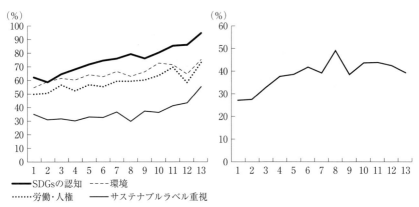

図6.4　所得とSDGs認知，商品の環境と労働・人権影響の認知，サステナブル・ラベル重視の割合（左）とSDGs認知とサステナブル・ラベル重視の割合の差（右）
出所：筆者作成。

えた人は，環境の52.0％に対し，人権は59.9％と高い割合であった。

消費者属性とサステナビリティの認知

　図6.4はサステナビリティの認知を所得階層別にみた結果を示している。持続可能性（サステナビリティ）やSDGsという言葉を聞いたことがあり，内容も「よく知っている」「少しは知っている」と答えた人が，どの所得階層でも6～9割にのぼった。所得が高いほどこの割合は高まる傾向にあった。環境課題，労働・人権課題の認知を分けて質問したが，環境課題への認知が所得階層にかかわらずシェアにして2～8％高い傾向にあった。しかし，所得階層が高いほど，両者の差が縮まる傾向もみえ，環境と同様に人権や労働についても配慮する傾向がみられた。

　一方，課題の認識はしていても，ラベルを認識し購入する行動に結びつく

134　第Ⅱ部　サステナブル認証制度の形成

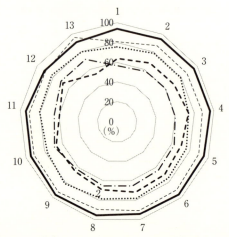

図6.5　商品を買うときに消費者が考慮する価格・健康・ブランド・サステナビリティ（環境と労働・人権）の相対的重要性
注：1～13は図6.2の所得階層のランクを示す。
出所：筆者作成。

かどうかはわからない。環境や労働に配慮して生産したサステナブル・ラベルを重視する人は3～6割であった。所得が高いほどラベルを重視する人のシェアは高まる。右のグラフでは，サステナビリティ課題の認知とエコラベル重視の回答者の割合の差をみたものである。所得との関係をみると逆U字型になっており，中間層で問題の認知とラベル重視の差が大きく，課題の認知はしていてもラベルは重視しない人の割合が多いことがわかる。

　消費者のサステナビリティ認識を相対化するために，ほかのより一般的な価値（価格や健康影響，ブランド認識）と比較してみたのが図6.5である。所得階層別に，各項目について「とても重要である」「まあまあ重要である」をみた。価格はグループ12～13の所得900万円以上の世帯は低めの傾向があるが，他の所得階層は95％が重要と答えた。健康については80～96％が重要と答えたが，所得が高くなるほど重視する割合が増えた。また生産者やブランドについても57～82％で所得が高くなるほど重視する割合が増えた。

　商品を購入する際のこれらの一般的な評価軸に対して，商品の環境や労働・人権影響の価値について比較してみよう。環境については74～86％が重

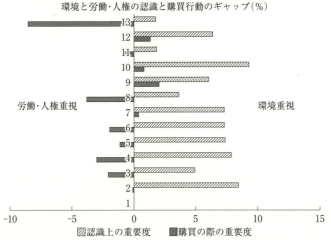

図6.6 環境と労働・人権課題が重要であると認識しているとの回答割合の差と，購買の際に環境と労働・人権課題が重要であると回答した割合の差
出所：筆者作成。

視すると答え，価格や健康よりも割合が低いが，生産者やブランドよりも高い値であった。環境を重視する人の割合は，グループ4〜6の世帯年収450〜600万円世帯で低い傾向がみられた。人権については53〜72％が重要だと考えているが，ほかの項目とは異なり，450〜650万円世帯で重視する割合がより高く，所得の高い層で低い傾向がみられた。

環境課題と労働・人権課題の認識と重要性：所得階層による比較

図6.6は，環境課題と労働・人権課題間の認識の違いをみるため，環境問題，労働・人権問題について，認識と重要性について，所得階層別に比較した。まず，認識について，環境課題を「知っている」，「少しは知っている」と答えた人の割合から人権課題で同様に答えた人の割合の差をみた。環境問題について認識している割合が労働・人権課題よりも高ければプラスに，労働・人権課題についての認識が環境課題を上回ればマイナスになる。すべての所得階層で，購入する財が環境課題を起こしうるという認識が，労働・人権課題を上回った。

つぎに，購入時に生産される際に環境に与える影響が重要であると考える

136 第Ⅱ部 サステナブル認証制度の形成

人の割合から，労働・人権に与える影響が「重要である」「まあまあ重要である」と答えた人の割合の差も所得階層別に比較した。こちらも，環境課題が重要とした割合が労働・人権課題に比べて高い場合にはプラス，反対の場合はマイナスになる。重要度は所得階層によって異なるが，600万円以下の層と，1000万円で労働・人権課題を重視する割合が高くなった。

　問題について認識していることと，重要であると考えることにはギャップがある。また，ギャップは問題により異なっていることがわかる。購入する商品が環境課題を引き起こす可能性についての認識は，労働・人権課題に比べて高いが，購入する際に重視する割合は，環境課題に比べて労働・人権課題で高いことから，実際の購買行動には，労働・人権課題がより大きな影響を与える可能性があるとも考えられる。

環境課題と労働・人権課題の認識と重要性：年齢層による比較

　若者層は，サステナビリティ課題が自分の将来にかかわること，また学校教育のなかで取り上げられることが増えているなど，サステナビリティへの認識が高いことが予想される。

　図6.7の左の図は，年齢別にサステナビリティ認知と商品の環境，人権・労働影響の認知についてみたものである。サステナビリティ（SDGs）については，どの世代も7～8割程度の人が認知している。一方，自分たちが購入する商品が環境，労働・人権に与える影響については，一般的なサステナビリティ課題に比べるとおおむねどの世代でも低くなった。ただし，20代では相対的に高く，また70代では商品の環境課題は8割の人が知っていると答え，サステナビリティ（SDGs）の認知を上回った。

　図6.7の右の図は，前節と同様に，年齢層ごとにサステナビリティについて認知している回答者の割合から，その課題に対応するラベルを重視する人の割合を引いたものである。課題の認識はしているものの，ラベルを重視していない回答者は3～4割いることがわかる。また，30～40代でその差が大きく4割以上であった。20代と50代以降は差が減り，問題の認識がラベル重視につながる傾向があった。

　図6.8は，年齢層別に環境課題と労働・人権課題の認識の違い，また行動

第6章　消費者の受容と日本の事例　137

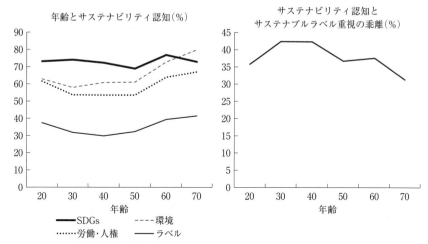

図6.7　年齢とSDGs認知，商品の環境と労働・人権影響の認知，エコラベル重視の割合（左）と
　　　SDGs認知とエコラベル重視の割合の差（右）
出所：筆者作成。

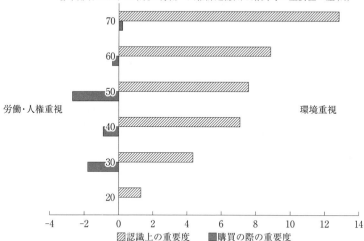

図6.8　年齢別にみた環境と労働・人権課題が重要と認識した割合の差と，購買の際に
　　　環境と労働・人権課題が重要とした割合の差
出所：筆者作成。

138　第Ⅱ部　サステナブル認証制度の形成

の違いをみたものである。問題の重要性の認識という側面では，環境が重要であると回答した割合が労働・人権を上回る傾向がみられた。これはどの所得階層でも同様であったが，年齢層が高くなるほど，認識上は環境問題が「とても重要」あるいは「まあまあ重要」との回答が労働・人権に比べて高くなった。一方，これらの問題が重要であると答えた回答者に対し，購買行動を行う際に環境と労働・人権課題について考慮することがどの程度重要かを尋ねたところ，とりわけ若い年齢層で，人権・労働課題について考慮することが重要であると答えた人の割合が，環境課題を上回る傾向がみられた。環境問題が重要であると認識しつつも，実際の行動を通じる場合には，自分事として考えられる人権や労働課題について行動したいと考えているとも解釈できるだろう。

　図6.5で所得層別に商品のサステナビリティ（環境と労働・人権）と従来の価値基準の相対化を試みたが，図6.9は同じ内容を年齢層別にみたものである。価格はどの年齢層も違いがないが，健康影響，生産者・ブランドは年齢が高くなるほど重視する割合が高くなっている。年齢が高くなるほどサス

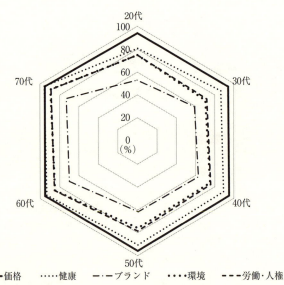

図6.9　年齢層別サステナビリティと従来価値重視の比較
出所：筆者作成。

テナビリティ価値を重視する傾向があるが，若年層でも比較的高い割合になっていることが特徴であろう。

3　エシカル消費の振興

エシカル消費拡大に果たす役割

　エシカル消費を拡大していくためには，消費者が取り組み内容の情報を得て理解し，自身が購入するかどうかを考えていく必要がある。前節では，消費者が購入する商品がサステナビリティに与える影響の認知やラベル付き商品を重視するかをみた。しかし，そもそも消費者は，サステナビリティ課題の解決を消費者自身が行うべきであると考えているのだろうか。それとも，政府や企業の役割と考えているのであろうか。「農産物の生産が環境や労働，人権に与える影響を軽減する取り組みにおいて，それぞれの役割をどう思いますか」という質問に対して「役割はとても大きい」と答えた割合を示したのが図6.10である。6割が政府の役割がとても大きいと考えており，4割が企業，2割が個人（消費者）であった。またNGOの役割も2割であった。

　図6.11は他の選択肢もあわせてみた結果である。個人の役割は，21.3%が，「役割が大きい」と答えたが，「役割はやや小さい」と答えた人が21.2%，ま

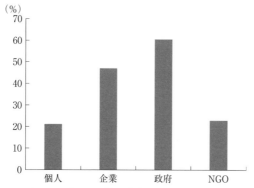

図6.10　サステナビリティ取組で役割がとても大きいとした主体
出所：筆者作成。

第Ⅱ部　サステナブル認証制度の形成

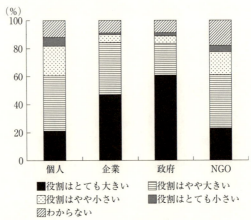

図6.11　個人・企業・政府・NGO の役割
出所：筆者作成。

表6.7　誰が行動すべきかの意識（複数回答）

	人数（人）	割合（％）
取り組みをしている商品を個人が選んで購入すべき	2,564	39.5
企業が取り組みを行い，商品を提供すべき	3,409	52.6
政府が企業に取り組ませる政策を行うべき	3,064	47.2
NGO や消費者団体など民間団体が企業に働きかけるべき	1,313	20.2
その他	25	0.4
どれも当てはまらない	265	4.1
わからない	931	14.4

出所：筆者作成。

た「わからない」人が11.9％であった。政府と企業の役割について「やや小さい」，「とても小さい」と答えた人は，わからないに比べると多い傾向があった。このため，消費者の役割について，認識が広まっていない，また消費者には役割があるという意識をあまり持っていないといえる。

さらに，それぞれの主体の行動について「環境や労働，人権に配慮した商品を普及させるための取り組みのうち，どれがあなたの考えにあてはまりますか？」と質問した結果が表6.7である。52.6％が，企業が主体的に取り組みを行うことが重要と考えている一方で，政府，そしてNGO や消費者団体からの企業への働きかけもそれぞれ47.2％，20.2％が選択していた。これに対比して個人が購入すべきであるという割合は39.5％となった。企業によるサ

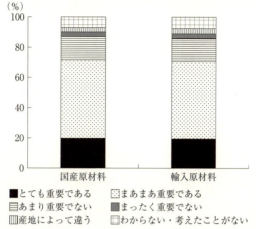

図6.12 国産原材料と輸入原材料の環境・労働・人権の問題の重要性
出所：筆者作成。

ステナブル商品の普及は，企業が供給する商品を需要する消費者が必要であるが，消費者が役割を果たすべきという意識は相対的に低いことが，この回答からも裏づけられる。

消費者の役割

消費者の関心は，より身近な産地の問題のほうが高い（Darby *et al.* 2008），また途上国からの輸入品には環境や労働・人権等により大きな懸念があるのでより高い（Onozaka & McFadden 2011）という異なる研究結果もある。「『国産の原材料』と『輸入した原材料』では，生産にまつわる環境，労働・人権の問題はどの程度重要だと思いますか？」と聞いた（図6.12）。国産・輸入原材料のサステナビリティについて，その重要性の度合いはあまり変わらなかった。

また，国産・輸入など対象となる産地が支払い意思に関係があるかどうかも聞いた。消費者が自身の購買活動を通じてサステナビリティに貢献するための追加費用を支払う意思があるかを知るために，「商品価格に上乗せした金額を支払うことによって，原産地の環境や社会が抱えている課題を解決することができるとします。このとき，あなたはどのようにお考えですか？」

142   第Ⅱ部　サステナブル認証制度の形成

表6.8　エシカル消費と対象

選　択　肢	人数（人）	割合（％）
国産の原材料には上乗せした金額を払ってもよい	1,202	18.5
国産，輸入した原材料問わず上乗せした金額を払ってもよい	1,399	21.6
輸入した原材料には上乗せした金額を払ってもよい	321	4.9
自分が関心を持っている産地の原材料に限り，上乗せした金額を払ってもよい	1,262	19.5
環境や労働，人権の課題に対して，上乗せした金額を払いたくない	953	14.7
わからない	1,348	20.8

出所：筆者作成。

表6.9　企業のホームページで関心をもつ項目

（単位：％）

項　目	「はい」と回答した割合
商品の機能や成分	81.0
商品の原産地・原材料	60.0
生産者の情報	40.3
企業が行っているプレゼント・キャンペーン	48.0
企業の環境や労働，人権の取り組み	18.2

出所：筆者作成。

と質問した。表6.8のように，産地（国産・海外産）は関係なく支払うと答えた人が21.6％，関心のある産地に対して支払う人が19.5％，国産は18.5％となった。一方，支払いたくない人が14.7％，わからない人も20.8％いたが，64.5％の人が支払う意思を示した。

企業の対応についての消費者の見方

企業はさまざまなサステナビリティにかかわる取り組みを行ってきた。そして，取り組み内容を消費者や投資家に向けて開示する努力も行われている。しかし，これらの情報を得るには商品の製造企業を調べ，その企業のホームページなどを確認する必要がある。消費者はこれらの情報をどの程度見ているのであろうか。商品を買うときにホームページを見ると答えた人は2,809人，43.3％であった。このうち，ホームページでどのような項目を確認するかを尋ねたところ，表6.9のように，環境や労働・人権の取り組みについて確認する人は18.2％であった。ちなみに，多くの消費者が関心を持つ内容は，商品の機能や成分を確認する人が81.0％，原産地や原材料は60.0％，プレゼント・キャンペーン情報は48.0％という結果であった。

第6章　消費者の受容と日本の事例　　143

表6.10　企業のサステナビリティに関する活動への信頼度

（単位：％）

	（1） とても 信頼できる	（2） やや 信頼できる	（3） あまり 信頼できない	（4） まったく 信頼できない	（5） わからない
選択した割合	4.5	54.7	28.2	2.9	9.7

出所：筆者作成。

　企業によるサステナビリティに関する取り組み情報が得られた場合，消費者はその情報をどのように受け止めているのであろうか。表6.10で示すように，（1）「とても信頼できる」と（2）「やや信頼できる」をあわせた59.2％は企業の取り組みを信頼しているが，（3）「あまり信用できない」，（4）「まったく信用できない」とした人は31.1％にのぼった。

　EU Barometer にも，生産者によるサステナビリティ情報を信頼するかどうかを尋ねる設問がある[8]。49％は信頼するが，48％は信頼しないという結果であった。日本では企業への信頼度はより高いと考えられる。

　サステナビリティ認証

　企業が自身で開示する情報に対して，第三者である監査法人などがお墨付きを与えたサステナブル認証を表示する方法は役立っているのだろうか。商品にはさまざまな情報が記載されている。「あなたは，食品や製品を買うときに，値札以外の以下のラベルを確認しますか？」という質問で，原材料表示や消費期限などのラベルに加えて，環境やサステナビリティを含む情報を示すラベルを確認しているかを尋ねた（表6.11）。（1）「ほとんど確認する」と（2）「確認することもある」をあわせると，エコラベルなどの環境ラベルは60.5％となり，もっとも確認する人が多い「消費期限や賞味期限」の96％や，79.5％の人が確認すると答えた「栄養成分や原材料，産地」よりも低いが，ラベルを確認している人も一定割合でいることがわかった。また QRコードについても（1）と（2）をあわせると71％と高い割合であることか

8）ただし，EU Barometer では対象は生産者としており小売業者とは区別して聞いている。今回の調査では企業としており，生産企業も小売企業も含む形となっており，定義の違いがある。

144 第Ⅱ部 サステナブル認証制度の形成

表6.11 商品について確認する事項

(単位：%)

商品のラベルを確認しますか？	（1）ほとんど確認する	（2）確認することもある	（3）確認しない	（4）わからない・考えたことがない
栄養成分や原材，産地の表示	19.3	60.2	17.3	3.3
消費期限や賞味期限	73.9	22.1	2.7	1.4
省エネやリサイクル用の材質表示等	12.5	48.0	36.1	3.4
QR コード	22.9	48.1	27.8	1.3

出所：筆者作成。

表6.12 環境や労働・人権に関する認証ラベルの認知

	（1）とても重視する	（2）まあまあ重視する	（3）あまり重視しない	（4）まったく重視しない	（5）わからない・考えたことがない
人数（人）	222	1,982	3,144	700	437
割合（%）	3.4	30.6	48.5	10.8	6.7

出所：筆者作成。

ら，QR コードを通じた情報伝達も有用であることがわかる。

　エコラベル，また労働や人権も含む広い対象をもつサステナブル・ラベルについて聞いたところ，（1）「とても重視する」，（2）「まあまあ重視する」をあわせた，度合いにかかわらず重視すると答えた人は34%いたが，（3）「あまり重視しない」，（4）「まったく重視しない」という人は，重視する人を大幅に上回り59.3%となった（表6.12）。

　EU Barometer では，購入する際のエコラベルを重視する人は47%，ラベルを重視しない，ラベルをみない人は51%であった。重視する人の割合は日本よりも EU が高いという結果である。

　これまでの章でみたように，サステナブル認証は主要な認証策定主体がさまざまである。日本の消費者による情報の信頼度をみると，情報を提供する団体の種類によって異なり，学術雑誌に比べて，国際機関による情報発信が信頼されているという結果が示されている（Uchida *et al.* 2014）。

　私たちの調査でも，政府・企業・業界団体・NGO について尋ねた（図

第6章　消費者の受容と日本の事例　　145

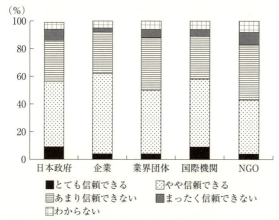

図6.13　サステナブル認証の策定主体別の信頼度
出所：筆者作成。

6.13)。「とても信頼できる」のが日本政府、つぎに国際機関となった。「やや信頼できる」を含めると、企業がもっとも信頼されており、次が国際機関となった。回答者は国際機関にはISOのような標準化を行う機関も念頭にあるとも考えられ、その信頼性の高さが表れている可能性があるだろう。

今回の調査では、一般的なサステナブル認証を対象として質問を行った。水産エコラベルの機関の信頼性については、2009年に日本で消費者調査が実施されている（森田 & 馬奈木 2010）。この調査は日本全国を対象にしたウェブ調査で、3,370サンプルを回収している。14年前のこの調査結果と比較すると、各主体とも、「あまり信用できない」、「まったく信用できない」と答えた人の割合が日本政府、業界団体、NGOで今回の調査のほうが高くなっていた。企業については前回調査では聞いていない。

化学肥料や化学農薬を減らし環境負荷を減らす取り組みを行う政策「みどりの食料システム法」（2022年7月施行）について聞いたところ、49.9％の回答者が取り組みを評価するとし、評価しないとした10.0％を大幅に上回った。40.1％はわからないと回答した。そして、かりにこの政策の対象になった農家の農産物に認証ラベルが貼られたら、消費者は購入するだろうか。取り組みを評価すると答えた回答者3,239人に対して、購入につながるかを聞いた結果が表6.13である。29.9％が評価するが、65％はラベルがなくても購

146　第Ⅱ部　サステナブル認証制度の形成

表6.13　政策にかかわるサステナブルラベルへの評価

（単位：%）

評　価	回答者の割合
農産物にラベルが貼ってあれば，積極的に購入したい	29.9
認定された農産物とわかれば，ラベルがはられていなくても積極的に購入したい	39.5
認定されているかやラベルが付いているかは気にしない	25.5
ラベル付きの農産物はできれば購入したくない	0.4
わからない	4.7

出所：筆者作成。

入したい，また認定やラベルはなくても気にしないとの回答になった。

4　小　括

　これまでみてきたように，日本の消費者にもサステナビリティやSDGsという言葉の浸透は進んできていることがわかる。一方で，エシカル消費の拡大にはまだ十分でないこともある。とりわけ，サステナブルな社会を構築するためには，政府や企業頼みであり，消費者が自身の消費活動を通じて社会を変えることができる力について十分認識していないことがある。ナイキで児童労働が発覚した際にアメリカで不買運動が起こったように，国によって，また時代によっては消費者が活動することもできる。このような認識が広まり，消費者の関与が進むことで，問題の認知がさらに深まり，実際の行動の間のギャップも埋めていけるのではないかと考えられる。

第III部
サステナブル認証とグローバル社会

第7章

生産地への影響

　これまで論じてきたように，先進国市場では多国籍企業を中心に，原材料調達のサステナビリティを重視する傾向が強まっている。そして，途上国の生産者が，先進国市場のサステナビリティを重視する企業のサプライチェーンに参画するには，サステナビリティ基準を満たすことが条件となりつつある。第6章までは主に先進国の視点から，サステナブル認証の形成や普及の過程をみてきた。第5章では，サプライヤーの認証取得の動機にも触れたが，サステナブル認証取得の要求を受けるのは，途上国や新興国などサプライチェーンの上流に位置し，原材料や中間財を生産する企業や農家である。このため，サステナブル認証が途上国のサプライヤーに対して与える影響はとりわけ注意を払うべき課題である。

　そこで本章では，サステナブル認証が生産国に与えた影響や効果について，とりわけグローバル・サウスと呼ばれる新興国・途上国の視点を交えてみていきたい。視点を変えることで，先進国側の認識とは異なるサステナブル認証の影響や課題が浮かび上がる。サステナブル認証が生産国に与える影響についての既存研究レビューに加え，筆者が注目してきたパーム油の事例を使って，生産国でどのような課題が持ち上がってきたのかを具体的に検討していく。

1 サプライチェーンを通じた生産者への影響

第5章で述べたように，途上国の生産者がサステナブル認証を取得することで得られる効果は大きい。基準に含まれる内容を実施することにより生産性向上が見込まれるほか，認証取得によって取引の継続や新しいビジネスの獲得，そしてプレミアムによる利益の向上が期待できるからである。

しかし，サプライヤーが，取引相手企業から認証取得が要求される場合に，十分な支援もなく認証が取得できない事態もでてきた。このため，サステナブル認証取得の要求が，輸出業者にとっての非関税障壁になるのではないか，とりわけ途上国の小規模農家が先進国に輸出するサプライチェーンに入ることができなくなるのではないかと懸念されるようになった（Henson & Humphrey 2010）。とくに，食品や消費財産業のように，アメリカやEUのような巨大市場において，独占力をもった企業による寡占市場が形成されている場合，デ・ジュールな規制を満たすためでなく，認証も含め自主的なものであったとしても，買い手の交渉力が相対的に強いため，対象市場に対して，デ・ファクトの規制として機能する（化学物質規制の例は本章末のコラム③参照）。

さらに，サステナビリティ基準は，時間の経過にともない新たな課題が提起されるごとに厳しくなる傾向にある。基準の厳格化は取得可能な生産者のサステナビリティ水準を引き上げても，基準を満たせない生産者も増やすことになり，生産地全体では，認証の取得率が低下するトレードオフが発生することも課題である（Kalfagianni & Pattberg 2013）。

規制と認証が貿易を通じて生産者に与える影響

サステナブル認証の導入は，触媒として取引を増やす効果も，障壁として取引を減らす効果もあるが，全体の効果はミクロの事例をみてもわからない。このため，経済学では基準や規制が生産者に与える影響の全体像を把握するために，基準・規制導入国-生産国間の貿易フローを分析してきた。規制が

第 7 章　生産地への影響　151

貿易に与える影響と，自主的な民間認証が貿易に与える影響は異なると考えられるが，規制と認証では双方とも非関税障壁となりうるという点において類似している（道田 2020）。

　このため，ここでは認証だけでなく，規制が貿易に与える影響の先行研究もあわせて簡単に紹介する[1]。まず，公的な規制が非関税障壁になることはこれまで行われてきた研究で実証されてきた。たとえば，EU で厳格化されたカビ毒であるアフラトキシンの食品安全規制がアフリカから EU の輸出にどのような影響を与えたかという研究が行われた（Otsuki *et al.* 2001）。アフラトキシンは，穀物や乾燥フルーツ，ナッツなどに含まれ，これらの輸出品が対象となる。EU のアフラトキシン規制は国際機関コーデックスが定める食品基準より厳しい基準で，EU に住む10億人に 2 人の割合で命を奪うリスクを下げる効果がある。しかし，この規制はアフリカから対象財の EU 向け輸出を64％減少させると論じている。EU による国際基準を超えた厳しい食品安全基準が EU 消費者の厚生水準を上げることと，アフリカの輸出にかかわる人々の所得や生活を維持することには国境を越えたトレードオフが生じることを明らかにし，大きな話題となった。その後，食品安全基準と貿易の関係については多くの論文が出されている（Santeramo & Lamonaca 2019）。

　自主的であるサステナブル認証が貿易に与える影響についても，いくつかの論文で実証研究が行われている（DeFries *et al.* 2017）。たとえば，チリの農産物を対象とした実証研究では，輸入国規制と民間認証を含む基準全体の厳格化が，農産物輸出に負の影響を与えることが示されている（Melo *et al.* 2014）。ペルーから輸出されるアスパラガスに民間認証が与える影響について，企業データを用いて分析した研究では，認証に貿易促進効果はみられなかったとしている（Schuster & Maertens 2015）。複数の先行研究から，規制と貿易の相互関係は複雑で影響は国や産業，企業規模ごとに異なることがわかっている（Beghin *et al.* 2015）。とくに，サステナブル認証が与える影響は，先進国と途上国では異なり，先進国にとっては貿易促進的であるが，途上国

---

1 ）認証が途上国に与える影響については，いくつかの文献で扱われている（Marx *et al.* 2024；Melo *et al.* 2014；UNFSS 2022；道田 2020）。

152 第Ⅲ部 サステナブル認証とグローバル社会

にとっては非関税障壁になるなど，対象国によって影響が異なることも議論されている（Ehrich & Mangelsdorf 2018）。ただし，サステナブル認証や規制は，途上国においても大規模生産者や規制に適応済みの企業については，貿易制限的な影響は大きくないとする論文もある（Anders & Caswell 2009）[2]。

筆者の小規模農家の訪問経験

サステナブル認証は，貧困撲滅や包摂性を目指している。そして，多くの生産活動と原材料調達が行われる途上国では小規模生産者が多い。たとえばパーム油産業では，アブラヤシ農園面積の4割は，小規模農家が耕作しているといわれている（Nagiah & Azmi 2013）。アブラヤシとパーム油産業については，これまでも多くの研究が行われてきた（林田編 2021）。

筆者はこれまでパーム油認証に焦点をあてて研究をしており（道田 2021），何度かアブラヤシ農園，またアブラヤシの小規模農家を訪問する機会に恵まれた。図7.1から図7.3は，2023年に筆者がマレーシアのサラワク州で，ソリダリダードというNGOとパーム油庁（MPOB）担当者と一緒に訪問した際の，アブラヤシ農園とアブラヤシの実（図7.1），小規模農家（図7.2），搾油工場（図7.3）の写真である[3]。このため，小規模農家を訪問した際の様子についてみていこう。

まず訪問したのは搾油工場であった。次章で議論するマレーシア政府のパーム油向けのサステナブル認証（MSPO）取得をするため，政府やNGOの支援を受けていた。この工場では150人程度を雇用しており，また原材料であるアブラヤシの実の調達先農家は100軒以上あるとのことだった。このうち自社農園が8％で，独立小規模農家が92％であるという。このため，この搾油工場は原材料の多くを独立小規模農家に頼っていた。工場にいる間に，図7.3のような流通業者のトラックがひっきりなしに到着していた。農園からアブラヤシの実を運びこんでいる。トラックが到着するたびに写真のように地面に設置された計量計で重量を測る。

2）その他の論文も出されている（Ferro *et al.* 2015）。
3）Solidaridad Malaysia, MPOB の方々の案内で支援先を訪問させていただいた。また，ソリダリダード・ジャパンの方々にもお世話になった。お礼申し上げる。

第7章　生産地への影響　153

図7.1　アブラヤシの木（写真左）と実
　　　（写真右）
出所：マレーシア・サラワク州で筆者
　　　撮影（2023年）

図7.2　マレーシア・サラワク州小規模
　　　農家と政府関係者，NGO，筆
　　　者（右から3人目）
出所：2023年筆者撮影。

　アブラヤシの実をヤードにおろしたあと，実の状態の検査が行われる。品質が悪い実や熟していない実は買い取りを拒否されトラックに戻される。帰りにトラックを再度計量して，重量の差分のアブラヤシの実の値段が支払われる。アブラヤシの実の価格は政府によって決められた基準価格が適用されている。この搾油工場では小規模農家の生活支援のため，即日支払いが行われるとのことであった。買い取りの品質を満たさないアブラヤシの実を槍のような棒で突き刺してトラックに戻すが，1つの実が30キロ近くある。担当の人が軽々と嬉しそうに持ち上げて見せてくれ，筆者も試させてもらったが簡単には持ち上がらない重さだった。
　つぎに，搾油工場に供給を行い，サプライチェーン上流に位置する小規模農家を訪問した。舗装されていない悪路を30分以上かけて農園に入っていき，

図7.3 搾油工場（左上）と搾油工場前でアブラヤシの実を積載し計量を行うトラック（右上），トラックが荷下ろしするヤード（下）
出所：筆者撮影。

ようやく目的の小規模農家のアブラヤシ農園に到達した。訪問を受け入れてくれた農家のご夫婦はいわゆる先住民と呼ばれる方であった。SPOC（Sustainable Palm Oil Cluster）と呼ばれる農園団体に所属し，農園のアブラヤシは2012年に植えており，耕作地は3.4ヘクタールほどであった。1つの搾油工場1に対してこのような小規模農家が100軒以上かかわるなか，これらの一軒一軒のサステナビリティ監査を行うことは容易ではないことが想像できた。

この小規模農家のサステナブル認証取得状況であるが，第9章で説明するマレーシア政府のMSPOというサステナブル認証を取得しており，取得を示す看板が農地には立てられていた。一方で，国際的なRSPO認証の取得は

第7章　生産地への影響　155

行っていなかった。RSPOなどサステナブル認証でトレーサビリティが必要な認証を取得する場合，上流までトレーサビリティの確保が必要になる。とりわけ，中間に流通業者が入ってアブラヤシの実を収集している場合，流通業者の複雑なチェーンも追う必要がある。しかし，通常中間業者や流通業者はそれぞれの取引先を通常は開示しておらず，情報開示のインセンティブを持つような設計をするか，またはこれらの業者を介在しない取引をするかをしなければ，トレーサビリティを確保できない。

小規模農家の認証取得

　途上国の小規模農家にとって，価格プレミアムを得る可能性がある先進国市場への供給は，所得を向上させる重要な手段になりうると期待されている。このため，貧困削減を含むサステナビリティに取り組む小規模農家に対して，認証がどのような影響を与えるのかは先行研究でも注目されてきた。2022年にインドネシアのカリマンタン島で活動をしている研究者にヒアリング[4]をした内容によると，小規模農家でもRSPOのグループ認証を取得に成功し，RSPOからグループに支給された支援金で村に必要な共有設備を購入するなど，認証が生産者の生活改善に役立っている事例もある。

　サプライチェーンにおいて小規模農家が果たす役割は大きい。小規模農家は大規模生産者のサプライチェーンに参画し，需給とリスクを吸収していることも明らかにされている（Suzuki *et al.* 2011）。ただし，この場合でも，小規模農家は垂直統合されたサプライチェーンの調整弁の役割を果たし，脆弱な立場に置かれている可能性がある。

　高品質で一定の供給量を確保するための灌漑設備や温室などの施設を持たない小規模生産者は，輸出向け等取引量の多いサプライチェーンからは排除される傾向がある（Reardon *et al.* 2009）。くわえて，小規模生産者による認証の取得が困難であることは，これまでもさまざまなところで指摘されてきた。まず，小規模生産者は，海外の市場の要求事項の情報や知識などが十分

───────────────

4) 2022年に同志社大学の林田秀樹教授にご紹介いただいた研究者である。林田先生には現地の多くの情報もご教授いただいた。お礼申し上げたい。

でないことも多い。さらに，高額な認証費用，厳しいサステナビリティ基準が生産者の実情にあわない場合や，認証に必要な取引書類や契約書等が保管されていない場合もある。とくに，バイヤーである顧客やNGO等の支援が十分でない小規模農家による認証の取得は，サステナブル認証が要求する内容や必要性の理解，コスト面などからハードルが高かった。このように，まずとくに小規模農家がグローバルな市場に供給するサプライチェーンに参画し，認証を取得するプロセスに行き着くまでには障壁がある。

さらに，トレーサビリティが確保されなければ認証取得は困難であるが，途上国の多くの小規模生産者のトレーサビリティをとっていくことは容易ではない。パーム油の例でみると，農家でとれたアブラヤシの実を搾油工場に運び搾油する必要があるが，多くの小規模なアブラヤシ農家（独立小規模農家と組織化された農家）の追跡に加え，小規模農家を回って実を収集して搾油工場に持ち込む仲介・運搬業者（トレーダー）の追跡も必要である。関与するトレーダーも複雑に入り組んでいることが，トレーサビリティの確保を難しくしている。

認証による競争力格差と分断

これまで論じてきたように，認証を取得したサプライチェーンの構築は，小売業者からみると，製品差別化の手段の一部である。そして，基準を満たせるかどうかが，サプライチェーンの構造や生産者の競争条件にも影響を与えている（Dallas *et al.* 2019；Oosterveer 2015）。サステナビリティ基準や認証という新たな要件の追加は，先進国市場へのサプライヤーを，より規模の大きい，またキャパシティのある生産者へと変更し，垂直統合[5]を行う圧力になってきた（Maertens & Swinnen 2006；Swinnen & Maertens 2007）。結果として，トレーサビリティ確保や認証取得が難しく，森林破壊などの情報が不明でサステナビリティのリスクも高い小規模農家がサプライチェーンから切り離されることが懸念されている。そして，サステナブル認証の取得が困

---

5) 垂直統合については，ラフォンテーヌらが経済学的見地からメカニズムを分析している（Lafontaine & Slade 2007）。

難な生産者と，取得が容易な生産者がいることは，結果として，生産地にサステナビリティによる競争力格差の分断を生み出すことになる。

　サステナビリティによる競争は，より高いサステナビリティ基準を満たす製品が，より高い競争力を備え，またそのような製品をつくる企業が，市場や投資家からのより高い評価を得られるという状況につながる。しかし，このような競争により，企業は，地域全体のサステナビリティを高めることよりも，ほかより高い基準を満たす財を供給することに焦点をあてることになる。しかし，とりわけ森林保全のような国際公共財の保全を目的とするのであれば，本来，一部の企業や生産者のサステナビリティのみを高めることが目的ではなく，サステナビリティ基準を広範な主体に行きわたらせることが重要である。しかし，サステナブル認証という手段により貧困削減や労働者の福祉を含むサステナビリティの向上を追求した結果，分断が生じ，サステナビリティが目指す包摂性とは逆向きの効果が働き，トレードオフの関係を生じさせているのであれば皮肉な結果である。

2　認証の環境・社会への効果と影響

　第1節では，包摂性の観点から認証の効果をみたが，つぎに認証が意図する社会，労働，環境の効果を挙げてきたのかについてみていきたい。

社会・労働への影響

　顧客企業やサプライヤーと協働することで認証取得が行いやすくなるとされるが（Arimura *et al.* 2011），認証を取得することによって生産性や労働環境の向上に役に立ったのだろうか。

　アフリカのセネガルの小規模農家の調査では，輸出向けのサプライチェーンに統合された小規模農家は，GLOBALG.A.P. 取得ののち，雇用の機会と所得の増加につながった家計があることを示した（Colen *et al.* 2012）。アフリカ，ウガンダでフェアトレードやオーガニックなどの認証を取得した小規模農家は所得が増加し，女性が売り上げの管理をしやすくなり，ジェンダー公

平性にも寄与した（Chiputwa & Qaim 2016）。認証の評価をするうえで，このような非経済面を含めた長期的なインパクト評価をしていく必要性があるという議論が行われており（岡本 2024），現時点では研究蓄積が十分ではないが，今後の重要な研究課題であろう。

　経済的な面においても，認証を取得できれば所得やマーケットアクセスに良い効果があることも示されている（Handschuch *et al.* 2013）。しかし，第5章第1節でも述べたように，サステナブル認証取得によって認証財を売ることにより手に入れられるプレミアムは，認証財の需給のバランスによって決まること，そしてプレミアムが発生することで超過利益があれば，新たなサプライヤーが参入する。一方，サプライヤーの増加に見合う認証財への需要が増えなければ，供給超過の状況になり，プレミアムは低下する。さらに，フェアトレードの認証など一部を除き，売り手と買い手の交渉で決まることから（Grimm *et al.* 2014），交渉力の弱い生産者は認証コストの負担を求められることになる。

　多くのサステナブル認証は，対象が小規模農家の場合には，小規模農家により適切な基準を準備し，農家をグループにして，グループを対象に認証を行う場合もある。また，政府と協力して行政区画全体に対して認証を行うアプローチをとり，小規模農家を取り残さない工夫も行われている[6]。さらに，これらの生産者に対してキャパシティ・ビルディングやトレーニングの機会や，プレミアムを提供したり，また生産性向上のための方法論なども伝達している。これらによって，小規模農家へのサステナブル認証普及の努力が行われている。

　一方で，小規模農家が認証を取得しても，大規模生産者に比べて生産性が低いことからコストも高く，認証から得られる利益は加工企業に比べて非常に少ないともいわれている（Glasbergen 2018）。パーム油認証と労働者の関係や森林ガバナンスについても論じられている（笹岡・藤原編 2021）。

6）RSPO では，独立小規模農家用の基準を準備したり，政府と協力して対象となる行政区で少しずつ取り組みを進める Jurisdictional Approach を用意している。基準については，〈https://rspo.org/resources/, https://rspo.org/wp-content/uploads/RSPO-Jurisdictional-Approach.pdf, 2024年10月アクセス〉を参照。

第7章 生産地への影響 159

　第3章で述べたラナプラザ崩壊後に策定されたバングラディシュの労働安全基準により，どのような効果がもたらされたのかについても研究が行われている（永島 2024b）[7]。これによると，生産国の対象地域で賃金が上昇し，労働環境も改善したという結果が出されている。

　1990年から2016年に公表された農産物に関するサステナブル認証が生産者に与えた社会，経済的な影響に関する100以上の論文のメタ分析を行った研究もある（Oya *et al.* 2018）。認証を取得した農家が販売する財価格や所得にはプラスの影響があるものの，労働者の賃金に与えた影響はみられず，家計全体の所得が増えたという証拠も得られなかったとしている。そして，サステナブル認証が労働者や社会に与える影響は，文脈に応じて異なると結論づけている。

認証が環境に与える影響

　民間認証がどの程度森林保護に実効性があるのかについても，研究が行われてきている[8]。フェアトレードの認証取得農家とそれ以外で比較したところ，フェアトレードの認証取得農家のほうが有意に環境によい農法を実践していることが多いとわかった（Dragusanu *et al.* 2014）。FSC® 認証の森林と環境に対する有効性を2000年から2008年のインドネシア，カリマンタン島のデータを用いて検討した研究では，森林破壊を5％減少させ，大気汚染を32％減らしたことが明らかになった（Miteva *et al.* 2015）。

　一方，RSPO を取得したインドネシア，スマトラ島とカリマンタン島のアブラヤシ農園の森林衛星画像データとモデルを用いて，森林について森林保護にどの程度役立ったかについて検討した研究によると，RSPO 取得農園では森林破壊が取得しない場合と比べて33％減少したと結論づけられるものの，森林破壊は引き続き発生している。とりわけスマトラ島の RSPO 認証取得農園がそもそも森林地域をほとんど含んでおらず，認証取得が森林保護につながったわけではないこと，また泥炭地の森林保護には役立っていないと結論

7）分析の原著論文は次を参照（Bossavie *et al.* 2023）。
8）途上国でのサステナブル認証の影響についてのサーベイも行われているが，本書とは違うまとめられ方となっている（UNFSS 2022）。

160　第III部　サステナブル認証とグローバル社会

づけている（Carlson *et al.* 2018）。この研究の含意は，サステナブル認証の
効果は，取得以降の変化をみるだけでは十分でないかもしれないという問い
かけである。本来抑制すべき環境劣化を実際に止められているのか，それと
も認証できる条件の対象地が認証されているだけなのか，森林破壊が地域を
変えて行われているのかも確認する必要がある。

　養殖水産物を認証する ASC では，その制度そのものの有効性への疑問も
投げかけられている。ASC 認証は，養殖業者に対して，魚類や大豆などの
餌まではサステナブル認証を取得することまでは求めていない。NGO など
は，サプライチェーン全体がサステナブルでなければ，十分な水準の基準と
考えられず，本当の意味のサステナブル認証といえないなどの議論がある
（Gulbrandsen *et al.* 2022）。

　このように，民間認証が環境や社会にプラスの影響を与えたという結果が
ある一方，民間認証の普及が停滞していること，また衛星データなど客観的
なデータによって効果が検証され，環境保全への貢献が期待されたほどの効
果がみられない事例が見つかったことによって，民間認証にかけるコストに
見合った効果が得られるのかに対して疑問を投げかける議論もある。

3　認証の正当性

　これまで，認証で定められた基準が守られることを前提に話を進めてきた。
しかし，認証が生産国で与える影響については，認証がどの程度適切に生産
現場で実施されているのかにも依存している。実際，認証を取得した企業に
対し，いくつかの疑義が挙げられてきた。たとえば，パーム油認証では，
2016年に RSPO 認証を取得済みであったマレーシアのパーム油生産企業 IOI
グループが天然林を伐採しているとして認証の取り消しが行われた。これは，
非営利団体であるサステナビリティ研究を行う機関が，RSPO に申し立てを
行ったことに端を発した。ユニリーバ，ケロッグ，花王などの取引企業は，
これにともない対象企業との取引を停止した。2018年には，同じく RSPO 認
証を取得済みであったインドネシアの食品大手企業のインドフードの農園と

搾油工場で人権侵害がおこり，認証取り消しが行われた。このときもNGOの3団体がRSPOに申し立てを行ったことが契機となった。インドフードはこれによりRSPOを脱退した。

一方，疑義を晴らした事例もある。2021年アメリカ国土安全保障省税関・国境取締局（U.S. Customs and Border Protection）が，RSPO, MSPO認証を取得したマレーシア大手パーム油企業サイム・ダービー社のプランテーションが強制労働に関わっている証拠があるとして，税関で輸入品の差し止めが行われた。しかし，サイム・ダービー社はコンサルタントを雇い自社の調査を行い捜査に協力，また証拠を提出した。また現在・過去に雇用した外国人労働者が仲介リクルート会社に支払った費用を補償する資金を準備した結果，2023年に輸入差し止めが解除になった。

また森林認証協議会FSCでは，2020年にベトナムのAn Viet Phat Energy社が虚偽表示を行った木質ペレットを販売したとして，認証の差し止めと認証取得禁止期間の設定の措置が行われた。監査会社が書類審査で不正を発見し，FSCに報告したことで発覚した。同社の木質ペレットは，日本にも輸入されていた。その後，問題の是正措置がとられたことが確認されたとして，FSCに復帰している。

また，監査の問題も多く指摘されてきた（RSPO 2017）。NGOなどから，いくつかの指摘が行われている。まず，監査の質が担保されていないという課題がある。また，監査会社やその担当者と監査を受ける企業が癒着して，基準を満たしていなくても認証を出すケースについても言及がされた。さらに，監査会社は監査対象の企業の情報のうち業務上の秘密情報であるものは秘匿する義務があるため，十分な情報公開を行うことができないという構造的な課題もある。

これらの課題に対しては，対応策の提言が出されている（RSPO 2017）。認証団体，監査会社，認証取得企業，また，外部者としてチェック機能を果たしているNGOの間で，何をもって基準が順守されていると判断するのかの判断基準が異なることが原因のひとつであるとして，その判断の差異を減らす努力の必要性が指摘されている。さらに，サステナブル認証の監査は一定のルールにもとづいて抽出された企業や，また企業の書類，またステーク

ホルダーへの聞き取り調査にもとづいて行われる。しかし，監査を行う日数は数日しかない。

監査会社は順守できていない箇所を探して指摘することはしないが，NGOは1年のいつでも順守できていないところを発見するという姿勢で課題を指摘している。このような背景から，認証を受けても，NGOの調査の結果順守していないところが発見される事例が散見されることになる。

さらに，サステナビリティの水準を高めるという企業の意思がなければ，認証を取得するために，認証書類のみ整えて，項目にチェックする行為を行うことにとどまってしまい，実際には効果がない可能性があることも指摘されている（Dewinter-Schmitt & Macleod 2019）。

このように，認証を受けていても，完全な実施や監査は難しく，NGOや監査会社により問題が発覚することもある[9]。認証スキーム側も内容を精査し，ワーキンググループなどでの議論を行い，適切に差し止めなどの措置が行われている。このように，認証取得をしていても，継続的なモニタリングや対応は欠かせない。

4　小　括

サステナブル認証が導入されて数十年が経過する。先進国市場主導で進められてきた施策は，認証を需要する市場につながるグローバル・サプライチェーンに参画する生産者間では普及が進んだ。小規模農家においても，認証を取得できた農家では，プレミアムを得たり，グループ認証を取得して村全体への利益が得られる事例もみられる。しかし，キャパシティの小さい小規模農家では普及が大きく進んだとはいえない。

消費者やESG投資などが直接働きかけることが難しく，また森林破壊な

9）一方で，筆者が話をしたパーム油農園では，NGOが来て，事実でない記事を写真とともに掲載して，経営に大きな問題を及ぼすこともあり，NGOの訪問は断っているという話であった。このため，農園では意図のわからない訪問者を非常に警戒する傾向がみられた。

どのリスクが高い小規模農家への認証の普及が望まれる。しかし，小規模農家を認証するためには，トレーサビリティが確保されている必要がある。しかし，小規模農家を回り，財を収集するトレーダーや取引業者が介入する取引のサプライチェーンの透明性を高め，トレーサビリティを確保することは非常に難しい。このため，まずはトレーサビリティの確保とともに，小規模農家のキャパシティ・ビルディングが重要である。

　さらに，生産者に対して適切な監査が行われて，認証されているかの信頼性確保は欠かせない。多くの課題があるなか，完全な実施は困難であることを認めつつ，改善策を模索しながら認証を活用していく姿勢が必要であろう。

コラム③　顧客企業によるサプライチェーン管理

　サプライヤー企業がサステナビリティ基準を適用する動機には，納入先である取引先企業からの要請がある。サプライヤー企業が，原材料に関してどのように取引先企業から要求を受けるのかの調査結果を紹介したい。

　各国では，製品に含有する化学物質，とりわけ水銀やカドミウムなどの有害物質を規制する法令遵守が求められている。また自主的な取り組みとして，たとえば繊維や皮革製品などで，安全性やサステナビリティを理由に使う染料に含まれる物質を制限するなどの措置や，それを示す OEKO-TEX などのサステナブル認証も使われるようになっていた。これらの要求がアジア企業にどのように伝達されているのかが，調査の関心のひとつであった。

　2012〜2013年に，製品に含有する化学物質に関する規制や自主的要求について，マレーシアのペナンとベトナム全土の製造業を対象に調査を行った。ペナン，ベトナムともそれぞれ現地の産業センサス・税務用企業リストからランダム・サンプリングにより抽出した企業で，ペナンは369企業，ベトナムは1055企業から回答を得た。調査概要や統計は原著を見てほしい（Michida *et al.* 2017）。このなかで，納入先企業の国籍とその企業が製品含有の化学物質を指定したかを聞いた。それぞれの国籍において製品含有物質を指定した企業のシェアを集計したのが，以下の表1と表2である。これらの表では，関連する規制が導入された EU や日本，アメリカなどで指定する企業の割合が高く，インド，韓国，中国などで低いことがわかる。

　同様のサプライチェーン管理がサステナブル認証や基準の伝達でも行われているとすると，顧客企業の国籍によって，基準適用の必要性の度合いが影響を受けることが考えられる。この調査は化学物質が対象であったが，サステナブル認証でも同様に，EU やアメリカの企業は，高い割合で認証取得財や，原材料を指定する要求を出していると考えられるだろう。そして，異なる顧客から，それぞれ別の認証が要求される場合の生産現場の対応は難しくなることが考えられる。

　また，規制対応を行う際に顧客企業やサプライヤーの支援が必要かどうかを聞いたところ，以下が重要と答えた企業の割合は表2のとおりであった。この答えから，顧客とサプライヤーの協働が，規制や要求に対応するうえで重要であることがわかる。

第7章　生産地への影響　　165

表1　化学物質を指定した顧客シェア

（単位：%）

取引先企業の国籍	マレーシア	ベトナム
EU	72	39
日本	66	34
米国	66	33
台湾	60	20
マレーシアを除く ASEAN	54	19
マレーシア	–	22
ベトナム	48	–
中国	48	26
韓国	41	24
インド	35	10

出所：Michida *et al.*（2021）より。

表2　規制対応における顧客・サプライヤーの協働

（単位：%）

	マレーシア	ベトナム
サプライヤーの支援が重要	47	37
顧客企業の支援が重要	37	29

出所：Michida *et al.*（2021）より。

第8章

グローバル・サウス政府の認証策定

　第7章では，貧困や環境，労働などの課題を解決するために導入されたサステナビリティ基準や認証がどのような影響や効果をあげてきたのか，さまざまな観点からみてきた。そこでは，サステナブル認証は個別の課題解決に役立つ事例がみられる一方で，生産国，とくにグローバル・サウスと呼ばれる途上国・新興国にとって，先進国の民間が策定した自主的な制度が，重要産業にとっての非関税障壁になり，また対象産業の小規模生産者が認証を取得できずに取り残される課題も引き起こされた。さらに，もっとも普及しているといえるパーム油の RSPO 認証でさえ，小規模農家への普及の努力は行っているものの，認証油は供給量の2割程度にとどまっている（第9章参照）。

　本章では，消費市場，そして民間主導の認証の実態や課題に対して，生産国，とりわけグローバル・サウスと呼ばれる各国政府や生産者が認証に関する現状をどのように考え，対応してきたのかをみていきたい。

1　生産国政府の見方

社会・経済的な背景

　サステナブル認証は，各国で普及している。前の章で紹介した農業分野のサステナブル認証である GLOBALG.A.P. や漁業分野の MSC，森林分野の FSC® などの認証取得生産者の増加は，生産国にとってもヨーロッパやその

ほか認証を要求する市場に輸出を継続するためにも重要であると考えられている。生産者や政府，輸出業者は，新たな民間基準の要求をいかに満たし，貿易の障害にならないような措置を講じるかが重要な課題であるととらえていた[1]。

　サステナビリティ基準が消費国のバイヤーが示す取引要件である場合，生産国側の事業者や農園はまずその基準を満たす努力を行うだろう。しかし，生産国では，海外発のサステナブル認証を取得するだけではなく，自身で認証を策定する動機が芽生えはじめた。第4章では，主に消費国である先進国の民間部門で差別化や既存の制度への対抗などの理由でサステナブル認証制度が波及し，重複した制度が断片化する状況をみたが，生産国でもローカルな認証を策定する事例がみられるようになった。自国や地域での認証策定は，日本でも，他のアジア各国，ラテンアメリカ各国，アフリカでも行われた。

　第6章でも紹介したが，森林認証のFSCが策定されたのち，先進国，新興国・途上国含め生産国での，異なる基準策定が行われた。まず北米は，消費市場でもあるが，同時に木材に関しては生産国でもある。生産者団体であるアメリカ林産物・製紙協会（American Forestry & Paper Association）は1994年にサステナブル森林イニシアチブ（SFI）を策定し，カナダでも1996年にカナダ規格協会（CSA）がサステナブル森林管理システムを作るなど，業界主導の民間認証が策定された。また，熱帯雨林を擁する途上国の生産国各国では，1999年にはインドネシア政府が主導するインドネシア・エコラベル（LEI），同じ年にマレーシアでは1999年にマレーシア木材認証評議会（MTCC），2002年にブラジル国家度量衡・規格・工業品質院（INMETRO）によるブラジル森林認証プログラム（CERFLOR）[2]，2004年アフリカ・ガボンのパン・アフリカ森林認証（PAFC），2011年にインドネシアの非営利団体

---

1) 変則的な利用方法としてインドネシアでは，ヨーロッパ小売業者が作ったGLOBALG.A.P. の制度を輸入農産物に要求する基準として使っていたこともあり，農産物をインドネシアに輸入する際にGLOBALG.A.P. の番号入力を求め，自国の食品安全管理に活用した時期もあった。

2) CERFLOR についての説明〈https://www.celso-foelkel.com.br/artigos/outros/41_2002_CERFLOR％20palestra％20ITTO.pdf, 2024年10月アクセス〉。

インドネシア森林認証評議会（IFCC）なども設立された。日本でも日本の森林経営を踏まえた認証制度が必要ということで，2003年に SGEC 認証が作られている。

制度の波及（GLOBALG.A.P. の事例）

筆者は各国のサステナブル認証策定の背景にある動機について検討を行った（Michida & Nabeshima 2017）。ヨーロッパで1997年に EUREPGAP（のちの GLOBALG.A.P.）が導入されたのち，2000年以降，類似の制度がアジア各国の民間部門，各国政府によって導入され，制度が波及している。そして，EUREPGAP 導入を契機として類似制度を策定した主体の動機は次のようにまとめられる。

第一に，国内生産者が輸出相手先市場への市場アクセスを維持できることを目的にした。このため，国内生産者が取得しやすい制度や，国内の状況や地理的条件に合った基準を策定し，段階的な改善を経て GLOBALG.A.P. 取得を可能にするための国内制度の必要性があった。国内生産者のなかでも，とりわけ小規模生産者への思慮は，政府の視点からみると，とくに貧困対策や，脆弱な層への経済・社会政策としても見過ごせない点であった。これは，前章でも触れたように，サステナブル認証がとくに小規模生産者の非関税障壁になる可能性があり，結果としてサプライチェーンから排除される懸念があることが背景にある。この懸念に対応するため，小規模生産者でも認証を取得しやすい制度にすることを目指す政策が必要であった。

第二に，生産国では，複数の国や顧客から異なる基準を要求されることがある。たとえば，ヨーロッパの小売業者からは GLOBALG.A.P. を要求される一方，別の主要市場であるアメリカでは，規制当局である食品医薬品局（FDA）の要件を遵守できているかの監査がある。よって，輸出の際にこれらの規制を満たすことが必須である。これらの主要輸出市場の異なる基準に加えて，民間の基準も複数出現したため，規制や基準の要求事項をまとめたいという思惑があった。ベトナムは，農産物のほか水産物も多くヨーロッパやアメリカに輸出しており，これらをまとめて輸出市場アクセス確保を目的として，自国の GAP である VietGAP を策定した（Nabeshima *et al.* 2015）。

また生産国国内基準も乱立している状況にあり，GLOBALG.A.P.という輸出市場の基準にあわせて国内基準のハーモナイゼーションをはかる目的もあった。

第三に，GLOBALG.A.P.は生産方法のベストプラクティスの導入を図るための基準も含んでいる。同様に，国内に適した基準を備えた国内認証制度をつくり，生産者にその基準を普及することを通じて，国内生産者の生産方法の改善に取り組もうとした。顧客からの要求を満たすためという受動的な目的のほかに，国内基準を通じて，より国内生産性を向上させる方策として活用するという動機である。

第四の動機は，GLOBALG.A.P.取得にはGLOBALG.A.P.スキームオーナーの団体と監査機関への支払いが高いために，国内制度を作ってこれらの費用を下げ，国内普及をすすめたいという意図もあった。背景には，十分なプレミアムが発生しない事態が起こりうることで，コストをかけて取り組みを行っても，対価が得られない事例が発生していたことが背景にある。

WTOでの議論

しかし，国内制度策定の動機は，国際政治にかかわるものもある。これまで論じてきたように，サステナブル認証は規制と同様に，非関税障壁と考えられてきた。たとえばWTOのSPS委員会では，2005年にカリブ海島の諸国が，ヨーロッパの小売団体が作ったEUREPGAP（のちのGLOBALG.A.P.）はヨーロッパの規制であるのかを確認する問い合わせを行った。そして，この民間基準であるEUREPGAPがヨーロッパの食品安全にかかわる法規制よりも厳しい要件を課すことがあること，またとりわけ小規模生産者の遵守が難しいことなどの意見が提起された（WTO 2005）。問題提起を受けて，WTOでは，事実上の規制のような影響力を持つ民間基準を扱うことについて議論が行われたが，コンセンサスは得られなかった（Naiki 2021）。

そもそも民間基準をどのように定義するかの議論も収束せず，また民間基準がどのような正当性を持つのか，そして最終的にどの主体が責任を負うことになるのかという課題もあり，その後，WTOは政府が実施する規制は対象とするが，民間基準については対象としないという立場になった[3]。グロ

ーバル経済において，安全やサステナビリティ価値をサプライチェーンを通じて管理する必要性は高まっている。しかし，サステナブル認証を含む民間基準の課題について，WTO が解決の場として主要な役割を果たすことを期待することはできなくなった。WTO の機能不全が問題となっているが，サステナブル認証にかかわる問題においても同様に機能不全の状態に陥ったといえる。

南北問題：誰がサステナビリティのコストを負担するのか

地球温暖化交渉を含む地球環境問題の国際交渉などで行われる議論は，以下のような文脈である。現在の環境問題は，先進国が過去に経済成長をしてきた過程で発生したものであり，先進国が責任を負うべきものである。このため，地球環境問題に対する責任は共通だが，各国において責任と能力は異なっているということを示す「共通だが差異ある責任」（CBDR：Common But Differentiated Responsibility）という考え方が国際的に合意されている。そして途上国は今後も発展する権利がある，というものである。

これに対して，民間認証は市場経済の仕組みを活用しながらコスト負担のあり方を変化させてきた。従来，サステナビリティに限らずさまざまな品質管理においては，輸入企業がサプライヤーの監査を行い，必要に応じて生産工程の改善に必要な専門家を派遣するなどの方法でサプライチェーン管理を行っていた。このような方法では，輸入企業がコストの負担を行うことも多かった。しかし民間認証の登場により，サステナビリティ管理は認証機関等が用意する書類をもとに，認証の取得をサプライヤーの責任で行うことが可能になった。輸入企業側が専門家を派遣していたときと異なり，認証取得に必要な費用負担はサプライヤー自身が行う必要が生じている。生産国である途上国側からしてみると，民間認証の手間やコストがサプライチェーンの上流側に押しつけられて，民間認証が取得できなければ，先進国市場へのアクセスができないことになる。

さらに，民間認証は需要と供給で決まる市場経済の仕組みを使うものであ

3）2022年 UNFSS における会議での WTO 担当官のコメントによる。

172 第Ⅲ部 サステナブル認証とグローバル社会

る。このため，市場の需給によって民間認証を通じたサステナビリティに対する費用負担が決定される。多くの民間認証では，通常の財よりも認証取得商品には高い価格付けが行われ，プレミアムが支払われることが，生産者の認証取得のインセンティブのひとつとなっていた。しかし，需要者の規模が大きく，サプライヤーの交渉力が弱ければ，プレミアムが十分支払われない事例もあるなど（Glasbergen 2018），サプライチェーンごとに費用負担は異なる。生産者側が十分なプレミアムを得られず，認証費用を負担する場合には，国際的な政府間でのCBDRに関する合意にかかわらず，途上国の生産者が負担を行い，先進国の市場アクセスを得るという構図になることがある。

このような構図により，意図の有無はさておき，サステナビリティのコストが先進国から途上国にシフトしている可能性がある。途上国側の視点に立つと，負担を行うべき先進国が，コスト負担を途上国に押し付けていると受け取られかねない。そして，先鋭的なコメントとしては，これは新しい時代の植民地主義であるといわれることもある（Cashore *et al.* 2006）。

非関税障壁と偽装された保護主義の疑念

これまでも論じてきたように，輸入国において財に対する規制や基準の導入は，貿易障壁になる可能性がある。厳しい環境基準や労働基準の導入により，たとえば認証費用が上乗せされるなどして輸入財の価格が上がる。とりわけ，輸入国で輸入農産物の代替財が生産されている場合，より厳しいサステナビリティ基準を課すことによって，安価な海外の農産物が輸入されるのを防ぎ，国内生産者を守るための手段となりうる。

パーム油の場合，菜種油や大豆油が同じ植物油として競合する農産物である。ヨーロッパでは菜種油の生者がいるが，パーム油に比べると価格が高く，価格競争力が低い。RSPOなどのサステナブル認証取得をしたパーム油は，認証費用が価格に上乗せされて高くなるため，菜種油の競争条件が改善し，農家を保護することができるというものである。

農産物の生産が環境問題を引き起こす可能性があることは否定できない。しかし規制国の別の意図として，厳しいサステナブル基準を課すことで，海外産の農産物の値段を引き上げ，国内産業保護をしているのではないかと，

生産国は疑念を持ちはじめた[4]。サステナブル認証が規制の一部として利用される場合，偽装された保護主義の手段として使われているのではないかというものである。

実際，第5章第3節で触れたように，スイスでは，EFTA－インドネシアの包括的経済連携協定（CEPA）でパーム油輸入の条件としてサステナブル認証RSPOが使われている。協定による関税率の低下で，パーム油の輸入が増えることが予想された。パーム油は環境破壊の原因という批判に加え，菜種油などの国産植物油がパーム油に代替されることが危惧されていた。そして，スイスの市民社会と菜種油やひまわり油生産者が構成する農業従事者による，環境や労働課題を争点としたパーム油輸入反対活動があり，自由貿易協定の対象にパーム油を含めることへの賛否を問う国民投票が行われた（FOAG 2023）[5]。賛成が半数を若干上回り可決したが，その後の交渉でもスイスがインドネシアのパーム油に特恵関税枠を与えるかが焦点となった[6]。

そして，インドネシア産のパーム油輸入はRSPOのトレーサビリティを厳格に管理するIPかSG，またはISCCなどの認証を取得したものに限るという条件をつけたうえで，自由貿易協定が合意された。ここでは，インドネシア政府が策定したISPOは認められていない。パーム油の生産工程における環境破壊も懸念事項ではあったが，国内市場での国内産農産物との競合を避けるための非関税障壁としてRSPOやISCCなどのサステナブル認証の要求が行われている側面が垣間見られる事例である。

4）先進国が途上国に対してより厳しい規制を導入することを求めるのは，偽装された保護主義になりうるという問題意識は，労働基準・法規でも多く論じられている。たとえば，Schrank（2013）はドミニカ共和国の事例で検証をし，Krueger（1996）はサーベイをしているが，労働環境の改善につながることもあり，偽装された保護主義とまではいえないと結論づけている。

5）パーム油についての論点は複数ある国民投票の論点のひとつである。JETROホームページ〈https://www.jetro.go.jp/biznews/2021/03/e4d6725a37cbbf8f.html, 2024年10月アクセス〉を参照。

6）SwissInfoのホームページ〈https://www.swissinfo.ch/eng/business/are-the-sustainability-criteria-in-the-swiss-trade-deal-with-indonesia-toothless/46383574, 2024年10月アクセス〉。

2　生産国によるサステナブル認証策定

サステナブル認証は先進国市場をテコに普及が進んできた。しかし，上で述べたように先進国市場が要求する厳しい基準を満たすことができない生産者も出現した。このため，生産国では企業や業界団体，政府等がより消費市場である先進国が主導する基準ではなく，自国に適した基準を設定して認証する動きがでてきた。

すでに述べたように，自国の認証策定を通じて，①厳しい基準を要求する先進国市場に自国の生産者が適応して輸出を続けられるように支援し，②サステナビリティ向上の新しい取り組みとして自国で普及し，そして③海外の基準を使うのではなく，自国により適合した基準を策定したいという意図があった。

途上国を含む各国政府は自国でもサステナブル認証を策定した。たとえば農業の GAP に関しては，ヨーロッパの民間の商業基準である GLOBALG. A.P. 導入後，日本，中国，マレーシア，ベトナムを含む多くのアジアの国で類似の GAP 認証が策定された（Michida & Nabeshima 2017）。また，パーム油のサステナブル認証も，RSPO というヨーロッパの小売業者や消費財企業がかかわる認証の後を追って，インドネシアやマレーシアでそれぞれ ISPO（Indonesian Sustainable Palm Oil），MSPO（Malaysian Sustainable Palm Oil）が策定された。ISPO, MSPO，各国 GAP の導入は，ヨーロッパを中心に導入された民間の基準の導入を契機に進み，世界各地の基準導入をもたらしたという意味で，基準の引き上げ競争（race-to-the-top）が起こったといえよう[7]。

以下では，日本の農産物のサステナブル認証の策定事例と，インドネシアとマレーシアのパーム油の事例をみていく。

7）基準引き上げのメカニズムについては，Vogel（1995）の「カリフォルニア効果」というヨーロッパとカリフォルニア間での規制の相互関係について執筆している。

GLOBALG.A.P. の日本への波及

　ここでは，日本で策定された JGAP について策定からハーモナイズまでの過程を詳しくみていく。JGAP は，もともとは生産者がヨーロッパの輸入業者から EUREPGAP の取得を要求されたことが発端となり，策定されることになった。2002年に英国にりんごを出していた片山りんご株式会社が，販売先の果物輸入企業の Empire World Trade Ltd. から3年後までに EUREPGAP 農場認証を取得するように要求されたことが契機となる[8]。それまでは，輸入企業の自社基準書が渡され，輸入企業が検査のために農場に訪問してチェックに来る方式であった。

　農業情報コンサルティング株式会社（現株式会社 AGIC）は，認証策定の背景にあるヨーロッパの農業政策，業界団体が策定した商業基準としての EUREPGAP, TESCO という大手小売企業が策定した認証 Tesco Nature's Choice などを調査した。そして，EUREPGAP や Tesco Nature's Choice の基準文書の翻訳も行った。それをもとに，AGIC が J-GAP 生産管理基準を作成し，日本向けの基準となる JGAP を開始した。

　EUREPGAP の日本版を作ろうとした動機は，①基準書が英語であり普及が難しいと考え，日本語の文書である必要性があったこと，②内容を日本の環境や状況に合わせる必要性があったこと，そして③審査の費用を下げるために，日本の審査官を使えるようにと考えた[9]。さらに，この後認証の対象範囲は拡大していくが，その過程でも日本独自の基準が必要となった。

　たとえば，日本では海産物をとっても多くの魚種が流通するが，欧米ではサケやマスなど魚種が限られている[10]。このため，欧米の基準は日本の市場に使えないなどの課題が発生した。

　2005年には J-GAP 生産管理基準を発表，農場認証制度を開始し，EUREPGAP と同等性に関する協力関係を提案し2007年8月に同等性の確認をとることに成功した。

8）日本生産者 GAP 協会ホームページ〈https://www.fagap.or.jp/publication/chronological. html, 2024年10月アクセス〉。
9）2021年認証関係者へのインタビューによる。
10）GFSI 東京会議での小売企業へのインタビューによる。

GLOBALG.A.P. は各国事務所設立を進めていたこともあり，当初本部から正式に認められた事務所ではなかったが，日本にも事務所が設立された[11]。JGAP のもともとの趣旨は，ヨーロッパの顧客の要求に応えることであったことから，GLOBALG.A.P. 事務所が設立され，日本への対応も進んできたことから，別途日本版は必要ないという考えもあった。一般社団法人日本生産者 GAP 協会は，サステナビリティに配慮した生産方法の普及に力を入れている。

一方，日本により適合した基準への要求もあり，2006年に特定非営利活動法人日本 GAP 協会が設立され[12]，2007年に第三者認証制度が開始された。2008年には農林水産省出身の理事が就任し，「GAP の共通基盤に関するガイドライン基本方針及び行動目標」などの政策と JGAP 基準が整合的であるように整備が進む。このように，JGAP は民間主導で設立された認証制度であったが，徐々に政策も関与するようになった。

その後，一般社団法人日本 GAP 協会が JGAP 認証制度の運営を引き継ぐことになった。ここでは，JGAP が海外でも流通可能なように海外基準とのベンチマークをめざしたが，基準の内容の違いなどからうまくいかなかった。このため，国内向けの Basic と輸出向け Advance の 2 つにわけ，さらに2017年にはこれを JGAP と ASIAGAP として整理して，ASIAGAP についてはGFSI でベンチマークを行い，国際基準にあわせる形にした。

このように，日本に波及した JGAP は，当初は生産者が契機となり開始されたが，しだいに政策的な活用が進んだ。また，2020年東京オリンピックで使われる調達基準としてのサステナブル認証としての活用も見据えて，国内認証を国際化する方向性で進んだ。認証制度としては，重複を生み出した事例でもあり，また現地化が進んだ事例ともいえる。

多くのローカルな認証制度がアジアで策定されたが，グローバルな基準とベンチーマークができた例は少ない。日本発の ASIAGAP と食品加工の食品安全にかかわる JSM-C 認証は，農林水産省の政策的支援もあり，グローバ

11）2022年認証団体へのインタビューによる。

12）日本 GAP 協会ホームページ〈https://jgap.jp/about/#PG_5, 2024年10月アクセス〉。

ルに GFSI 下でベンチマークが行われた。ただし、GFSI でベンチマークされたとしても、どのくらいのニーズがあるかは実際の需要に依存することには注意が必要である。

RSPO のインドネシア、マレーシアへの波及

ヨーロッパの民間認証策定後、輸出国で政府が類似の公的な基準を策定して、対抗する意図をみせた事例が、インドネシアとマレーシアのパーム油のサステナブル認証である。パーム油産業はこの2国にとって、外貨獲得と貧困削減の手段として重要産業と位置づけられている。パーム油生産が森林破壊や地球温暖化の原因になっていることが問題視されるようになり、民間のマルチステークホルダーの枠組みで、2004年に RSPO がパーム油のサステナビリティに関する組織として設立され、2007年にサステナビリティ基準を策定した。この後、パーム油の生産国であるインドネシア、マレーシアがそれぞれ政府のスタンダードである ISPO（Indonesian Sustainable Palm Oil）、MSPO（Malaysian Sustainable Palm Oil）を2011年、2013年に策定した（現状は第9章参照）。

表8.1は、RSPO と対比する形で、ISPO/MSPO の認証スキームの特徴をまとめたものである。違いはこれだけではなく、ISPO, MSPO とも国の規制をベースにしている。ISPO は2020年大統領令第44号で、ISPO 認証取得をすべての農家・プランテーションの義務とすることを決め[13]、経済調整大臣規則2020年第20号で、第257号では基準策定の委員会について定めている。また、農業大臣規則2020年第38号で、大臣、州知事、各自治体首長が ISPO 実施を監督することが決められている。MSPO では、マレーシア内閣の決定によって設立された MPOCC（Malaysian Palm Oil Certification Council）という第三者機関が認証スキームの管理を行っている。

基準の違いは、たとえば RSPO は2015年以降泥炭地利用を禁止しているが、2023年版 MSPO では、地方自治体の許可や環境アセスメントを経れば泥炭地利用が可能である点などがある。このようなことから、ISPO と MSPO は

13）ここでは制度が目指す内容について述べているが、実施状況は第9章で議論する。

178　第Ⅲ部　サステナブル認証とグローバル社会

表8.1　RSPO と ISPO/MSPO の制度の特色の違い

	RSPO（民間認証）	ISPO/MSPO（政府認証）
年	2007，2013，2018	2011，2020（ISPO）， 2013，2021，2023（MSPO）
ダイナミクス	Raise the bar Level playing field	Raise the floor
ビジネスの影響	非認証油との製品差別化	差別化でなく全量認証*
主要市場	西欧市場，欧州，米国	中国，インド（認証製品と意図せず購入）
加入	要件を満たせなければ排除	全員参加の包摂性
要件	参加は自主的で，参加しなくてもペナルティはない	強制で認証を受けるよう取り組まなければペナルティあり
ルール策定主体	民間	政府
影響メカニズム	消費市場が主導	生産国が主導
参加者の特徴	結果として，上場企業保有農園が主に参加	小規模農家も含めすべての農家・農園が参加
持続可能性の焦点	欧州での焦点は，地球温暖化，人権	生産国での焦点は，貧困削減，格差是正
プレミアム （上乗せ価格）	需給によって決まる	供給量が増えれば価格は下がる？
基準の内容	7 Principles & 40 Criteria	7 Principles & 28 Criteria（ISPO） 7 Principles & 33 Criteria（MSPO）
サプライチェーン 認証の有無	あり	あり（MSPO），なし（ISPO）

注：＊制度として目指す方針は小規模農家を含めて全農家の認証であるが，とりわけ独立小規模
　　農家への認証普及は難しい。また，ISPO では法制度整備が遅れて実施も進んでいない。
出所：筆者作成。

RSPO と比べて基準が緩いと評価されることもある。

　インドネシア，マレーシアの ISPO, MSPO は政府による強制の第三者認証制度として設計が行われた。なぜインドネシア，マレーシアの両政府はRSPO を使わずに，国の制度として新たにスタンダードを策定したのか。グローバル・サウスによるサステナブル認証策定，とりわけパーム油認証にかかわる政治的な動きは既存研究で指摘されてきた（Schleifer 2016；Schleifer & Sun 2018）。しかし，多くは欧米からみた視点で書かれているものが多い状況であった。筆者は，これらの既存文献に加えて，インドネシア，マレーシアの当事国の政策担当者にもインタビューをして情報収集を行い，その背景や動機について調査をしてきた。両政府が制度として新たにスタンダード

を策定したのには，以下のような理由が挙げられる（道田 2020）[14]。

民間認証が主権国家に与える脅威

まず，国家が，民間認証を国家主権への挑戦と捉え，脅威に感じたことである。インドネシア政府は，当初は RSPO を民間の取り組みであるとして容認する立場であり，また協力を模索した時期もあった。しかし，RSPO が正当なグローバル・スタンダードとして国際社会で受け入れられ，しだいに自国の重要産業であるアブラヤシ産業に大きな影響を持ちはじめた。CPOPC（Council of Palm Oil Producer Countries）というパーム油生産国政府が集まる国際機関は，RSPO についての記述のなかで，「当初は違ったが，しだいに生産国のパーム油産業の代表する公的な団体のような影響力を持ちはじめた」としている。

また，RSPO の広報では，アブラヤシ農園が環境や生物多様性に悪いということが強調され，基幹産業であるアブラヤシ産業に対する否定的なイメージが広げられていた。このことで，パーム油産業のサステナビリティ向上を目的にしながらも，パーム油そのものを否定することで，結果として貿易障壁を作り出しているのではないかと懸念を持ち始めた。実際，ヨーロッパの一部の食品企業は原材料にパーム油を使わないことを宣言し，商品に "No Palm Oil, Palm Oil Free（パーム油不使用）"，と表示をしている。パーム油排除がすなわち，サステナビリティ配慮であるという風潮がつくられてきたことは，パーム油が重要な輸出農産品である生産国が問題視する動きであった[15]。

RSPO は円卓会議（Roundtable）というさまざまな立場の利害関係者（ステークホルダー）が参加して基準や仕組み策定をしているものの，生産国政府はオブザーバという立場であった（Ponte 2014）。このことも RSPO の基

14）その他の文献でもより詳細について書いており，内容はそちらを参照（Humphrey & Michida 2021；Michida 2023）。

15）すでに述べたようにサステナビリティとは，環境や生物多様性だけでなく，生産者の貧困など経済状況も考慮する必要があり，パーム油を使用しないことがサステナビリティ配慮とはいえないことには注意すべきである。

準策定への生産国の関与を制限した。消費国政府である EU 政府も基準策定には参加していなかったが，後に規制の一部として民間認証の利用を認める際に，さまざまな要件をつけてから認可したことで，影響力の行使は可能であった。

市場アクセスの課題

政府は産業政策や貿易政策，そして規制政策などを通じて，自国企業が輸出競争力を維持し，また高めることで，企業が外貨を稼ぎ，国を豊かにすることを目標にしている。また，企業が政府にロビイングを行い，企業が競争力を発揮しやすいような政策立案を促すこともある。企業の輸出競争力を高めることは，政府の関心事項である。そして，企業の市場アクセス維持と向上が，政府の政策実施の背景にある。RSPO の設立当初，インドネシアやマレーシア政府が RSPO をとくに問題視していなかった。RSPO を取得することで欧米を中心とした先進国のグローバル・サプライチェーンへの参画が可能となり，これらの市場への輸出の道が開ける。

だが，RSPO 認証取得のためには，土地所有の証書など法的書類を準備し，森林破壊により開墾した土地ではないことなどを示す必要がある。また，トレーダーなど中間業者を含めサプライチェーンのトレーサビリティを確保しなければならない。しかし，途上国の小規模生産者が適切に規準を理解し，法的書類を準備し，さらにトレーサビリティ確保をすることは容易ではない。

各サステナブル認証団体は，小規模生産者が取り組めるよう，各国の状況を反映した各国版の基準書を作成したり，小規模農家が取得しやすい基準や仕組みを提供してきた。たとえば，小規模農園を個別ではなく，団体として認証する方式や，行政区全体を対象に認証を行う方式などである。また基準の内容も，小規模生産者に対しては簡単なものを提供している。パーム油のRSPO 認証では，需要家が小規模生産者支援のため，クレジットを購入する形で資金を提供し，そのクレジットを小規模生産者支援にあてる取り組みも行われている。このように，認証団体側で，生産者にサステナブルな生産活動を普及するために，より認証を取得しやすい仕組みをつくる努力が行われている[16]。

それでも，RSPOを実際に取得できるのは一部の農園に限られていた。インドネシア，マレーシア政府にとっては，とりわけアブラヤシ産業は，都市部から離れた地域の小規模農家の経済発展，そして貧困削減の政策の切り札でもある。しかし重要な市場においてRSPOが取引要件として採用される動きが強まると，小規模生産者が取引から排除されることにもなりかねない。このため，生産国政府は，市場メカニズムにもとづいた民間認証の仕組みは，包摂的でもなく，（貧困削減という意味において）サステナブルではないと不満を持った。このため，第二の動機として，生産国で代替的な制度をつくり，小規模農家を含めた包摂性のある仕組みを検討する必要があった。

サステナビリティのコスト負担の課題

第三に，経済的な側面の課題が発生していた。当初RSPOは，認証パーム油に対してプレミアムを支払い，持続可能な生産を行う生産者を支援する意図を持っていた。プレミアムが発生するのは，希少なサステナブル認証油の供給に対する需要が大きかったことに起因していた。プレミアムを得られるメリットは，生産者にRSPO認証を取得するインセンティブとなった。

しかし，第5章第2節でも触れたが，プレミアムは市場取引の需給によって決まるため，RSPO認証油の供給が増えるにつれて，プレミアムは減少した。一方で，大規模にパーム油を調達する企業のなかには，サステナビリティ基準を満たし認証油を供給することは，生産者の責任であり，それが規範であるべきである。このため，認証油を調達するが，それに対してプレミアムの支払いはしないという主張も行われた[17]。

さらに，調達するのがRSPO認証油でなくても，RSPO認証を取得した生産者から調達することで，対策が行われている生産者から調達するため，サステナビリティの問題は回避できるという考え方もみられた。実際に，市場にはRSPO認証油供給量の半分くらいの需要しかなく，残り半分はRSPO認証油であっても通常のパーム油として売られている（RSPO 2020）。途上国

16）また，RSPOなど認証を補完する目的もあり，複数の企業による多様なサステナビリティにかかわる取組みが行われるようになった（D'Antone & Spencer 2014）。

17）2021年マレーシアでのヒアリング結果による。

182 第Ⅲ部 サステナブル認証とグローバル社会

の生産者がスキームオーナーや監査会社に費用を支払って RSPO 認証を取得したものの，利益ばかりか費用の回収も困難であるという状況は，生産者にとっての RSPO 認証取得の魅力を減じることになった。

非関税障壁としての民間認証

　第四に，インドネシア，マレーシア政府は，RSPO をヨーロッパ側がヨーロッパの農家を守るための非関税障壁として利用しているのではないかと疑念を持ったことがある。ヨーロッパには菜種油などパーム油と競合する植物油生産者がいる。パーム油は菜種，大豆を含む植物油のなかでは生産性が高く，重量当たりの価格が低い。菜種油の価格が競争力を持たないために，ヨーロッパの政府は熱帯地方のみに基準を課しているのではないかというものである。菜種には同様の基準は作られていない。大豆にサステナブル認証が策定されているが，認証されているのはブラジルやインドなどの途上国である。もちろん，これらの途上国には貴重な熱帯雨林や生物多様性が残されていることも理由である。

　くわえて，ヨーロッパは，パーム油が 3 -MCPD 脂肪酸エステル類（3 -MCPDE）やグリシドール脂肪酸エステル類（GE）を含むとして食品安全の側面からも，2024年から規制対象にしている。サステナビリティ基準をクリアしても，食品安全の新たな障壁が待ちうけていた。

　しかし，前章で論じたように，WTO での国境を越えた民間認証が非関税障壁である疑念を提起しても，議論はそれ以上進まない。さらに，健康や環境を目的にした規制措置も非関税障壁ではあるが，その必要性を否定するような判断は難しいことが予想される。このように，国際機関の WTO が機能不全であることも，生産国政府が自国のサステナビリティ基準・認証を策定する動きになった[18]。

---

18) 第10章で論じるが，2023年には，パーム油を森林破壊防止規則（EUDR：EU Deforestation Regulation）の対象財にも指定しており，まさに多重の規制対象になっている。

認証と南北問題

　最後に，サステナブル認証の制度は，サステナビリティを担保していることを生産者自らが証明しなければならない。それまで需要家である企業が自主的にサステナビリティの担保を行う場合には，輸入企業が専門家などを派遣して確認作業を行っていた。サステナブル認証の制度により，このような費用が先進国にいる需要家の要求に応じて，途上国の生産者に付け替えられる制度になったということがある。

　これまで環境を破壊して経済成長を遂げてきた先進国が，その費用を支払うべきであると考える途上国にとって，先進国への輸出のために，先進国が破壊してきた環境のツケを払う形で自国にある森林資源の利用を制約されるうえに，認証取得費用を先進国も参加する団体（スキームオーナーであるRSPO）や企業（海外の監査会社）に支払わなければ先進国企業が購入しないということは，植民地のような扱いであり，南北問題であるとして反発もあった（Schleifer & Sun 2018；道田 2018）。

3　各国への波及の結果

　民間主導のサステナビリティ基準が国際的に適用される場合に，国や地域ごとに，文化的，地理的，気候的に適切なサステナビリティの内容が異なる場合がでてきた。とりわけ，民間のサステナブル認証では，それぞれサステナビリティ基準や指標を作ることで財の差別化をはかる面もあり，たとえば需要者であるヨーロッパの企業や消費者が重要視するサステナビリティに重点がおかれた認証が複数つくられることにもなった。そして，これは企業や産業団体のコスト競争やブランド競争の一環でもあった。一方，取得する生産者にとっては，このようなヨーロッパなど先進国の民間主導のサステナブル認証に適応することが合理的というわけではなかった。

　このような状況で，生産国政府も関与してローカル版の基準が自律的に策定され，制度の波及といえる状況が発生した。異なるサステナビリティ基準の乱立は，民間のサステナブル認証でも起こっていたが，国境を越えて，生

184　第Ⅲ部　サステナブル認証とグローバル社会

産国政府も巻き込んでサステナビリティ制度の断片化（フラグメンテーション）を引き起こしてきた。

波及した認証の基準

生産者自身がサステナブル認証を策定する場合，先行する民間認証に比べて基準が緩やかなケースがみられる。生産国では，小規模生産者も含めた生産者間で普及しやすく，また自国の気候や法制度に適した基準を策定するインセンティブをもつが，先進国の企業や消費者は，このような基準がサステナビリティを担保するうえで十分ではないとして，生産国主導の認証制度を持続可能なものとして受け入れない場合もある。また，国連の SDGs には貧困削減，地球温暖化，教育など複数の項目がサステナビリティ基準に入っているにもかかわらず，これらに対しどのような基準で，またウェイトで取り組むのかについて国際的な合意はない。

このため，貧困削減に資する基準を，サステナビリティとして重視したい途上国と，地球温暖化を重視し，その基準が厳しいことを重視する先進国間の議論は平行線をたどっている。

先駆者のサステナビリティ基準に比べて，波及したスタンダードは基準が弱いと指摘されることが多い。しかし，これは何をどのように比較するかによるだろう。パーム油の ISPO や MSPO は泥炭地や森林の利用などで，環境アセスの結果認められれば利用が可能としており，基準が緩いといわれる一方，すべての農園に対して義務化の方針を打ち出している[19]。対して，泥炭地利用や森林利用の基準が厳しい RSPO だが，自主的であるため，参加しないプランテーションには影響力を及ぼしえない。

JGAP の例では，GLOBALG.A.P. では導入されていない放射線基準に対応しているため，必要性に対応した面もあるが，より厳しい基準を採用している項目もある[20]。また GLOBALG.A.P. では希少な水資源の管理が非常に厳しくなっているが，降雨量の多い日本ではより緩やかな基準のほうが合理的で，

19）まだ政府認証の実施は完了していないため，ここでは制度上の比較とし，実際の効果の面での比較は実施状況を踏まえて判断すべきことは断っておく。

20）JGAP へのヒアリングによる。

自国内で普及しやすい場合もある。

このように，ローカルな基準は，国際的に利用されているサステナブル認証の取り組みを補完して，さらにスタンダードの国内普及を通じて，サステナブルな生産活動を推進する役割を果たしているといえる。さらに，ISPOやMSPOのように国内法制度として，遵守を必要とする基準を設定するほうが，長期的には，自主的な民間の制度を用いるよりも重複を避けることが可能となり，社会的な便益は大きい可能性もある。民間認証は，このような法制度の制定を妨げている可能性も指摘される（UNFSS 2016）。

ただし，国内普及を重視して，元の基準と異なる国内基準を策定すると，輸出市場が要求する要件を満たさずに，貿易障壁を回避する目的は果たせなくなってしまうジレンマが発生した（Michida *et al.* 2021）。これらの生産国における認証制度は，貿易障壁を回避する目的で導入されたものについても，多くが需要者であるヨーロッパ市場で認められないという課題に直面した。KenyaGAP, ChileGAPのように，EUが重要な輸出市場であり，小規模農家を含めた生産者が輸出アクセスを確保することを主眼として，任意の制度として輸入側で課された制度に親和性をもたせた制度を策定する例はあった。

波及したサステナブル認証の普及とハーモナイゼーション

一方で，欧米外に波及したサステナブル認証には課題も多い。これらは，海外市場の要求に端を発しており，国内の消費者の需要や取引業者，生産者の必要性にもとづいて策定したものでは必ずしもない。このため，認証財の供給側，需要側ともに国内に十分な市場が育っておらず，国内で策定した認証制度の普及は簡単であるとはいえない（道田 2014）。また海外市場は，ローカルな認証制度のサステナビリティ基準は十分厳しいものではないと認識，判定することも多いうえ，認知も不十分であることが多い。このことから，海外の市場で認められるものは，日本のASIAGAPなど少数のケースにとどまる。国内も海外も含めた認証の市場を開拓するためには，大きな労力が必要となろう。サステナブル認証というツールを使いながら，実質的なサステナビリティの取り組みをどのように進めていくのか，という観点がより重要になっている。

186　第III部　サステナブル認証とグローバル社会

　異なる認証スキームが策定されて制度が断片化し，非効率性が発生してきた。これを受けて，スキーム間での協力が模索され，まずは制度間の比較に関する報告書が出されている（Michida 2023）。RSPO と ISPO・インドネシア農業省は共同研究[21]を実施し，それぞれの制度内容の比較を行った。目的は，共同監査実施の可能性をさぐり，また将来の制度間の協力を検討することであった。ISPO は国内法をベースに基準を作っており，利用可能な森林や炭素分を多く含む泥炭地の取り扱いなど，環境配慮の側面で RSPO よりも基準が緩いとされるなどの違いが指摘された。

　一方で，RSPO は自主的な制度であるため取得の義務はないが，ISPO は当初からプランテーションや搾油工場など含め取得を義務づけている違いもあった。パーム油認証では，オーガニックや食品安全とは異なり，今のところベンチマークの動きはみられない。このため，RSPO と ISPO/MSPO は対立した認証として扱われている。

　日本の再生可能エネルギーの FIT 制度（固定価格買取制度）におけるバイオマス部門においては，サステナビリティ基準を満たすバイオマスのみを制度の対象としているが，2024年現在では，パーム油については RSPO を，そしてアブラヤシ由来の副産物については MSPO をサステナブル認証として認めている。一方，EU の EU RED や EUDR 等，サステナブル認証を政策に活用する指令・規則においては，ISPO も MSPO も認めていない。パーム油は生産国がインドネシアとマレーシア 2 か国が 8 割以上の生産量を占めており，生産国としての交渉力を持っていると思われ，また，実際 EU との間でさまざまな交渉が行われていることも耳にするが[22]，進捗は今のところみられない。その理由のひとつには，ISPO と MSPO の方向性は小規模農家を含む対象に認証取得を義務化するとしているが，とくにインドネシアの ISPO は，多くの島からなる国土の特徴もあり，まだ実施が進んでおらず，状況の開示が十分行われていない。MSPO はこの点実施も情報公開も進められ，ま

21）スイスとインドネシアの経済連携協定に関する国民投票に関する記事 Swissinfo〈https://www.swissinfo.ch/eng/business/are-the-sustainability-criteria-in-the-swiss-trade-deal-with-indonesia-toothless/46383574，2024年10月アクセス〉を参照。

22）2023年時点のインドネシア NGO のヒアリングにもとづく記述である。

た基準の改訂も行われているが，EU には認められていない。

2020年東京オリンピック・パラリンピックや2025年の大阪・関西万博においては，RSPO, MSPO, ISPO ともサステナブル認証普及の支援策としての位置づけも含め認めたわけだが，世界的に，また民間部門において ISPO と MSPO を持続可能な認証と認めて利用する主体があまりみられない。このため，認証を取得すれば輸出しやすくなるというインセンティブを欠き，普及の迅速化を阻んでいる。

4 小 括

生産国や新興国では，自国により適したサステナビリティ基準と認証の策定が進められてきた。国内生産者は，それぞれ対応可能な方法で，コストも抑えながら，バイヤーや相手国の規制を満たしつつ市場アクセスを確保することを目標にしていた。また先駆者のスタンダードからサステナビリティの担保の方法を学び，生産者の包摂性や普及の容易さ，認証費用，自国地理的環境への適合，対象となる資源の種類などを自国に適応させたうえで認証を作る場合もある。サステナビリティを高める理念に啓発されて，自国でも策定するという動機もある。

しかし，ローカルなサステナブル認証の多くは，サステナブル認証財の需要を提供する先進国の市場アクセスは得られておらず，また国内の消費者はサステナブル認証財を多く需要しているわけではない。このため，その普及は，認証財の市場開拓とともに，生産者に生産性向上などの便益が発生することが普及の鍵になるだろう。

第9章

サステナブル認証の普及状況とリーケージ

　サステナブル認証が導入されて数十年が経過した。ここまで説明してきたように，先進国市場では多国籍企業を中心に，原材料調達のサステナビリティを重視する傾向が強まってきた。生産国にも要求が行われ，市場がけん引する形で，サステナビリティに資する経済活動を実施するツールとして，国境を越えて認証制度は普及してきている。途上国の生産者，とりわけコーヒーやカカオ，パーム油など一部の財を先進国市場に供給する生産者が，そのような市場のグローバル・サプライチェーンに参画するためには，サステナビリティの基準の要求を満たすことが条件となりつつある。それでは，サステナブル認証はどの程度普及しているのであろうか。本章では，統計を使って普及の状況をみていく。

　一方，サステナブル認証を要求する市場は，世界の市場の一部にすぎない。近年，グローバル・サウスと呼ばれる新興国・途上国市場が拡大しており，市場の要求も先進国市場とは一線を画している。中国やインド，東南アジアやアフリカ，中東市場ではサステナビリティ要求はほとんどみられず，低価格な財が引き続き需要されている。本章では，このような市場シェアの動向が，サステナブル認証の普及に与える影響もあわせて検討する。

190　第Ⅲ部　サステナブル認証とグローバル社会

1　サステナブル認証の統計

　サステナブル・ラベルは世界中で作られているが，全体像を把握するのは難しい。世界のサステナブル・ラベルのすべてを網羅するデータベースは残念ながら見つけられない。しかし，2つの主要なデータベースを使って，統計情報を確認していこう。世界各国を網羅するサステナブル・ラベルのデータベースには，WTO に附置されている国際機関である国際貿易センター（ITC：International Trade Centre）が整備するものと，Ecolabel Index という民間のデータベースがある。ITC のサステナビリティ基準のデータベースには，2022年9月時点で各国の324種類のスタンダードが登録されているほか，Ecolabel Index では199カ国の456種類が登録されている（BigRoom 2022；ITC 2022）[1]。Ecolabel Index のほうが認証収録数が多いため，以下では Ecolabel Index のデータベースを利用して統計をみていこう[2]。

新規サステナブル・ラベル策定数の推移
　図9.1は Ecolabel Index を使って，新規に設定されたサステナブル・ラベルの数と累積数を1940〜2021年まで示したものである。1990〜2010年頃に新規のサステナブル・ラベルの導入が増加した。図9.2では，主要な環境関連の国際会議や条約の時期を示している。認証策定が増えた時期は，おおよそ重要な国連や環境条約に関する会議などのタイミングと重なっていることがわかる。1992年のリオの地球サミット，1997年の地球温暖化に関する京都議定書，2000年ミレニアム開発目標策定などの主要な国際的な環境関連の会議開催を機に，サステナブル・ラベルが増加している。

---

1 ）Ecolabel Index では，たとえば JGAP や ASIAGAP は登録されていないが，日本政府がかかわるエコレールマーク制度や省エネラベルは登録されている。

2 ）ただし，Ecolabel Index のデータベースでは，同じ認証スキームでも生産者用，加工や輸送過程でサプライチェーンでの分別も示す CoC 認証など複数が登録されており，実際の認証スキームの数よりも多いことに注意が必要である。

第9章　サステナブル認証の普及状況とリーケージ　　191

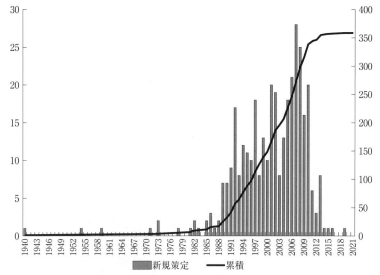

図9.1　世界におけるサステナブル・ラベルの対象の推移（1940～2021年）
出所：筆者作成。

　これに対し，2015年以降は新規のサステナブル・ラベル策定数は減少傾向をたどった。筆者の認証団体へのヒアリングからは，第4章でも説明したように，サステナブル認証の重複による問題への認識が広がってきたこと，また認証が必要で容易な生産者は認証取得が進んだが，その先の小規模生産者への認証取得はハードルが高い。とりわけ，小規模農家に対するサステナビリティ対策は，認証以前にまずトレーサビリティの確保を行わなければならない。認証の普及以前に解決しなければならない課題に，まず取り組むべきであるとの考えがある。

サステナブル・ラベルと対象分野
　さらに図9.2では，サステナブル・ラベルの対象を食品，製品，環境，サービスに分類した。食品を対象としてラベルのほか，環境や製品，サービスも対象となっていることがわかる。製品として家具・洗剤・繊維・衣料・木材・電気電子製品・ビル，そして環境として，温室効果ガス，水，廃棄物の問題を含む。サービスは，エコツーリズムなど観光や運輸分野のサステナブ

192　第Ⅲ部　サステナブル認証とグローバル社会

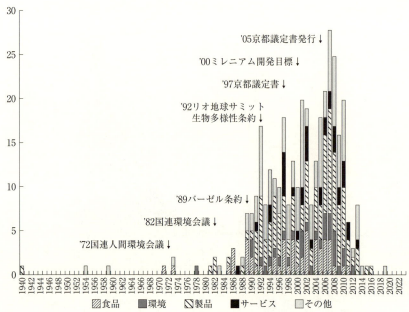

図9.2　サステナブル・ラベル種別と主要な環境関連の国際会議・条約等
出所：筆者作成。

ル認証がある。複数の分野を対象にするラベルの場合には，主要な対象を選んで分類している。

　たとえば，同じ財でも異なる用途で，異なる認証が作られている場合がある。パーム油のRSPOは，食品にも消費財向けにも使われる。さらに，パーム油を対象にする認証はRSPOだけでなく，異なる用途に対して複数作られている。持続可能な航空燃料（SAF：Sustainable Aviation Fuel）や再生可能エネルギー用に用いられる場合はISCCという別の認証が用いられる。SAFは，国連機関である国際民間航空機関（ICAO）が，航空業界の温室効果ガス削減のために推進をしており，燃料をSAFに変更する動きがみられる。

サステナブル・ラベルと策定主体

　図9.3はサステナブル・ラベルの策定主体別に新規策定認証をみたものである。多くは非営利だが，営利や政府による認証もあることがわかる。営利

第9章 サステナブル認証の普及状況とリーケージ

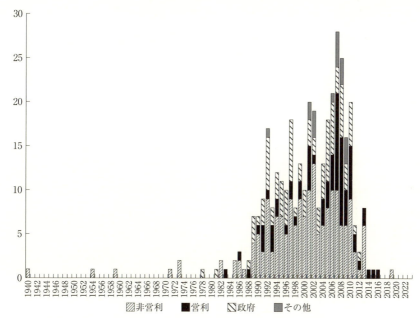

図9.3　策定主体別にみた新規サステナブル・ラベル数の推移（1940～2021年）
出所：筆者作成。

目的の認証の例では，C.A.F.E.（Coffee and Farmer Equity）プラクティスというスターバックスとNGOが定めたサステナビリティ基準や購買基準を策定したものがある。国別に対象期間中の合計策定数をみると，アメリカが113，EUとイギリスを合計した数が45とアメリカが多くなっている。アメリカは29認証が営利で，61が非営利，EUとイギリスでは営利が32に対して，非営利が22であった。このように，国によって普及するサステナブル・ラベルの性質が異なることには注意が必要であろう。

2　財別の認証の普及

サステナブル認証の普及状況

WTOと国連が設置しているITCは，スイスの有機農業研究機関（FiBL），

194　第Ⅲ部　サステナブル認証とグローバル社会

国際持続可能開発研究所（IISD）と協力して，毎年サステナブル認証の普及のデータを収集，推計して公開している。2023年版を使って変化をみていくことにしよう（ITC 2023）。2021年の農産物別のサステナブル認証で，認証面積がもっとも大きいのが綿花の670万ヘクタール（ha）で，綿花の栽培面積全体の20.3％が認証されている。次がアブラヤシの330万 ha で栽培面積の11.6％。次いでカカオの250万 ha で21.7％，さとうきびの230万 ha となっている。財によって認証面積の増減は異なっており，2017～2021年の増減率をみると，アブラヤシは32.8％，綿花29.9％，大豆17.2％，さとうきび17.2％，お茶13.8％と認証栽培面積が増加したが，コーヒーとカカオはそれぞれ－32.8％，－13.1％と減少した。

　認証種別では，2021年にオーガニックの認証面積がもっとも大きく7,600万 ha で，世界の農地面積の1.6％を占める。つぎにレインフォレスト・アライアンスの520万 ha，RSPO の480万 ha，GLOBALG.A.P. の430万 ha と続き，それぞれ全耕地面積の0.1％程度に相当する。これらの認証面積は2014年にはオーガニックから順に4,316万 ha，320万 ha，309万 ha であったことから，面積は7年間で1.6倍，1.6倍，1.6倍，1.4倍増加した。国際フェアトレード認証が全体の農地に占める割合は，カカオとコーヒーの農地面積の1割に達するが，農地面積全体の0.1％以下である。

　森林のサステナブル認証取得地域は，農産物に比べて面積が広い。森林認証の FSC® か PEFC を取得している森林は4,638万 ha で，森林面積全体の11.4％である。8.1％が PEFC で，5.7％が FSC とである[3]。2017～2023年の変化をみると，7.8％の増加となった。

認証を取得した生産地のシェア

　財別にみると認証取得が増えているものもあるが，全体でみると認証取得した農地が，農地面積全体に占める割合は多く見積もっても2％程度といえよう。なぜ認証がより大きく増えていかないのか，それにはいくつかの要因

─────────

3）同じ森林や農地が複数の認証を取得している場合もあるなど，これらの統計は必ずしも正確であるわけではなく，この報告書でも幅をもたせた推計値として提示している。

がある。まず，認証財に対する消費地における需要の欠如と需給のアンバランスである。ITC（2023）は，サステナブル認証財の消費地での需要も推計している。たとえば，2020年，北米，ヨーロッパで消費されたバナナのうち，10％が認証されていた。イギリスでは，フェアトレード認証のバナナが3割にのぼる。このように，フェアトレードの認証を取得したバナナは主にグローバル・ノース市場で需要されている。一方，バナナの大きな生産国でもあり消費国でもあるインドでは，サステナブル認証を取得したバナナはほとんどみられない。

　先進国を中心として認証財を需要する市場はあるが，新興国や途上国では，サステナブル認証財にプレミアム価格を払うために十分な所得水準に達していない場合もあるほか，サステナビリティの認知やサステナブル財への需要は非常に限られている。先進国市場で規制や制限をかけても，規制や制限を満たさない財が別の市場に流れていく，いわゆるリーケージ[4]の課題を生み出しているといえよう。世界の市場のうち，拡大する新興国市場がサステナブル財の需要を増やさないかぎり，先進国の一部の市場における需要では，世界で認証農地を増やしても，その供給を吸収できない。

　ただし，新興国においても財の生産を持続可能にする機運は高まっている（ITC 2023）。とりわけお茶など，オーガニック食品が健康なライフスタイルと認識されるようになれば，需要が高まる可能性がある。また，すでにパーム油の事例でみたように生産国自身が策定した認証が使われることもある。ただし，認証という形をとらないが，エシカル消費につながるものもある。日本の農林産業省が策定する「みどりの食料システム戦略」という政策では，努力目標として持続可能な原材料調達と輸入を求めるが，認証取得を求めるものではない。また南アフリカでは，Sugar Masterplan という国産のさとうきび生産にサステナビリティを求め，国産のさとうきびの国内消費を増加する計画はあるが，認証を求めるものではない。このように，認証を利用することだけがサステナビリティに貢献するのではなく，多様な方法がありうる

4）リーケージとは，対象とする国や地域から，生産活動が別の場所に逃避してしまうことを指す。

だろう。

サステナブル認証財普及の課題

　認証財の供給量が需要量を上回る状態では何が起こるのであろうか。コーヒーやパーム油でもみられるのが，認証財の供給が需要を上回っており，認証を取得財が認証財として販売されずに，通常の財として流通する現象である。結果として，認証を取得してもプレミアムを得ることができず，生産者にとってコストをかけて自主的な認証を取得するインセンティブは低下する。

　なぜ認証財が増えていかないのかに関する課題はこれまでも論じてきたが，自主的な参加にもとづくサステナブル認証は，消費者が認証財に価値を見いだし，購買行動に移すことに頼る市場メカニズムである。しかし，コモディティの需要は，消費者によるものだけではなく，家畜の飼料や再生可能エネルギーのバイオ燃料としての用途もある。

　たとえば，大豆の2割は人間の食用だが，8割近くは家畜の飼料であることから，消費者の購買をテコにしたサステナビリティの普及には限界があろう（ITC 2023）。この場合には，畜産業者にサステナビリティ認証を取得した飼料を使うように促す必要がある。そして，そのような飼料を使って育てられた畜産物であることを最終消費者に知らせる必要があるという意味で，消費者にいたるトレーサビリティの確保も難しく，情報伝達も容易ではない。

　また，再生可能エネルギーの原料としてバイオマスを用いる場合もあろう。政策的に再生可能エネルギーの導入を推進する場合には，政策主導でサステナビリティ認証を課すことも可能であるし，企業の取り組みとして認証を利用することも可能であろう。

　いずれにしても，サステナブル認証普及の経路はさまざまであるため，認証普及のためには，財によって異なる市場構造を踏まえた設計にする必要がある。また，たとえば大豆では，近年プラント・ベース・フードという食肉の代替肉として大豆を用いた食品の需要が欧米市場を中心に増えている。このように増加する新しい種類の財の需要が，サステナブルな生産を認証を普及する後押しができるかどうかなど，市場のトレンドにも影響を受ける。

　サステナブル認証の利用は，実際に原材料生産を行う農家までトレーサビ

リティを確保した財を購入するという手段で行われるが，それ以外にもバイヤーを見つけることができない生産者が，認証生産量相当のクレジットを販売し，そのクレジットを購入するという手段でもサステナブル認証への参加が可能となる。このようなクレジットは，RSPOなどでは，とくに小規模農家支援のための有効なツールと考えられている。一方，企業によっては，実際に利用するのはサステナブル認証を取得していない大豆であっても，相当のクレジットを別途購入することでサステナビリティに配慮すると主張ができる仕組みになっている。クレジット購入によってサステナビリティに寄与しているともいえるが，実際にはサステナブルでない原材料の調達も続けられることから，この仕組みがサステナブルな生産活動のシェアの拡大につながるかは疑問が残る。

3　グローバル・サウスと貿易のリーケージ

基準の引き上げと引き下げ

製品・製造工程にかかわる規制が重要な市場で導入される場合，輸出地や輸出国でも輸出が継続できるように規制を引き上げる効果は「カリフォルニア効果」と呼ばれた（Vogel 1995）。認証の事例でもみたように，市場規模の大きい欧米が規制を引き上げたことから，輸出国も規制を引き上げる正の波及効果が生まれた。反対に，市場規模は大きいが規制が弱い国が相手国である場合の効果を調べる研究も行われている。近年新興国市場の規模が拡大し，2000年代には新興国の経済規模は先進国を上回るようになっている。サステナビリティよりも経済成長を優先させたい新興国が市場を主導するようになると，どのようなことが起こるのだろうか。第10章でさらに説明を加えるが，労働への要件を課さない中国向け輸出が大きいアフリカ各国では，労働基準が引き下がっていると結論づけた研究もある（Adolph *et al.* 2017）。基準の緩い市場は貿易のリーケージにつながる可能性がある。

5）原著論文は次の文献である（Koenig & Poncet 2022）。

サステナブル認証財のリーケージ

　主に先進国が主導し，取得を生産者に要求するサステナブル認証という制度が，生産国でのサステナビリティ向上にどの程度効果をもつかについて，これまで議論してきた。しかし，実はそれだけでは全体像の半分しか理解したことにはならない。近年グローバル・サウスと呼ばれる新興国市場が拡大している。中国やインドでは，サステナビリティ要求はいまのところほとんどみられず，価格の安い財が選好され需要されている（Schouten & Bitzer 2015）。東南アジアやアフリカ，中東市場も同様であろう。日本でも，サステナブル認証財が使われるのは市場の一部にとどまる。このため，これらの市場の動向を考慮することが不可欠になっている。

　サステナビリティ基準の厳しい先進国市場向けには，サステナブル認証財が求められる一方で，そのような認証財が求められない市場では，とくにサステナビリティ対応を必要としない非認証財が需要される。先進国側からみると，サステナビリティ基準を満たさない財が他地域に漏れ出していくリーケージの状況が発生しているといえる。グローバル・サウス経済の拡大のなか，認証を受けた農産物の作付面積は2020年，前の年と比べて減少している（Willer *et al.* 2022）。本節では，グローバル・サウス市場シェアの動向が，サステナブル認証に影響を与えている実態もあわせてみていく。

　第3章で，バングラディシュのラナプラザの事故について触れた。事故による悲劇をふたたび起こさないよう，その後いくつかのサステナビリティ基準が導入された。これらの基準は対象地域の賃金上昇と労働環境改善に寄与したことはすでに述べたが，顧客企業はどのような行動をとったのであろうか。輸入国のひとつであるフランスの税関記録をもとに分析した結果によると，ラナプラザ事故と基準の導入後，バングラディシュからの輸入は減少し，また周辺のアジア地域からも輸入を減らして，より地理的に近い地域からの輸入を増やしたことがわかっている。このため，厳しい基準を導入した地域を避けて，別の地域に生産地を変える，貿易のリーケージがおこったと考えられる。競争が激しい衣料ブランドがブランド価値を維持するためには，高い基準を設定したとしても，事故にかかわるリスクを避けるために，輸入先を変更したのではないかといわれている（永島 2024a）[5]。

パーム輸出市場とRSPOの普及

　分析対象とする財によって状況は異なるため，一般化することはできないが，ここからは筆者がこれまで研究対象としてきたパーム油の事例をみていく。パーム油の原料であるアブラヤシとその実から，それぞれパーム油，パーム核油を搾油する。RSPOは消費国の需要家が持続可能なパーム油を購入することで，持続可能なパーム油生産量や耕地面積が増加することを促す意図があるが，図9.4のインドネシアのパーム油輸出先，図9.5のマレーシアのパーム油輸出先をみると，先進国の最大仕向け先であるEUが占める割合は限られている。これに対し，大きな輸入国は中国，インド，そしてアフリカ等の新興国・途上国となっている。

　中国・インドではどのくらいRSPO認証油の需要があるかをみたのが表9.1である。認証油を取引するためにはRSPOに加盟する必要があり，加盟した企業は認証油，非認証油の取引量の情報の公開が求められる。公開されたデータを2020年時点で集計した。パーム油輸入量は貿易統計を利用している。この表から明らかなように，中国，インドではRSPO認証油の需要はごくわずかである。また，RSPO加盟企業が普及に関して記述したコメントをみると，複数の企業が，中国やインド国内のRSPO認証油の需要は，主に欧

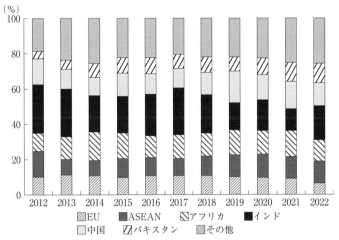

図9.4　インドネシアのパーム油輸出額と仕向け地（2012～2022年）
出所：筆者作成。

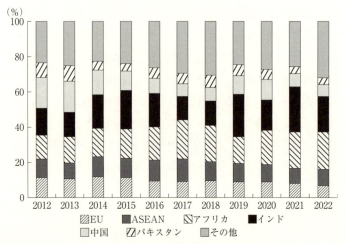

図9.5 マレーシアのパーム油輸出額と仕向け地（2012～2022年）
出所：筆者作成。

表9.1 中国・インドのパーム油（HS1511）輸入量に占めるRSPO認証油割合（2020年）

(単位：%)

	中国	インド
インドネシア・マレーシアからのパーム油輸入量（A）	100 (508万トン)	100 (898万トン)
RSPOメンバーによるパーム油輸入量（RSPO非認証油含む）	8.30	28.00
パーム油輸入量（A）に占めるRSPO認証油輸入量	1.10	0.09

出所：Humphrey and Michida（2021）より筆者作成。

米市場向けに輸出する企業の原材料としてのみであり，それ以外の国内企業からの需要はほとんどみられないと記載している。

　さらに，インドネシアの国内のパーム油需要は輸出に匹敵する規模であり，マレーシアでも輸出量の2～3割相当が国内で需要さている。表9.2で示すように，両国ではパーム油を30%ディーゼル油に混ぜて利用するB30と呼ばれる燃料などが導入されており，国内需要は増加している。しかし，RSPO認証油は，インドネシアもマレーシアも国内向けバイオ燃料には使われていない。

　パーム油は新興国での需要が主要な市場を占める財であるが，生産国を含む新興国市場で認証油が需要されていないことが，認証油の増加が鈍化して

表9.2 インドネシア，マレーシアの国内パーム油需要

(単位：1,000メトリックトン)

	2016	2017	2018	2019	2016〜2019年の変化(%)
インドネシア	9,125	11,565	13,721	13,680	49.9
マレーシア	2,622	3,238	3,573	3,275	24.9

出所：USDAデータ（USDA 2020）より筆者作成。

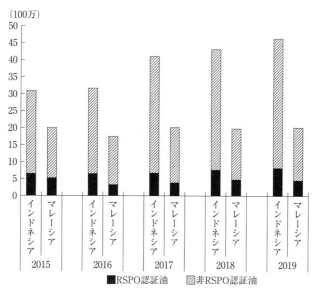

図9.6 インドネシアとマレーシアのRSPO認証油と非RSPO認証油生産量
出所：筆者作成。

いる背景にあると考えられる。図9.4と図9.5で示したように，インドネシアとマレーシアのパーム油は主に新興国・途上国に輸出されている。先進国の一部の市場が，RSPO認証油を需要するのみである。このような市場の背景もあり，現状パーム油の2割程度しかRSPOには認証されていない（図9.6）。

森林や熱帯林のようなグローバルな公共財を保全するためには，サステナブル認証の範囲を広げていく必要がある。しかし，先進国市場の認証油の需要が飽和した後に，どのように新興国市場にサステナブル認証の仕組みを普及させるのかは大きな課題となっている。すでに述べたように，欧州自由貿易連合（EFTA）・インドネシア経済連携協定（CEPA）の一環で結ばれたス

202　第Ⅲ部　サステナブル認証とグローバル社会

イス・インドネシア CEPA では，RSPO 認証油であれば特恵関税対象とすることが合意された。このような動きは，認証油の市場拡大に寄与するであろう。

マレーシアにおける認証農園の分布

　主な RSPO 認証油の輸出先についてみてきたが，RSPO 認証農園のマレーシアにおける普及状況をみたのが図9.7と表9.3である。2023年時点で MSPO はプランテーションと組織化された農家の取得率は9割，独立小規模農家は3割，搾油工場は9割とされている。一方，RSPO は2021年時点で農園面積全体の3割程度といわれている。図9.7では，一定規模以上（MSPO Part 3）の農園の9割近くをカバーする MSPO 認証農園と RSPO 農園の分布を示している。表9.3は，全農園の認証取得を義務づける MSPO 認証の農園と RSPO 認証農園の数，対象面積，また搾油工場の数の比率をみたものである。2020年時点で，RSPO 認証生産者の数はマレーシアのアブラヤシ農園全体の11％，面積は17.5％，認証搾油工場は34.0％であったことがわかる。

　これまでみてきたことを総合すると，図9.8で図示したような関係になる。RSPO 認証は，先進国の消費市場の一部に供給するために，生産国の一部の生産者が取得するが，RSPO 認証を取得しない生産者は，新興国や途上国，また先進国のサステナブル認証を要求しない市場にも供給しており，リーケージの状況を生み出している。RSPO 認証は市場の分断ともいえる状況を作りだしている。貿易を通じた先進国主導の措置は，先進国市場の需要が及ぶ範囲でのみ効果を発揮すると言い換えることもできよう。ただし，サステナブル認証の普及には，先進国市場の影響に加えて，ESG 投資の影響もある。

　マレーシアのパーム油農園と認証状況のデータセットを使い，上場企業が保有する農園がそうでない農園と比べて RSPO 認証を取得する確率が高いことを筆者の研究で示している（Michida 2023）。これは，市場が欧米でなくとも，ESG 投資等の資金調達を通じて，投資家や銀行などから求められ，RSPO 認証を取得することがあることを示唆している。しかし逆に，このような資本が入らない企業にとっては，ESG 投資の影響も限定的になると考えられる。財市場と資本市場の両方の影響力が及んだうえで，現状の RSPO

第 9 章　サステナブル認証の普及状況とリーケージ　　203

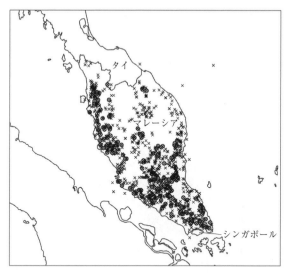

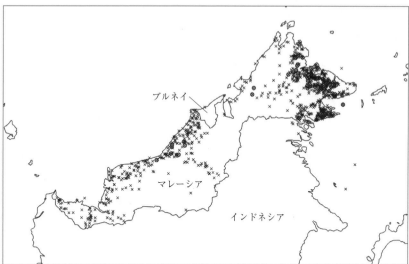

図9.7　2020年時点のマレーシアのRSPO認証取得農園（○）とMSPO認証（×）取得農園の分布
　注：RSPOとMSPOを両方取得した農園は⊗表示される。
　出所：MSPOデータは筆者作成（Michida 2023）RSPOデータはGlobal Forest Watch（Carlson *et al.* 2020），2020年8月21日アクセス。

204　第Ⅲ部　サステナブル認証とグローバル社会

表9.3　MSPO と RSPO の認証数，面積の比較

	MSPO Part 2, 3	RSPO	RSPO/MSPO の割合（％）
生産者の数	3,516（part 3）	383	10.90
対象面積（ha）	5,104,650.30	892,832.40	17.50
搾油工場数	426	145	3.40

出所：MSPO，RSPO データを用いた Michida（2023）の図より筆者作成。

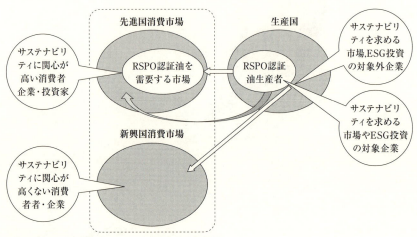

図9.8　RSPO 認証によるパーム油市場の分断と貿易
出所：筆者作成。

の普及率が達成されていると考えられる。今後サステナブル認証を普及していくうえでは，市場メカニズムが現状で有効に機能していない生産者に対し，どのように持続可能な生産をするインセンティブを創り出していくか，今後の取り組みの方向性を議論することが重要となっている。また第8章で議論したように，MSPO や ISPO というパーム油のサステナビリティ基準順守が規制として導入されると，サステナビリティへの需要が多くない国々にもサステナブルなパーム油が供給できるメリットがある。

4　小　括

　サステナブル認証が導入されて数十年が経過する。先進国市場主導で進め

られてきた施策は，認証を需要する市場につながるグローバル・サプライチェーンに参画する生産者間では普及が進んだことは間違いない。しかし，農地全体の面積を考えると，サステナブル認証の効果が及んだのは数％にすぎない。このまま自主的なサステナブル認証が，さらに多くの農地や森林の生産活動をサステナブルに変化させていくことが可能かどうかは定かではない。現状では，一部のサステナビリティ基準を満たす生産地と，サステナビリティ基準を要求する先進国市場をつなぐサプライチェーンが構築されている。先進国の消費者は，サステナブルな財を消費していることで納得するかもしれない。しかし，新興国市場に輸出される財では，サステナブル認証はほとんど要求されていない。生産者側からみると，先進国市場にサステナブルな財が輸出できなくても，代替市場であるグローバル・サウス市場に輸出することが可能である。そして，新興国市場は今後も拡大を続けることが見込まれる。先進国市場でのサステナブル認証財への需要が十分でないなか，新興国でのサステナブル認証財への需要が増えなければ，環境施策による分断が起きるともいえよう。

　新興国でのサステナビリティへの取り組みが進まなければ，補完的な仕組みの構築が急がれる。前章で述べたように，パーム油の事例では，生産国政府が強制認証の制度を導入することで，自主的なサステナブル認証の取得が進まない地域でも，取り組みを進める方策になりうると期待される。強制的な，かつ農地全体を網羅する制度が実施されることで，リーケージも防ぐ役割を果たすことも期待される。

　マレーシアのMSPOの取得は進展がみられるが，ISPOはまだ法制度整備の途中である。さらに，これらの生産国の認証制度はまだEUには受け入れられていない。今後実施状況を後押しし，また見守っていく必要があるだろう。

　近年新規で策定されるサステナブル認証は減っており，また農産物の耕地などでみる認証面積の増加は足踏みしている。この背景には，多くの認証が出現したことによる混乱を原因とした認証疲れや，新たに簡単に認証できる追加的な認証対象の農地が見つかりにくくなっていることなどの理由もあろう。さらに，パーム油の事例でみたように，すでに民間認証を求める先進国

市場は飽和しつつあり，認証財に対する需要が増加し続けているわけではない。

　新興国・途上国など認証を求めない市場のシェアが大きくなり，そのような市場での取引が拡大すれば，農家や生産者が，コストがかかるサステナブル認証を取得する経済的なインセンティブは生じにくい。ESG 投資を呼び寄せたい企業などは，新興国・途上国市場向けでも資本を得るためにサステナブル認証をとるインセンティブはあるだろう。しかし先進国市場への輸出も先進国からの投資も必要としない農家や生産者で，貧困からの脱出を図ることが最重要課題であるような場合には，サステナブル認証というツールによる生産活動の変化は難しくなってきている。というのも，すでに厳しい認証取得できるキャパシティを備えた生産者は取得を終えており，新たに取得可能な生産者には認証取得のコストが相対的に高いところしか残っていないと考えられるためである。このため，サステナブルな生産拡大のためには支援と協力が欠かせない。

第10章

グローバル社会の動きと認証制度

　民間の取り組みとして始まったサステナブル認証は，多国間の制度や政策とどのような相互関係があるだろうか。本章では，非関税障壁となりうるサステナブル認証をWTOがどのように取り扱ってきたのか，各国政策とどのような相互関係があるのかについてみていく。とりわけ，認証がサステナビリティ政策，貿易政策を通じた施策の普及，また産業政策ともかかわり，公共政策の一部となってきた状況について述べる。一方で，EUでのサステナビリティ政策における認証制度の取り扱い方は変化しており，認証に対する課題も指摘され，認証以外の制度も立ち上がっている。国際的な動きから，今後のサステナブル認証制度の行方を考えていく。

1　WTOでの民間サステナブル認証の議論

「非政府で市場主導の」仕組みと政府の施策
　民間サステナブル認証は，民間規制（private regulation，またはcivil regulation），または「非政府で市場主導の」（Non-State Market Driven：NSMD）ガバナンスシステムとも呼ばれ，政府でない組織が市場メカニズムを通じて生産工程を実質的に規制する仕組みである。民間の仕組みであるが，国際貿易にも大きな影響を与えてきた。結果として，民間規制と公的規制との境界，いいかえるとハード・ローとソフト・ローとの境界は曖昧になって

208　第Ⅲ部　サステナブル認証とグローバル社会

いる。

　曖昧さにはいくつかの理由がある。第一に，民間認証は参加が自主的であるが，認証の有無が消費者によるボイコットや投資家からの評価に影響を与えうる。このため，企業にとって認証制度の基準にもとづいて行動するインセンティブとなり，反対に逸脱することでビジネスに悪影響が及ぶ可能性がある。政府の規制違反には罰則が科せられる場合があるが，民間規制でも市場からの制裁が及びうるという意味では，公的と民間規制の役割の違いが少なくなっている（Vogel 2008）。

　第二に，第5章でも触れたEUの再生可能エネルギー指令のように，公的規制が民間認証を規制遵守のツールとして用いるケースもある。この場合は，民間認証が政府規制の一部として使われる。

　第三に，前章でも論じたように，民間のサステナブル認証であっても，政府が策定に直接・間接にかかわることがある。第8章のパーム油認証の事例にみられるように，民間認証のRSPOが策定された後，同じ農園を対象とする政府の認証のISPO, MSPOがそれぞれ策定された。このように，民間・公的のサステナブル基準や認証の役割や影響の区別が難しくなっている。

WTOでの議論

　国際通商制度を担ってきたGATT-WTO体制が，グローバル・サプライチェーンの負の側面に十分対応ができなかったことから，民間規制は勃興してきた（岡本 2023）。サステナビリティに関する国際社会の取り組みが進むなか，民間サステナブル認証は正当な基準として認知され影響力を拡大してきた。森林分野の認証事例でみたように，国際環境条約が成立しない分野においては，国際規制の方法として民間基準の役割が重要になってきたことがある（Bernstein & Hannah 2008）。一方，民間規制にも国際通商制度からみると課題があることが明らかになってきた。仮に民間認証がかかわるのがニッチな市場のみで，貿易に与える影響が重大でない場合には問題にならなかったかもしれない。しかし第8章でも触れたように，WTOにおいて，民間規制が，偽装された保護主義となりうるという懸念が輸出国から出され，民間規制をどのように扱うべきなのかについて論争が起きた。

WTO の交渉は加盟国政府の施策を対象としてきたが，それまで民間基準については あまり議論が行われてこなかった。このため，さまざまな論点が挙げられたが，まず民間セクターによって策定されたサステナビリティ基準が，どのような条件のもと適切かつ正当であると認められるのかが問題になった。具体的には，WTO で民間基準を扱うためには，関係するステークホルダーが民間基準を国際基準として認めることが必要になる。しかし，どのような条件があれば民間基準が国際基準として認められるのか。また，民間基準の遵守を推奨する政府をどう扱うのか。さらに，民間基準について WTO がルールを設定し，かつ法的な挑戦を受けた場合，WTO の正当性を保持することができるのかという疑問などが挙がった（Bernstein & Hannah 2008）。

SPS 委員会での議論

WTO の SPS 委員会で食品安全と植物・動物検疫にかかわる民間基準 （private standards）について議論され，整理された内容を以下に挙げる（WTO 2011）。民間基準の問題点は，

- いつも科学にもとづくわけではない
- 国際基準や政府基準や要件（残留農薬基準等）から乖離する
- 多くの種類があり，ハーモナイズされていない
- サプライヤーにとって，民間基準への対応と認証取得は費用負担が発生し，とりわけ多くの種類がある場合の費用負担が大きい
- 透明性や協議，要求の機会がないまま設定される
- 結果がどうあるべきかではなく，どのような方法が採用されるべきかを規定しており，同じ目標がほかの方法でも達成可能であることが認識されていない
- 途上国の中小規模の生産者と輸出業者に，より大きな負担を強いている

反対に民間基準のよい面として，

- サプライヤーが国内・国際基準を遵守する方法を規定しており，助けになる

210　第Ⅲ部　サステナブル認証とグローバル社会

・ベスト・プラクティスを推進し，生産性向上に役立つ
・ブランドによい価値を生み出し，サプライヤーは市場アクセスとプレミアムを得られる
・出現するリスクに素早く対応可能で，国際基準が時間をかけて対応するのを助ける

　SPS 委員会で議論を進めるために必要なこととして，（1）民間基準の定義を定める，（2）FAO，WHO を含む関係国際機関で情報共有を行う，（3）民間基準策定団体に対しては，コーデックスどの国際基準の重要性を認識させるなどの対応をとることが検討された。しかし，民間基準や策定主体の多様性もあり，民間基準の定義も合意することができておらず，WTOの公式な合意文書において，民間基準という用語はいままでのところ使われていない（Negi 2020）。

　このように，政府による施策であれば，非関税障壁としての影響に関する議論は WTO の範疇であるが，民間基準を公式な形で議論することが難しいのが現状である。結果として，WTO では民間基準の利用ルールは策定されず，政府の規制を遵守する方法としての民間基準の利用は引き続き行われている。ある政府が他国の生産工程を直接規制することは内政干渉となるが，民間基準を利用することで，輸入国政府が実質的に輸出国の生産工程を規制する方策として用いられているともいえよう。民間基準という定義がされず，WTO などが定める多国籍貿易制度で扱えない手法を通じて，輸入国はその購買力を行使しながらサステナビリティ分野で影響力を強めている。

2　政策の波及と EU のグローバル化管理政策

政策・施策波及のメカニズム：カリフォルニア効果

　前章でも触れたが，規制や基準が，国境を越えて他の国や地域に影響を与えるメカニズムは，「カリフォルニア効果（California Effect）」と呼ばれてきた（Vogel 1995）。アメリカのなかのカリフォルニア州のような大きな購買

力をもつ市場で，厳しい環境基準，とりわけ車の排ガス規制などの製品環境基準を導入することで，他国・地域にも同様の厳しい環境基準を導入する誘因を与えることを指す。

背景には，厳しい基準に適応できる大企業は，厳しい基準の導入によりカリフォルニア州で競争力を得られるほか，その他の国や地域でも同様の基準の引き上げが起こることにより，競争優位を他の地域でも発揮することが可能になる。このため，企業は，他地域に基準を引き上げるよう対するロビー活動を行う。市民にとっても環境保護のための基準引き上げが望ましい場合や，理念として基準引き上げが支持される場合，政治家も基準の引き上げを働きかけ，また受け入れを行う。このようなメカニズムが働く結果，他地域でも環境規制が引き上げられ「頂上への競争」（race to the top）が起こるとされる。

厳しい環境規制を支持しない企業も多いのではないかと疑問をもたれるかもしれない。中小企業など弱い基準を求める企業もあるが，厳しい基準を求める環境・市民団体と，規制対応可能なグリーン志向企業が共闘してこのような反対勢力に対抗する。規制引き上げを推進したい勢力が強い場合に，厳しい基準の導入が可能になる。

あるエコノミストは，自己の利益のために行動する営利目的の主体と，モラルのために行動するNGOなどの主体が同じ公共政策を支持することで，支持が強固になることを指摘している（Yandle 1983）。

古い例として挙げられるのが，バプティストというキリスト教宗派（Baptist）と密造酒製造者（bootleggers）が禁酒法導入による利害の一致をみた例である。バプティストは宗教的理由により，そして密造酒製造者は禁酒法が導入されると密造酒の価格が上がり儲かるという理由により，この二つは全く異なる理由だが，それぞれ禁酒法を支持する動機があった。動機は異なっていても同じ政策を支持する力となりうる事例である。

経済学では，環境規制は従来，企業にコスト負担を生じさせると考えられてきた（Palmer *et al.* 1995）。環境規制がイノベーションを引き起こすと議論したポーター仮説も含め，環境規制は企業の負担であることが暗黙に仮定されてきた。一方，政治学で行われたカリフォルニア効果の議論は，厳しい環

212 第Ⅲ部 サステナブル認証とグローバル社会

境規制が競争力の源泉になりうるという，異なる見方を示すものであった。

他方，企業の規制を遵守するための負担が重い場合には，国や地域が規制を引き下げることで，企業誘致を図るメカニズムもありうる。このメカニズムは「デラウェア効果」（Delaware Effect）と呼ばれ，結果として規制の引き下げを通じて「底辺への競争」（race to the bottom）が起こる。

カリフォルニア効果を活用した EU 政策

アメリカのカリフォルニア州の厳しい環境規制[1]がほかの州に波及したメカニズムは，その後 EU の環境・安全規制において活用されるようになっていく。EU は，環境や健康に対して不確実なリスクに対しても規制を行うことができる予防原則（precautionary principle）を掲げて，環境や健康にかかわる規制の導入をアメリカより積極的に進めていくことになる背景が分析されている（Vogel 2012）。また，EU のサステナビリティ関連施策でも，禁酒法の構図が当てはまり，倫理観から環境破壊・人権侵害を糾弾する NGO と政治的にリベラルな左派と，保護主義や貿易障壁を設定したい右派の利害が一致して政策や圧力が形成されている（Bradford 2020）。さまざまな分析があるが，近年の世界の環境，サステナビリティ規制や基準の制度形成は EU がリードしているといって間違いない。

EU では上記のメカニズムを政策に活用する政策を行ってきた。ヨーロッパにおける民間のサステナブル認証や基準の利用は，EU の政策と密接に結びついている。EU では，1999年に当時貿易コミッショナーであったパスカル・ラミーによって議論が始められた，「管理されたグローバル化（managed globalization）」政策を行ってきた。それは，EU はグローバル化がアドホックに進むのを受け入れるのではなく，戦略的に形成していくという考え方であった。グローバル化のなかで保護主義に回帰することは，賢明な判断とは考えられず，EU 企業が貿易自由化のなかで競争力を保ち，強化することを意図していた。

1）1800年代から2000年代にかけてのカリフォルニア州の規制政策については，Vogel
（2018）を参照。

第10章　グローバル社会の動きと認証制度　　213

　EU 政策では，政策の対象範囲を拡大すること，規制政策を通じた影響を行使すること[2]，国際機関の能力を強化すること[3]，EU の影響力行使の対象領域を広げること，グローバル化のコストを再配分すること[4] を目指した（Jacoby & Meunier 2013）[5]。

　規制政策を通じた影響力行使は，電気・電子製品に含有する有害物質を規制する RoHS 指令（2006年施行）や，より広く製品中の化学物質も含めて規制する REACH 規則（2007年施行）といった EU の化学物質規制において行われてきた。そして，再生可能エネルギー指令（RED）（2009年）において，規制政策に民間のサステナブル認証を活用するなどの方法で，サステナビリティ分野に規制政策を用いたことは，EU のグローバル化管理政策の一端ともいえよう。

　実際，EU の規制は，市場メカニズムを通じて他の国や地域の規制政策に影響を与えてきた。EU の規制に類似の規制が各国で導入され，政策の波及が観察されている（Michida 2017）。政策波及の背景や動機はこれまでも論じられてきた。「カリフォルニア効果」が国際的に観察され，厳しい規制を遵守した企業が政府にロビイングを行う結果，国境を越えて厳しい規制が導入される場合があるほか，規制の理念に賛同し，規制導入国の経験から学ぶことで自国の規制導入を進める動機もあった（Gilardi 2012）。さらに，輸出国政府が，自国生産者の市場アクセスを維持するため，産業政策として輸出市場で導入された厳しい規制の国内版政策を策定し，国内産業が輸出国の規制の適応を支援している（Michida 2017）[6]。

2）文献のなかでは，EU の規制政策がグローバルな影響力を持つ分野として，食品，化学，データが挙げられている。近年はサステナビリティ分野も含まれるだろう。

3）経済協力開発機構（OECD），国際通貨基金（IMF），世界貿易機関（WTO）などが挙げられる。

4）WTO の Aid for Trade は EU 主導のプログラムで，途上国の貿易を支援するもの。

5）ただし，これらの意図や目的が実際に実現できたかという意味では課題があると指摘されている。

6）政策波及の動機の違いが，制度の違いを生み出していることも議論されている（Michida *et al.* 2021）。

214 第Ⅲ部 サステナブル認証とグローバル社会

EU 施策の波及と影響力

EU 規制がけん引する製品中の化学物質規制がアジア各国に与える影響については第7章コラム③でも取り上げたが，筆者の研究グループが2017年に実施したマレーシアのペナンとベトナム全域を対象にした企業調査がある（Michida *et al.* 2017）。マレーシア，ベトナムの地場，国有企業，ジョイントベンチャー，外資企業を含むサンプルを取得した。この調査によると，RoHS 指令や REACH 規則を含む製品中の化学物質規制によって輸出市場を変更した，すなわち非関税障壁になったケースがベトナムで4％，マレーシアで2％であった。また，規制遵守のために投入財を変更したのがベトナムで29％，マレーシアで44％あった。このように，仕向け地の市場で導入された製品環境規制は，市場の変更をやむなくされ，原材料やサプライヤーの変更が必要になったりと，アジア企業にも影響を与えていた。

ブリュッセル効果

巨大市場を背景に，EU の規制政策が市場メカニズムを通じて他国に影響を与える様子は，「ブリュッセル効果（Brussels Effect）」と名付けられている（Bradford 2020）。EU は人口4.5億人を擁し，中国，インドに次ぐ大市場である。3.3億人のアメリカよりも人口規模は大きい。財や資本と比べて，移民の規制は厳しく，簡単には移住できないこともあり，EU は安定的な大きな消費市場を形成している。大きな人口規模と消費市場を生かしながら，EU の規制はいくつかの経路で国際社会に影響を与えている。

EU の規制が国際的に影響力をもつ経路は次のように説明される。EU の予防原則の立場がより厳しい規制の実施を可能にしている。そして，EU は規制の影響力を強めるため，条約や国際機関を通じて同様の規制を波及させる努力を行っている。

また，規制対応が可能な多国籍企業は厳しい EU 規制遵守によって，競争相手を排除することが可能となり，競争力を高めるツールとして利用している。さらにグローバル資本も ESG 投資で厳しい EU 規制を参照するなど，規制の影響力を高める役割を果たしている。

このようなメカニズムは，EU の財とデータそして環境，人権などのサス

テナビリティ分野においてとりわけ明確に行使されている。このことから，EU の経済は斜陽といわれているが，いまだに大きな影響力をもつと論じられている（Bradford 2020）。

上海効果

しかし，「カリフォルニア効果」や「ブリュッセル効果」が他地域でも同様に発生するのかには疑問も呈されている。サステナビリティにかかわる規制が他国に波及するのは購買力が高く，サステナビリティを重視する高所得国が規制導入国であるからではないかという疑問である。もしサステナビリティを重視しないが，購買力が大きい市場がある場合には何が起こるのだろうか。第 9 章で説明したとおり，「カリフォルニア効果」ではなく，「上海効果」が起こるかもしれない。今後グローバル・サウス市場が拡大するなか，どのような条件で厳しい環境規制が波及するのかは確認していく必要があるだろう。

サステナブル政策への懸念

EU をはじめとする先進国では，サステナビリティを理由とした非関税措置の導入が増加している。製品や製造工程，自国市場での企業活動にかかわるこれらの政策は，国際条約や自由貿易協定などのように関係国の協議や合意にもとづいて実施される措置とは異なり，自国の輸入や市場に対する規制であるため，輸入国が単独で導入できる。このため，これらの政策は一方的措置（unilateral measure）とも呼ばれる。一方的措置とされる政策は本書で論じてきた環境，人権，労働基準などのサステナビリティ，また公衆衛生や食品安全だけではなく，経済安全保障分野でもみられ，非経済的動機による措置として論じられている（Hoekman *et al.* 2023）。一方的措置の増加は，海外で投入財を生産したり，海外に投入財を輸出する企業のグローバル・サプライチェーンを通じて，貿易相手国の企業に輸入国の政策に応じるような圧力となっている。このように，規模が大きい輸入国の貿易・投資政策は，グローバル・サプライチェーンを通じて他国に影響を与えうることから政治利用が進んでいる。

216　第Ⅲ部　サステナブル認証とグローバル社会

　とりわけ，政策は，サステナビリティの価値観の伝播を目的とするほか，国内産業のために内外の生産条件に影響を与えることが可能である。たとえば輸出相手国の労働基準や環境基準が自国よりも低ければ，対策を行わない分，低いコストで生産が可能になり，自国産業が不利な条件で競合相手と競争を行うことになることを意味する。輸入材や国内でビジネスを行う企業に対し，グローバル・サプライチェーン全体の基準を引き上げるよう規制することによって，国内生産者と競争条件が同等になるようなビジネス環境（level playing field）を構築することができる。

　貿易相手国に影響を与えうる施策については，これまで WTO の場で利害調整や協力に向けた議論が行われてきたが，WTO ではこのような非経済的動機による貿易政策[7]をどのように扱うかという議論は進んでいない。このような大国による政策利用が貿易に影響を与える状況を変えることができないまま，輸出国側は大国のこれらの貿易政策に親和的な生産活動を行えるよう，政策の追随者（フォロワー）となることが当面の解決策となっている。そしてグローバル・サウス各国が対抗しようとしているのも，このような構図に対してであるといえる。

3　規制・貿易・産業政策とサステナブル認証

　サステナビリティは，地球温暖化課題の深刻化，市民社会の動きや各国の産業政策とも結びつき，排出権取引，EV などを含め世界の企業活動に影響を与える時代になった。ヨーロッパやアメリカの規制のうち，サプライチェーンのサステナビリティにかかわるものは増加している（表10.1）。

増加する EU のサステナビリティ政策
　これまで論じてきたように，EU は巨大な統合市場において，規制政策と輸入を通じて自国の公共政策の影響力を広げ，世界各地に影響を与えている。

───────────

7) 貿易政策だけでなく，グリーン補助金の取り扱いも WTO では進んでいない。

第 10 章　グローバル社会の動きと認証制度　**217**

表10.1　サプライチェーンを通じて生産工程のサステナビリティ基準順守を求める法規制例

分野	年	地　域	規　　制
環境	2009	欧州	再生可能エネルギー指令（Renewable Energy Directive, EU RED）
	2010	欧州	木材規則（Timber Regulation, EUTR）
	2021	アメリカ	FOREST（Fostering Overseas Rule of Law and Environmentally Sound Trade）Act 2021
	2023	欧州	森林破壊に関連しない製品規則（Deforestation Free Product Regulation, EUDR）
人権	2015	イギリス	現代奴隷法（Modern Slavery Act）
	2019	オランダ	児童労働デューデリジェンス
	2021	アメリカ	ウイグル強制労働防止法
	2023	ドイツ	サプライチェーンにおける人権・環境デューデリジェンス法
	2024	欧州	企業サステナビリティ・デューデリジェンス指令（CS3D）
開示	2001	フランス	新経済規制法
	2010	アメリカ・カリフォルニア州	サプライチェーン透明法（California Transparency in Supply Chains Act: CTSCA）
	2014	欧州	非財務情報開示指令（NFRD）
	2017	スペイン	非財務情報開示義務
	2022	欧州	企業サステナビリティ報告指令（CSRD）

出所：筆者作成。

2019年に発表したのが，2050年にカーボンニュートラルを達成する「グリーンディール（European Green Deal）政策」である。この政策は排出権取引，再生可能エネルギー，モビリティ，廃棄物などサステナビリティの幅広い分野を含む。グリーンディール政策は，持続可能な EU 経済の実現に向けた成長戦略であり，産業政策であると位置づけられる。また，2030年に向けた生物多様性戦略（EU Biodiversity Strategy for 2030），「農場からフォークまで戦略（Farm to Fork Strategy）」が政策イニシアチブとして採用されている。

　これらのイニシアチブのもと，森林破壊や地球温暖化など環境問題に関する規制，人権についての規制の導入が増加している。たとえば2023年，EU ではグリーンディール実現に向けて，炭素国境調整措置が施行されたほか，EU が原因となる森林破壊や森林劣化を減らすための規制が提案され，2023年森林破壊フリー製品規則（EUDR：EU Deforestation Regulation）が導入された。森林の破壊や劣化は主に農地の拡大によるもので，農地の拡大の主要な原因は財生産であるとされている。

218 第Ⅲ部 サステナブル認証とグローバル社会

EUDRでは，とりわけ森林伐採の原因となることが危惧される財であるパーム油，家畜，大豆，コーヒー，カカオ，木材，ゴムとこれらを原材料として使う財について，域内に輸入することを禁止し，企業にデューデリジェンスの実施を義務化するものである。生産国の森林破壊・劣化のリスクや合法性に応じて，生産地の地理座標やポリゴン（土地の面積や形を示す情報）を提出することなどが決められている。また，サプライチェーンの再上流までトレーサビリティを確保し，小規模農家も含めて合法性や森林破壊がない土地を耕作していること，さらに人権侵害がないことの確認などを要求している。

EU政策とサステナブル認証

EU政策は，規制の一部として，民間サステナブル認証を利用してきた。また規制の波及と同様のメカニズムにより，サステナブル認証も普及・波及していった。2009年再生可能エネルギー指令（EU RED）と2019年に出された改訂版においては，規制遵守の手段として民間認証を活用している。

エネルギー向けのバイオマスは食品や消費財に比べても量が多くなる傾向があり，再生可能エネルギー指令は，バイオマス生産国においてプランテーション拡大とサステナブル認証取得ブームを引き起こした（Ponte 2014）。しかし，民間認証の市場の混乱やさまざまな課題を受け，EUは政策の方針を転換したようにみえる。EU REDでは，あらかじめ政府が認めた民間のサステナブル認証を取得することで，規制が要求するサステナビリティ基準を満たしているとみなすことができた。

しかし，2023年のEUDRでは，民間のサステナブル認証の利用を否定はしないものの，認証取得だけで規制を満たすことは認めていない。特定の農産物をEU市場に輸入する場合には，企業が原材料調達までトレーサビリティを確保し，生産地を含めて森林破壊やその他のサステナビリティの問題を引き起こさないよう自社でリスク管理をすることを要求している。

2024年10月現在これから実施が進む規制であることもあり，何をすれば規制を満たしたことになるのかは，十分に明確にはなっていない。またこの規則が要求することを，実際にEU市場に輸入するすべての企業ができるのか，

非常に難しいと言わざるをえない状況ではある。

　それでも，サステナブル認証への依存から脱しようとしている背景には，すでに述べたように，サステナブル認証の利用が，実施や適合の有無のチェックボックスをマークするだけの作業となり，本質的な問題解決につながっているのか，また基準や監査は適切なのかという疑念にさらされていることも背景にあるだろう。EU が，再生可能エネルギー指令で用いた規制と認証との関係をいったん見直したといえる動きであるだろう。

　一方で，サステナブル認証スキーム側の反転攻勢の動きもある。たとえば，国際フェアトレード認証は EU 規制を満たすような基準変更を行ったり[8]，森林認証の FSC® も EUDR の策定に関わり，また適合のツールを提供するなどの努力が行われている[9]。このような動きについては，WTO と EU 等のサステナブル規制とサステナブル認証が SDGs 達成のためのエコシステムとなり，新しいガバナンス制度を構成するのではないかと論じられている（岡本 2024）。

EU デューデリジェンス規制の課題

　EU は，輸入品が，途上国など輸出国の法規制を満たしていても，それが EU の法規制に比べて規制水準が緩い場合，結果として自国の法規制の執行が弱められる可能性があると考えている。同時に，より厳しい規制水準を満たす域内企業と，緩い規制水準を満たせばよい外国企業との間の競争条件が公平でなくなり，域内企業がコスト面で不利な状況に立たされることも予想される。このため，サステナビリティの管理を生産国規制や認証に任せるのではなく，EU として追加的に森林破壊のリスクを特定し，軽減策を講じるデューデリジェンスを要求すると表明している[10]。これに対し，生産国側は，

---

8 ）Fairtrade International ホ ー ム ペ ー ジ 〈https://www.fairtrade.net/news/fairtrade-statement-on-the-eu-deforestation-regulation, 2024年10月アクセス〉。

9 ）FSC® ホームページ 〈https://jp.fsc.org/jp-ja/general-news/navigating-eudr-compliance-with-fsc, 2024年10月アクセス〉。

10）EU ホームページ 〈https://environment.ec.europa.eu/topics/forests/deforestation/regulation-deforestation-free-products_en, 2024年10月アクセス〉。

220　第Ⅲ部　サステナブル認証とグローバル社会

EUDR は WTO ルールと整合的ではないと訴えており，今後どのような扱いになるかは見通せない[11]。

　いずれにしても，サプライチェーンの上流の小規模農家まで追跡して，サステナビリティのデューデリジェンスを行うことは至難の業である。

　インドネシアの英文紙『ジャカルタ・ポスト』は，パーム油輸出においてEUDR がどれほど多くの作業を課すことになるか論じている。500の搾油工場からパーム油を収集して EU に輸出する企業があるとしよう。各々の搾油工場は140のプランテーションからアブラヤシの実を回収していると仮定する。この場合のパーム油輸出では７万種類の農家の書類の提出が必要となる。さらに合法性を証明するために土地の形状や履歴等８種類の書類が必要であるとすると，この企業が輸出するにあたって提出しなければならない書類は，56万種類の文書ということになる[12]。このような書類を EU への輸出企業は準備していく必要がある。

サステナビリティ施策の推移

　EU のサステナビリティ関連の施策の推移をまとめたのが図10.1である。RoHS 指令や REACH 規則に代表されるように，2000年代初頭は財の含有物質を規制するアプローチを採用した。同時に，サステナビリティ配慮をさら

11）直接認証にかかわる内容ではないが，パーム油をめぐってはインドネシア，マレーシアと EU 間で規制をめぐる紛争が発生している。バイオ燃料に関する EURED Ⅱ（Renewable Energy Directive, 2018年施行）では，パーム油利用の土地利用や温室効果ガスへの影響から，制度の対象として認めていない。これを不服とするマレーシア，インドネシア両国はそれぞれ2021年，2019年に WTO に TBT 協定違反であるとして紛争解決手続きを開始した。マレーシアについては，2024年パネルの判断が出され，EU の措置が TBT 協定・GATT 違反であると明確に立証できなかったとの判断であった。またインドネシアと EU 間では，ステンレス鋼についても WTO での規制と関税についての紛争解決手続きが行われており，複数の案件で争っている。

　WTO の紛争解決手続きのページ〈https://www.wto.org/english/tratop_e/dispu_e/cases_e/ds600_e.htm（マレーシア），https://www.wto.org/english/tratop_e/dispu_e/cases_e/ds593_e.htm（インドネシア），2024年10月アクセス〉。

12）"Navigating EU green wave: Indonesian exporter brace for EUDR impact," *Jakarta Post*（April 17, 2024）.

第10章　グローバル社会の動きと認証制度　　221

図10.1　EUにおけるサステナビリティ関連施策の推移
出所：筆者作成。

に域外においても強力に推進するために，民間のサステナブル認証利用を行ったのがEU REDである。民間認証の活用によって，域外のサステナビリティ課題に対しても事実上の規制を，WTOのルール適用を回避しつつ行うことができた。次の段階では，EU企業サステナビリティ・デューデリジェンス指令（CS3D）でみられるように，サステナビリティを財だけではなく企業活動全体に対して求め，企業が市場によってサステナビリティ対応をサプライチェーンごと変えることで発生するリーケージ課題に対応してきた。また，民間認証の課題もあり，EUDRではサステナブル認証を経由せず，企業が，直接サステナビリティへの取り組みを行うデューデリジェンスを求めるアプローチに変遷した。この間，規制や施策の対象は，食品安全から環境や人権に拡大してきている。そして近年は動物の福祉（アニマル・ウェルフェア）にも焦点があたるようになっている。このように，ヨーロッパのサステナブル規制や認証は，さまざまな試行錯誤を経て変容をしてきており，今後もそれが続いていくだろう。

人権と新たなサステナブル施策

　人権についてもEUは2024年にサステナビリティ・デューデリジェンスの義務化の指令（CS3D）が合意され[13]，ドイツは2023年から法制度を施行した。

---

13) EUホームページ〈https://commission.europa.eu/business-economy-euro/doing-business-eu/sustainability-due-diligence-responsible-business/corporate-sustainability-due-diligence_en, 2024年10月アクセス〉。

222　第Ⅲ部　サステナブル認証とグローバル社会

ドイツは，人権デューデリジェンスを当初自主的な仕組みとして導入したが，20％の企業にしか導入されなかったことから，義務化に踏み切った[14]。このように民間で自主的に行われてきた取り組みの限界が明らかになってきているということも，EU によるサステナビリティに関する義務化の動きの背景にある。

　アメリカでも，人権重視の政策が進む。人権や労働の問題を理由に輸入を差し止める事例もみられた。2020年には国土安全保障省税関・国境取締局（CBP）が，マレーシアのパーム油農園企業サイム・ダービー社からの輸入を強制労働の疑いにより差し止めたほか，2021年には同国のゴム手袋の工場での強制労働を理由に輸入を差し止めた。サイム・ダービー社については2023年，適切な措置が講じられたとして差し止めが解除された。また，2021年にはユニクロが，新疆ウイグル自治区の強制労働をめぐるアメリカ政府の措置に違反したとして差し止められた。このような決定に反論がある場合には，企業は自身で潔白を示す証拠を提示する必要がある。ユニクロについては，フランスでも，新疆ウイグル自治区の人権侵害にかかわった商品を国内で販売し利益を得たとして捜査が行われ，また NGO がユニクロを含む衣料品ブランド企業を提訴するなどの事案が起こっている。

　人権問題は，多くの民間サステナビリティ基準でも守るべきものとしてルール化されてきたが，法制度を遵守することという内容を示すだけであった。くわえて，数年に一度の監査では人権課題への取り組みとしてはまったく十分とはいえなかった。森林破壊など一部の環境課題については，衛星データなど客観的な情報を得ることが可能であるが，人権課題は労働者やコミュニティの人を対象とした課題であり，同じアプローチは採用できない。

　このため，第三者認証は人権分野で有効であるかということも課題になった。たとえば海産物のサステナブル認証である MSC 認証でも，漁船の船員の人権課題は重要であることは認識されてきたが，通信手段が限られる海上の閉ざされた空間のなかの人権課題に対し，どのように基準を作りそれを監査するかの手段を確保することは簡単ではない[15]。さらに，これまでのサス

─────────────

14）11th UN Forum on Business and Human Rights（29-30 November, 2022）会議。

テナブル認証の基準策定過程において，人権や労働者の権利について労働者はステークホルダーとして基準策定の意思決定者としてあまり入っていなかった。

ただし，人権分野では従来の認証とは異なる仕組みが採用されている。Fair Food Program という取り組みがアメリカで行われている。このプログラムでは，監査機関による認証ではなく，プログラム自体をアメリカ政府や大学機関が認めることにより，その役割の信頼性を担保し，また情報開示なども行っている。このように，今後はさまざまな方法がとられるようになるだろう。

また，Amfori という持続可能な貿易を推進する営利組織では，規定された項目を満たしたか否かにもとづく合格書のような認証ではなく，現状を把握し毎年改善されているかどうかを確認する成績表のような形式の仕組みを採用している。各企業にとってサプライヤーの選択肢がある場合に，認証があるかないかの二択ではなく，現状や進捗の状況や度合いの情報を示すことで，リスクを知らせるという趣旨である。

この方式であれば，サプライヤーを探す企業にとっても，認証を取得した企業だけではなく，認証取得はできなくても，取り組みに進捗を示しているサプライヤーを選択する可能性ができるため，コストも減らすことが可能になるだろう。また，認証可能な農地には限りがあることを前提とすると，そのようなステップ・バイ・ステップの改善を許容する方法は，サステナビリティの取り組みを小規模農家も含めて生産地で拡大していくためには合理的な方法であるかもしれない。

一方で，サステナブル認証には利用する財のサプライチェーンの温室効果ガス排出量を計測し，モニタリングしていく方向もある。こちらはサプライチェーン追跡の厳格化が必要となる。農地での温室効果ガス排出，輸送や加工工程での排出量を計測し，その温室効果ガス排出全体を減らしていくものである。バイオ燃料に関する EU RED Ⅱや日本の FIT 制度でも，賦課金の対象とする持続可能なバイオマスに対し，排出量の算出を求めている。この

15）MSC 認証へのヒアリングによる。

224　第Ⅲ部　サステナブル認証とグローバル社会

算出を適正にしているかはたとえば，ISCC 認証などが行っている。今後も排出量の多いと考えられる財や原材料については，非財務情報開示や CSR の進展につれて，サプライチェーン全体の温室効果ガス測定が規制のなかで求められていく可能性がある。

サステナブル認証と自由貿易協定

　ここで，サステナブル認証と自由貿易協定の関係はこれまでもふれてきた。欧州自由貿易連合（EFTA）とインドネシアの経済連携協定において，RSPO 認証油であれば特恵関税の対象とするという事例は，通商協定で民間サステナブル認証が条件として使われる初めての案件となった。

　そして，サステナブル認証を輸入許可の要件として用いる動きもみられる。サステナビリティよりも食品安全が絡む事例ではあるが，インドネシアでは特定の農産物の輸入に GAP 認証を求めるなど，サステナビリティを理由にした貿易制限措置は新興国での導入も今後増加する可能性がある[16]。

4　小　　括

　サステナビリティが規制政策，貿易政策，産業政策と結びつき，またその動きが波及することにより世界における影響力を強めている。WTO では民間によるサステナブル認証の議論が行われないまま，サステナブル認証は貿易に影響を与え続けている。サステナブル認証を普及させる民間の取り組みでは，市場を使う方法と ESG 投資を使う方法が使われてきた。前章のパーム油の事例をみても，ヨーロッパの市場での需要と ESG 投資がその普及に重要な役割を担ってきた。同時に EU を含む政府も，自主的な取り組みを政策ツールに取り込み，持続可能な調達を推進しようとしている。

　しかし，自主的な取り組みに頼るこれらの取り組みは，普及の限界もみせ

16）本書は主に輸入国市場での要件を扱ってきたが，たとえば中国やインドネシアでは，レアメタルやニッケルなど鉱物資源の大生産国として，輸出規制も行った。このため，国際貿易全体では，市場アクセス制限と輸出制限の両側をみていくことが必要であろう。

第10章　グローバル社会の動きと認証制度　225

ている。また認証が形式のみを満たす書類となり，実質的なサステナビリティに役立っていないのではないかという懸念もある。このため，ヨーロッパでは自主的な認証制度から距離を置き，財や企業を直接規制する方法にシフトしつつあるようにもみえる。このように，サステナブル認証を含むサステナビリティにかかわる施策は，制度のイノベーションを伴いながら，経験を重ねて修正をしながら形成されている。

　EU の森林デューデリジェンス規則では，認証は否定しないが，認証によるリスク管理は認めず，自社でリスク管理を行うことを求めている。一方で，EUCS3D では認証を使うことも可能とされている。EU の規制も整合性がないまま導入が進んでいるようにみえる。ただ，国境を越えたサプライチェーンにわたる問題に対し，政府による規制が問題解決に使えないこと，国境を越えたサステナビリティ規制の制度の一部としての役割も残す必要があること，また政府部門がグローバルに広がるサプライチェーンの管理をするリソースを保有することは，今後も困難であることなどから，次善の策としても，民間認証の役割は重要であり続けるだろう。

終　章

サステナビリティへの取り組みと認証の役割

サステナブル認証出現の背景

　これまで先進国が主導してきた経済成長は地球のサステナビリティに負荷をかけてきた。サプライチェーンを通じた生産活動により各地で引き起こされる問題は，国内だけでなく海外にも及ぶようになった。原材料の供給地である海外，とりわけ開発途上国で労働，人権，環境問題を引き起こす事例も散見され，対策を講じる必要性が認識されてきた。気候変動や森林保全などの課題は，グローバル・サウスを含む国際的な取り組みと協調を必要としている。しかし，これまで条約や貿易協定を含む国際交渉を通じた解決だけでは，合意形成に長い期間がかかるうえ，各国での実施の不確実性などがあり，限界があるのが現実であった。また，問題を引き起こしているのが生産者であるとの考えがあっても，消費国政府の公共政策を通じて，国外の生産者や環境を保護するための規制を導入し，実施することは内政干渉にもあたることから困難であった。

　このような状況を補うべく出現したのが，本書で扱ってきたサステナブル認証である。主に先進国の NGO や企業などの民間セクターが策定し，サステナビリティへの配慮を製品やサービスの「品質」とする市場をつくりだす仕組みである。グローバル・サプライチェーンのトレーサビリティを確保し，財の生産工程に遡ってサステナビリティをルールにもとづいて標準化，計測し，原材料調達から消費までのサプライチェーン全体でその内容を記録・伝達して，持続可能な方法で生産された財にラベリングすることができる。財

にラベルが表示されることで，最終財の付加価値の一部として国境を越えて市場で取引できるようになった。また，サステナビリティ基準によって，サプライチェーンと財の差別化も行われるようになった。

サステナブル認証は，先進国の企業や消費者が，開発途上国のサステナビリティの課題に関与できる革新的な方法として，アメリカやヨーロッパの民間団体を中心に導入されてきた。サステナブル認証では，公共政策の壁であった国境にとらわれることなく，小さな集団が基準を機動的に検討できるという利点があった。さらに，とりわけ多国籍企業にサステナビリティの取り組みが求められる時代において，自社基準でサステナビリティ配慮を謳っても，客観性や透明性が十分でないなか，サステナブル認証が解決策ともなった。基準策定が専門家やマルチステークホルダーによって行われ，第三者の監査機関により確認が行われるサステナブル認証は，それまでの客観性が不十分であった企業レベルの取り組みのさまざまな課題を克服することができる。

原材料のユーザーである企業にとってもサステナブル認証は有益であった。企業経営においてサステナビリティを重視する企業にとって，地球各地に広がる調達先のサステナビリティの情報を得るためのコストは高く，また施策の実施も容易ではない。国内外のサプライヤー立地にかかわらず，サプライヤーに認証取得を求め，また認証を取得したサプライヤーを探すことができるという意味において，サステナブル経営におけるサプライチェーン管理をアウトソースできる仕組みとして機能した。大企業では社内リソースで，自社のサプライチェーンを管理・監査することが可能な場合もあるが，とりわけ中小企業では厳しいため，認証財が高コストになることを除けば，中小企業がサステナビリティに取り組むうえでも大きな役割を果たしうる仕組みとなった。

サステナブル認証の第二世代

サステナビリティの問題解決の情熱にけん引された第一世代の次に出現したのが，ビジネスとサステナビリティの両立を図ろうとし，もしくはサステナビリティをビジネスに生かそうとする，またはビジネス上不利にならない

よう対抗しようとする世代である。サステナブル認証の文脈でも，商品を差別化するため，より安価に認証取得が可能となるような類似の認証や，反対に，より基準を厳格化する認証が設立された。同じ財やセクターに対して，重複した認証が作られることは，認証スキームが民間によって策定されるため，政府による規制と異なり，一国に一制度という制約がないことが背景にあった。さまざまな認証制度が設立されたことで，市場のニーズに対応しやすくなったといえる。ただし，基準の内容は多様で，認証スキーム間の競争もあり，コストを引き下げるために緩い基準を設定する場合もあるとして，グリーンウォッシュとの疑念も向けられることになった。

　さらに，多くの認証が乱立することで，消費者にも生産者にも負担と混乱をもたらす恐れがでてきた。認証を要求する小売業者や加工業者も，自社に適した認証取得をサプライヤーに求めていたが，何社もの顧客を抱えるサプライヤーにとっては，複数の類似の認証取得や維持にかかるコストが増大した。価格転嫁が必要になると，このような状況はどの小売業者や加工業者にとっても望ましくはないということがしだいに明らかになった。また，コーヒーやカカオ，木材など同じ財にいくつもの認証が存在することで，消費者を含む利用者が違いを識別できないと，情報の非対称性を緩和する効果が減じてしまうことも懸念される。

　利益を優先する主体のなかには，認証制度を悪用するものもあらわれた。2020年には，ベトナムの業者が木質ペレットで虚偽のFSC®認証表示を行っていたと明らかになった[1]。また認証を取得しているのにもかかわらず，実際は人権侵害や森林破壊の疑義が出されるなどの案件も多くみられる。反対に，ユーザーである企業や金融機関，市場からの高い信頼を必要とする認証は，基準をより厳しい内容に改訂する動きもでてきた。ただし，自主的な認証が厳しすぎる基準を課すことで，その認証から退出する生産者があらわれ，普及率が下がるというトレードオフも起こることは容易に想像できよう。

---

1 ）FSC®ホームページ〈https://fsc.org/en/newscentre/general-news/fsc-blocks-an-viet-phat-energy-for-making-false-claims-on-large-volumes-of, 2024年10月アクセス〉。

サステナブル施策と公共政策のスマートミックス

公共政策は，企業のサステナビリティ戦略である CSR，環境・社会・ガバナンスへの貢献を織り込む ESG 投資など民間主導の施策を補完し，強化しながら進んでいる。民間主導の動きは，とりわけサステナビリティの価値化，そして製品差別化や利潤動機にも結びつき，さらに一部は公共政策も巻き込んで私たちの経済や社会にさまざまな影響をもたらしてきた。各国政府，また消費者や投資家，企業の要請により，とりわけサステナビリティに関連した取り組みは増え続けている。そして，これらの主体が，生産現場における環境や労働，人権問題への取り組みや，サプライチェーンの管理を市場アクセス付与の条件とし，自国域外のサステナビリティを管理していく流れができている。裏を返せば，重要な輸入国によるサステナビリティ基準要求は，生産国でのサステナビリティ向上へのインセンティブとなりうるため，貿易を通じて他国のサステナビリティに影響を与えるツールとして積極的に活用されているともいえる。

さらにいうと，サステナビリティ基準は非関税障壁として，各国で財ごとに市場アクセスをどの輸入品にどの程度与えるかに影響するため，「偽装された保護主義」として自国市場保護にも活用されうると疑念を向けられることもある[2]。しかし，サステナビリティは人権という価値や森林など国際公共財にかかわる問題も含むため，自国の市場保護だけともいえない状況がある。このため，非関税障壁だけが目的とも言い切れない。民間認証の利用が非関税障壁にあたるかは，公共政策や国家を対象とする WTO では議論が進まなかったが，規制については議論が進行中であり，今後も議論が行われるだろう。いずれにせよ，さまざまな規制や民間の要件が課されるなか，輸出国にとって貿易を通じた市場アクセスのハードルは高くなってきている。

民間サステナビリティ取り組みの経緯

サステナブル認証がたどった道は，サステナビリティという漠然とした概

2）同様の動きは，サステナビリティ以外でも半導体や軍事関連などの安全保障分野でもみられる。

念を世界がどのように標準化してきたのか，についての歴史でもある。サステナビリティという概念は，多様な側面を含んでいるがゆえに多様な定義が可能である。このため，国際的に合意された明確な基準は存在しない。このことが，さまざまなサステナビリティ基準や認証を生んできた。サステナビリティ基準を当てはめる財やサービスが地域や国境を越えて取引されることがなければ，各国・地域固有のサステナビリティ基準が存在することも可能であろう。しかし，グローバル化のもと，ある市場で消費されるものに基準が課されることで，そこに輸出する生産者に適応することを事実上強制する。

サステナビリティ基準を要求する市場が小さく，少数の多国籍企業や消費者だけが関係するのであれば，取得・流通コストはそれほど問題にならないかもしれない。消費者と生産者が国境を越えて，地球規模でサステナブルな生産活動を協力して広げていくためには，多様な生産者や消費者を包摂していく必要があり，何かしらの標準化が必要であろう。そしてサステナビリティの目的は，広く取り組みを進めていくことにほかならない。

サステナビリティ基準のハーモナイゼーション

各国や生産者が一定のサステナビリティの水準を達成するために，さまざまな制度を使うことで，重複して認証コストが発生する。民間認証間でも，これまでハーモナイゼーションの必要性は認識されてきた。このため，いくつかの標準化の取り組みが行われてきた。

第一には，基準の内容のハーモナイゼーションの動きがある。ISEAL Alliance という民間認証機関では，多数設立されたサステナブル認証・基準のうち信頼性が高いものはどれかを示すため，認証がインパクトをもたらすこと，政府や企業，市民社会などと協力を行っていることなど，基準の質を担保する取り組みを行っている。本書で紹介したパーム油の RSPO や森林の FSC，レインフォレスト・アライアンスが加入するなど，30団体ほどが参加し，ISEAL の基準を満たすとされている。しかし，参加するのは一部の認証団体にとどまっており，また認証を利用する主体が ISEAL 基準を満たすかどうかを重視しない場合もあり，より多くの認証に影響を及ぼしうるのかは不明であり，現状は認証団体間の差別化のための指標となっている。

232 終　章　サステナビリティへの取り組みと認証の役割

第二には，認証ユーザーである企業団体によるハーモナイゼーションの動きである。企業は認証コスト増加への危機感をもっており，世界の消費財・食品企業が集まる団体 Consumer Goods Forum の傘下の GFSI で，食品安全に関しての基準を出し，その基準に合致した複数の認証スキームを同等とみなすベンチマーキングの作業を行った。GFSI のスローガンは，「一度認証を取得すれば，どこでも認められる（Once certified, recognized everywhere）」というもので[3]，このスローガンがハーモナイゼーションを目指していることを端的に表現しているだろう。GFSI によるベンチマークにより，サプライヤーの農家等が顧客ごとに異なる認証を求められても，GFSI で同等とみなされる他の認証で代用できるようになった。

ただし，GFSI 基準で認められるためには，GFSI が要求する特定の審査方法を実施する必要があり，認証スキームにとっては負担が増加する。GLOBALG.A.P. などは GFSI 用の追加分を基準書で準備しており，ユーザーが GFSI の追加分を利用するか選択できるようにしている。このように，標準化がコスト増となる場合や，標準化の内容が最適ではない企業や市場に対しては，基準の差別化は残ることになる。

また，GFSI でベンチマークが可能となったのは，食品安全は世界中どこにおいても欠かせない農産物や食品の性質であり，競争領域ではないというコンセンサスがあったからであった。一方で，民間主導で進められてきたサステナビリティは，小売業者等の製品差別化と企業間競争のツールとして利用されてきた。このため，競合する企業が集まってハーモナイゼーションについて話し合うことは，食品安全分野に比べても困難であることが想像できよう。

第三には，統合の動きである。重複の課題や認証団体間の競争もあり，2018年にレインフォレスト・アライアンスと UTZ が合併し，レインフォレスト・アライアンスに一本化された。民間認証団体は，ビジネスとしての存続が難しい状況があれば，統合や合併などが行われる可能性もあることに注

3）GFSI のスローガンについては，"Once certified, recognized everywhere"〈https://www.the consumergoodsforum.com/jp/gfsi_japan/，2024年10月アクセス〉参照。

意が必要であろう。

　とはいえ，ハーモナイゼーションを行う取り組みは一方向には進まない。GFSI のもとベンチマークされた GLOBALG.A.P. 認証は，その後 GFSI 遵守のコストが高いとして，GFSI 対応をルールの一部とし，自主的に選択できるような仕組みにしている。また GFSI 以外にも，市場ごとにどのサステナビリティ項目を採用するのかは顧客が選択できるような仕組みづくりをしている。ある市場では，労働項目が入るが，他の市場ではその項目を要求しないこともありうる，といった具合である。このため，GFSI の標準化後もさらなる制度の断片化が起こっている。

　これまで扱ってきた民間のサステナブル認証の多くは特定の環境などの課題を取り上げ，必ずしも他の課題を含む統合的な基準であったり，またISO14020が要求するようなライフサイクル・アセスメント（LCA）になっているわけではない。たとえば MSC は，水産物のサステナビリティについて扱うが，温室効果ガス排出量など他の環境課題を含む LCA は実施していない[4]。このような，対象とする範囲がまちまちであることも混乱を招く原因のひとつとなっている。

　さらに，サステナビリティ基準を用いるが，認証ではない制度も策定されている。合格か不合格かを決める認証ではなく，サプライヤーなどのサステナビリティへの取り組みの現状をそのまま示す情報を集約し，報告するタイプのものである。より多くのサプライヤーから適切な取引相手を選定したい企業にとっては便利であるし，また順次に改善を行うことが評価される制度であれば，さまざまなサプライヤーが取り組みを行いやすい面もある。このように，認証以外の方法も今後も模索されていくだろう。

公共政策におけるサステナビリティの標準化

　サステナビリティとは何かについてより明確に定義を行う動きは，公共政策の場でも行われている。サステナビリティの基準はさまざまな主体によっ

---

4 ） EU Ecolabel for food and feed products ? feasibility study（ENV.C.1/ETU/2010/0025）〈https://circabc.europa.eu/ui/group/6e9b7f79-da96-4a53-956f-e8f62c9d7fed/library/1189cf54-4ebc-47a1-912d-6c3830e6ea50/details?download=true, 2024年10月アクセス〉．

て作られ，アップデートが繰り返されている。EUでは，グリーンディール政策の一環として，サステナブル・ファイナンスを推進するため，EUとして何をサステナブルな経済活動とするのかのEUタクソノミーという基準が定められている（EU規則2020/852）[5]。グリーンウォッシングを防止し，投資家が実質的に環境に良い投資を行うようにすることが目的である。この規制は，2022年から施行されており，EU域以内の企業や金融機関を対象としている。そして，企業や金融機関に対して，非財務情報開示の一環として，タクソノミー基準を満たした経済活動の状況に課する情報公開を求めている。

生産国との軋轢

ただし，このようなEUの先鋭的な，かつグローバルに影響を与えるサステナビリティ規制については，途上国からの反発も起こっている。事例として挙げた，森林破壊が懸念されるパーム油では，EUでバイオ燃料としての利用に民間サステナブル認証を規制政策に利用したことが契機となり，インドネシアやマレーシア政府の自国認証の策定を促した。EUや世界各国が，インドネシア・マレーシア政府がかかわるサステナブル認証持続可能なものと認めるのか，それともヨーロッパ民間部門主導のサステナブル認証がEU政府や市場，投資家に認められる基準であるのか。EUの政策として策定されるEUタクソノミーに対し，ASEAN地域のASEANタクソノミーも異なる基準を設定し[6]，それぞれが自国のメリットが高い基準を普及させようとしている。民間どうし，または民間と政府間，政府間も含め，世界でサステナビリティの標準化競争が起きている。

地球規模でのサステナビリティの取り組みの必要性は認識されており，そのためのひとつの施策として持続可能なサプライチェーン構築をどのように

5）EUR-Lexホームページ〈https://eur-lex.europa.eu/legal-content/EN/TXT/?uri=CELEX%3A32020R0852（2024年10月アクセス）。

6）脱炭素社会を構築するため，石炭火力発電所を退役させるが，退役を早めるために追加で投資を行う場合にそれをグリーン投資と認めるとするASEANタクソノミー，石炭火力発電所への投資はグリーンと認められないとする欧州タクソノミーの対抗軸などがみられる。

行うか，試行錯誤はすでに始まっている。2021年，英国グラスゴーで行われた気候変動枠組条約締約国会議COP26では，政府間フォーラムとして，生産国と消費国が集まり，28か国が参加し，英国政府が議長となり，インドネシアが副議長を務めたFACT（Forestry, Agriculture, Commodity Trade）という対話が開催された[7]。より持続可能な土地利用への移行を進め，森林とともに生き成長する関係性を作るなかで，森林や土地利用，農業にかかわる生活や仕事，投資の新しい機会を提供していくという目的である。条約にかかわる交渉ではなく，自主的な対話を通じた協力関係構築を目指すものであった。このときの議論の対象は，主にパーム油，牛肉，大豆，紙・パルプであり，これらのサプライチェーンによる森林破壊を削減することを目的とした。

　森林破壊を減らすためのグローバルな取り組みでは，サプライチェーンのトレーサビリティが不可欠であると認識されている。FACT会合でも，「トレーサビリティと透明性」について議論が行われた。そして，現在のトレーサビリティと透明性に関するシステムでどのようなデータが不足しているのか，政府がどのように森林やエコシステムを監視・保護する制度を作るのか，サプライチェーン管理のためにどのようなデータを収集し共有するのかなどの議論と制度作りが重要とされている。アフリカなどの途上国でも適用可能な方法を考える必要があるという意味で，コストが高い第三者認証ありきの議論ではないが，今後さまざまな議論が出てくるであろう。

サステナビリティと所得分配

　サステナブル認証やその他のサステナビリティの取り組みの進展は，今後の経済活動や所得分配，そしてサステナビリティの達成にどのような影響を与えるのであろうか。気候変動による海面上昇がもたらす住宅や工場の浸水や，人権が守られない労働環境などが人々の生活や経済活動，所得分配に影響を与えることは間違いない。また，サステナビリティにかかわる所得分配についてのもう一つの課題は，サステナビリティのコストを誰が負担するの

7）COP26アーカイブ〈https://webarchive.nationalarchives.gov.uk/ukgwa/20230106145129/https://ukcop26.org/forests-agriculture-and-commodity-trade-a-roadmap-for-action/，2024年10月アクセス〉。

236 終　章　サステナビリティへの取り組みと認証の役割

か，またはサステナビリティのコスト負担を行った人に適切な支払いが行われるのかということである[8]。

サステナブル認証においては，現状では，国際フェアトレード基準など一定の賃金水準を担保する認証を除いて，サステナビリティの担保は行っているが，認証取得財に対してコストに見合う対価が支払われるかは担保されていない。たとえばRSPOでも，認証財の需給は市場任せであり，需要が供給を上回る場合には価格が高くなるが，逆の場合は価格が非認証財と変わらないことになる。実際，RSPOでは半分程度の認証パーム油しか，認証油として販売されておらず，残りは非認証財価格で販売されている。また，需給だけではなく，RSPOの場合には認証油の価格は相対交渉で決まり，この情報は公開されない。

交渉価格はバイヤーとサプライヤーの規模や市場構造，そして交渉力に依存すると考えられる。大規模なバイヤーがサプライヤーを選定する場合，サステナブル認証取得を取引開始・継続条件と設定すれば，サプライヤー側が認証取得を行う必要がでてくる。一方，サプライヤーの数が限られており，バイヤーが支援しなければ調達に支障がでる場合には，バイヤーが認証取得費用を含めた支援を行うだろう。一方，バイヤーが小規模であったり，認証油が必須であるが供給量が少ない場合には，高い価格で調達することになるだろう。このように，認証を用いた相対交渉においては，サステナビリティのコスト負担は，市場メカニズムで決まることになる。

つぎに，サステナビリティの達成において鍵になるのは，先進国と新興国の今後の経済とサステナビリティへの取り組みの動向，そして先進国によるサステナビリティ基準でのサプライチェーンやサプライヤー選別がどのように進展するかであろう。第9章のパーム油に関する図9.8で示したように，サステナビリティ基準要求の取り組みが厳格化するほど，基準をクリアできる企業や生産者は限定的となり，地球規模での取り組みに広がりにくくなる。

一方で，MSPOやISPOなどサステナビリティ規制が実効性をもって導入

8）サステナビリティのうち，森林や安定した気候などの国際公共財についての施策は，公共経済学で多くの研究蓄積がある。

終　章　サステナビリティへの取り組みと認証の役割　　237

されれば，これらの認証財が，需要にかかわらずに新興国や先進国市場の
RSPO を求めていない市場で需要されることになり，パーム油農園全体の取
り組みが後押しされる。しかし，規制が完全に施行される場合は，インドネ
シア・マレーシアのパーム油全量が認証油となり，差別化は行われない。サ
ステナビリティのコスト負担を誰が行うのかというところの課題は残るだろ
うが，まさにサステナビリティ遵守が norm（当然の基準）となると考えら
れる。他方，規制政策においても，認証油に対する需要が不十分であったり，
コスト負担が需要側で行われないことで制度が放棄されるようなことがあれ
ば，サステナビリティの取り組みは後退することになる。

　また中国，インド，アフリカ，中南米など新興国の市場規模が拡大するに
つれて，新興国市場が消費市場としてどのくらいサステナブル財の需要が増
加させるかが鍵になるだろう。今後拡大する新興国市場でサステナブル財へ
の需要が増加しない状況であれば，厳しいサステナビリティ基準の財は先進
国の一部の市場へ，そうでない財は新興国にリーケージしていく現状が継続
していくものと予想される。この過程は，サステナビリティ基準によるデカ
ップリングと言える状況をつくりだすこととなるだろう。しかし，地球温暖
化や森林保全などの国際公共財の課題においては，この状況は最適解にはな
らない。

　今後，先進国，新興国，途上国でどのように協力してサステナビリティの
取り組みを進め，サステナビリティ基準導入のコストを誰がどのように負担
していくのか，大きな課題はまだ解決されていない。サステナビリティの施
策や政策は，これまで経験したことがない領域における試行錯誤の連続であ
る。サステナブル認証においても，サステナビリティへの取り組みは，継続
的な改善を行うことが求められている。

　企業は，現状の制度の情報に注意を払いつつも，同時に長期的視点に立ち，
実質的な環境改善や小規模農家の生活向上，人権も含め責任ある調達を進め
ていく必要があるだろう。サステナブル認証は導入から数十年たち，これま
でサステナビリティ拡大に多くの貢献を行ってきた。しかし，今後も同じ方
式を続けることが最適とは限らない。認証の役割は重要であり続けると考え
られるが，さらにサステナビリティの取り組みを全世界に広げるためには新

238　終　章　サステナビリティへの取り組みと認証の役割

たな方式も含めて検討をし，国際的に協調して取り組む必要があるだろう。

サステナブル認証の策定

　サステナブル認証の策定数は減ってきたとはいえ，今後も必要性が生じる場面もあるだろう。認証制度を自国で持つことにより，その運営や課題，サプライチェーンに関連する知見の蓄積と，関連するサービス産業の振興に役立つことも期待される。

　その場合，できるだけ制度の断片化を起こさないよう注意を払いながら，また認証の目的を明確に設定するべきであろう。認証が貿易を通じて輸出相手国や国際社会で認められるのためのものなのか，自国の状況改善のためなのかによって，策定すべきサステナビリティ基準やとるべき方法も異なるだろう。貿易のためであれば，ある程度民間主導で行うことも可能である。ただし，RoHS 指令への対応の際も起こったことだが，民間主導で始めた対応も，サプライヤーの数が多く，内容の普及が困難で，かつ企業が負担するにはコストがかかりすぎる場合は，公共政策の支援が必要となる可能性もある。また，輸出相手国で認められるためには，関係相手先とも連携しながら，取引相手のニーズや要求について理解し，その視点を組み込んでいくことが欠かせない。

　国内の課題解決を目指すのであれば，認証という形にすることで，その最終財に需要があるのか，消費者や市民との対話も行いながら進めていく可能性もある。消費者が認証に価値を見出すのか，企業が何を目的にその認証を取得する必要性を見出すのかの検討は欠かせない。認証のコストが高く，認証にしても企業にメリットが生じないのであれば，別の方法の検討も必要であろう。とりわけ，小規模生産者の包摂性を重視するのであれば，まずは認証の前に生産者にその制度の意図と目的を伝えて理解をしてもらう努力とともに，トレーサビリティを確保する地道な取り組みが欠かせない。これまで世界各地でサステナブル認証が用いられてきており，その経験から学ぶことは重要である。

サステナビリティと今後の国際情勢

　サステナブル認証の歴史と経験からみてきたように，サステナビリティという新たな価値観を経済活動に組み込む動きは，近年の制度のイノベーションといえる。イノベーションには試行錯誤がつきものである。さまざまな取り組みが行われ，経験の蓄積と競争を通じて，サステナブル認証の仕組みも終わることのない改善の道のりを辿ってきている。このため，政府・民間施策は，目前の制度を遵守することだけを目標にするのではなく，本来何を目指すべきなのかという長期的な理解とビジョンを常に念頭に置く必要がある。逆に，フォロワーとして変化していく制度への対応を続けるだけでは，疲弊していくだろう。

　そして，サステナビリティにどのように取り組むべきなのかは，文化，社会，制度，そして技術にも依存する。必要な制度の導入では，国際社会に対して議論を発し，その必要性や重要性の説得をしていく努力も欠かせない。いかによい制度であっても，国際社会に認められなければ，国際的なビジネスでは通用しない可能性が高いからである。

　またサステナビリティは新たな競争のプラットフォームでもある。これまでみてきたように，サステナビリティは消費者にとっての競争領域としてはまだ大きな力を持っていないが，規制を強制的に実施できる政府や独占力をもつ企業によって，競争の手段とされている。

　長期的に効果があるサステナビリティ施策を，どのように競争と両立していくかは今後も課題であるだろう。とくに，サステナビリティ施策においてフォロワーであり続けるのがよいのか，制度策定にかかわり，新たな制度を提案するなど，より主体的な方策がありうるのか，かじ取りは難しい。今後も蓄積される経験と知見を使いながら，考えていく必要がある。

あとがき

　本書は，企業で働く方，とりわけサステナビリティ施策に関わる方，研究者，政策担当者，そして高校生や大学生，同時に消費者であるすべての読者に届けたいと考えている。サステナビリティの課題は，私たちひとりひとりが経済活動や生活のなかで考え，実践していく必要がある。これまでどのような施策が考えられ行われてきたのか，サステナブル認証のこれまでのルール形成の経緯を知ることで，今後のサステナビリティをめぐる動きと経済活動や実態への影響を探り，実効性のある取り組みを検討する足がかりの一助となれば幸いである。

　サステナブル認証については，各分野の専門家による評価はさまざまであり，コンセンサスがとれているとはいえない状況であろう。本書で述べたように，サステナブル認証，広くはサステナビリティの取り組みには多様な見方・方法があり，与える効果も対象によって異なる。複雑な事象を理解しながらそれぞれの文脈や状況で適用していくことが必要だろう。

　本書はサステナブル認証を主に取り扱ったが，サステナビリティの規制と認証に関するテーマは，著者が「環境と貿易」の研究を行うなかで，15年ほど関心を持ち続けて研究対象としてきたものである。これまで英文での出版や発表は行ってきたが，このたび日本語での出版の機会をいただくことができた。ここまで多くの方々のご助力をいただいたことに，厚く感謝申し上げたい。

　サステナブル認証の研究はさまざまな学問分野を横断して行われているため，本書も領域をまたいだ議論になった。筆者のバックグラウンドは経済学だが，制度や政治についての理解も同時に必要であると痛感した。このため

242 あとがき

政治学や国際関係論，法学，社会学，地域研究を含む分野の論文や，政治学や社会学，地域研究の研究者との共同研究を通じて学んできた。

この過程で，社会学は英サセックス大学のジョン・ハンフリー（John Humphrey）先生，政治学は米カリフォルニア大学バークレー校のデビッド・ボーゲル（David Vogel）先生から教えていただく機会を得て，アメリカや欧州の見方も学ぶことができた。とくにハンフリー先生からは，認証についてだけでなく，共同研究を通じて多くの教えを得た。また，国際機関 ERIA（Economic Research Institute for ASEAN and East Asia）でも研究をする機会をいただいた。研究の過程では，当時の西村英俊総長とインドネシア政府担当者，インドネシア・マレーシア・インド・欧州の研究者からなるチームから貴重なコメントをいただいた。これらの機会は，さまざまな見方を知る有益な機会になった。

当時東京大学で現在中央学院大学の中川淳司先生には，認証に関するワークショップでご教授を賜った。中央大学の阿部顕三先生，関西学院大学の東田啓作先生には倫理的貿易について多くのご示唆を賜った。大阪大学の福崎英一郎先生には生物工学という異なる分野から，認証の社会への実装について考える機会をいただいた。また，筆者がアカデミック・アドバイザーとして参加する国連サステナビリティ基準に関するフォーラム（UNFSS：United Nations Forum on Sustainability Standards）では，欧州や米国，新興国の認証を扱う研究者や，国際機関の担当者，認証機関，その他の専門家と議論を行っており，認証の本拠地と国際社会での考え方を知る良い機会であった。本書で主要な事例として取り上げたパーム油認証については，アブラヤシを扱う研究者や既存研究から多くを学んだ。さらに，本書の執筆過程では同志社大学の岡本由美子先生から，多くの専門的なご意見・ご知見をいただくことで理解を深めることができた。

環境規制と貿易，非関税障壁についての研究は，慶應義塾大学で当時のERIA チーフエコノミスト，現アジア経済研究所所長・木村福成先生のプロジェクトに関連して始めたものである。当時アジア経済研究所で現在早稲田大学の鍋嶋郁先生，大阪大学の大槻恒裕先生，熊本県立大学の本田圭市郎先生，早稲田大学の有村俊秀先生と共同で実施させていただいたことで進める

ことができた。前アジア経済研究所で現在新潟県立大学の佐藤仁志先生には，企画の契機をいただき，研究でも多くのご協力をいただいた。また消費者調査では，桜美林大学の森田玉雪先生から多くのご知見をいただいた。あらためてお礼申し上げたい。

　学会以外でも多くの方々のご協力をいただいた。本書は，これまで実施した調査や分析は，アジア，アメリカ，ヨーロッパ各地で実施した国際機関，政府，企業，業界団体，NGOなどに対する数多くの聞き取り調査や出席した学会・会議にもとづき論じている。日本でも，政府関係者や企業，業界団体，NGO，そして認証団体，監査会社をはじめとした方々に実態や考え方をご教授いただきながら，事象の理解を進めてきた。また，著者は現在，経済産業省資源エネルギー庁のバイオマス持続可能性ワーキンググループに参画しており，座長・委員の先生方や関係者のさまざまな視点からサステナブル認証について考察する機会をいただくことができた。

　本書で行われる解釈は著者の責任に帰すが，インタビューに応じて下さったみなさま方のお知恵や経験を共有くださったことで，本書の執筆にたどり着くことが可能になった。ここでお時間をとってくださったみなさまにお礼を申し上げたい。

　著者の所属するアジア経済研究所の自由闊達な研究環境と，同僚の研究者との交流なくしては成果の出版にいたらなかった。研究所のさまざまな分野の同僚研究者が世界各地からよんでくれる研究者との議論も多いに役立った。図書館と管理部門の同僚は，資料や途上国との煩雑な手続きも含めいつも助けてくれた。

　本書が出版にたどり着けたのは，編集はもちろんのこと，企画から出版のすべての段階で伴走して下さった勝康裕氏（アジア経済研究所成果発信アドバイザー）のおかげである。そして，本書の刊行を引き受けて下さった日本評論社の道中真紀氏にも大変お世話になった。

　最後に，ここまで研究を続けられているのは，支えてくれる家族のおかげと感謝している。

*

244　あとがき

　なお，サステナブル認証にかかわる研究と本書の執筆は，複数の研究資金により実施することができた。日本貿易振興機構アジア経済研究所の2020〜2022年度研究会「基準認証と国際貿易の研究──ソフト・ローの実際と経済学的含意」，2022年度 ERIA 支援室研究「持続可能性認証に対する消費者の選好」，そして JSPS 科研費（18K01591；19K12468；21H04400）から助成を受けたものである。

　　2025年1月

道田　悦代

参考文献

Abbott, Kenneth W. and Duncan Snidal（2000）"Hard and Soft Law in International Governance," *International Organization*, 54（3）: 421-56.

—— （2009）"Strengthening International Regulation through Transmittal New Governance: Overcoming the Orchestration Deficit," *Vanderbilt Journal of Transnational Law*, 42: 501.

Abman, Ryan, Clark Lundberg and Michele Ruta（2024）"The Effectiveness of Environmental Provisions in Regional Trade Agreements," *Journal of the European Economic Association*, jvae023.

Adolph, Christopher, Vanessa Quince and Aseem Prakash（2017）"The Shanghai Effect: Do Exports to China Affect Labor Practices in Africa?" *World Development*, 89: 1-18.

Akdeniz, Billur, Roger J. Calantone and Clay M. Voorhees（2013）"Effectiveness of Marketing Cues on Consumer Perceptions of Quality: The Moderating Roles of Brand Reputation and Third-Party Information," *Psychology & Marketing*, 30（1）: 76-89.

Akerlof, George A.（1970）"The Market for 'Lemons': Quality Uncertainty and the Market Mechanism," *The Quarterly Journal of Economics*, 84（3）: 488-500.

Ali, Waris, Jedrzej George Frynas and Zeeshan Mahmood（2017）"Determinants of Corporate Social Responsibility（CSR）Disclosure in Developed and Developing Countries: A Literature Review," *Corporate Social Responsibility and Environmental Management*, 24（4）: 273-94.

Anders, Sven M. and Julie A. Caswell（2009）"Standards as Barriers Versus Standards as Catalysts: Assessing the Impact of Haccp Implementation on Us Seafood Imports," *American Journal of Agricultural Economics*, 91（2）: 310-21.

Apostolidis, Chrysostomos and Fraser McLeay（2016）"Should We Stop Meating Like This? Reducing Meat Consumption through Substitution," *Food Policy*, 65: 74-89.

Arimura, Toshi H., Nicole Darnall and Hajime Katayama（2011）"Is ISO 14001 a Gateway to More Advanced Voluntary Action? The Case of Green Supply Chain Management," *Journal of Environmental Economics and Management*, 61（2）: 170-82.

Baghdadi, Leila, Inmaculada Martinez-Zarzoso and Habib Zitouna（2013）"Are RTA

Agreements with Environmental Provisions Reducing Emissions?" *Journal of International Economics*, 90(2): 378-90.

Bai, Chunguang and Joseph Sarkis (2010) "Integrating Sustainability into Supplier Selection with Grey System and Rough Set Methodologies," *International Journal of Production Economics*, 124(1): 252-64.

Bartley, Tim (2003) "Certifying Forests and Factories: States, Social Movements, and the Rise of Private Regulation in the Apparel and Forest Products Fields," *Politics & Society*, 31(3): 433-64.

Bastounis, Anastasios, John Buckell, Jamie Hartmann-Boyce, Brian Cook, Sarah King, Christina Potter, Filippo Bianchi, Mike Rayner and Susan A. Jebb (2021) "The Impact of Environmental Sustainability Labels on Willingness-to-Pay for Foods: A Systematic Review and Meta-Analysis of Discrete Choice Experiments," *Nutrients*, 13 (8): 2677.

Beghin, John C., Miet Maertens and Johan Swinnen (2015) "Nontariff Measures and Standards in Trade and Global Value Chains," *Annual Review of Resource Economics*, 7(1): 425-50.

Berliner, Daniel and Aseem Prakash (2015) " 'Bluewashing' the Firm? Voluntary Regulations, Program Design, and Member Compliance with the United Nations Global Compact," *Policy Studies Journal*, 43(1): 115-38.

Bernstein, Steven and Erin Hannah (2008) "Non-State Global Standard Setting and the WTO: Legitimacy and the Need for Regulatory Space," *Journal of International Economic Law*, 11(3): 575-608.

Big Room (2022) "Ecolabel Index," Vancouver: Big Room Inc.

Blandon, Abigayil and Hiroe Ishihara (2021) "Seafood Certification Schemes in Japan: Examples of Challenges and Opportunities from Three Marine Stewardship Council (MSC) Applicants," *Marine Policy*, 123: 104279.

Bloomfield, Michael John (2012) "Is Forest Certification a Hegemonic Force? The Fsc and Its Challengers," *The Journal of Environment & Development*, 21(4): 391-413.

Blue Angel (2024) "Blue Angel Home Page."

Board Bia (2021) "Global Sustainability Insight," Dublin: Bord Bia-Irish Food Board.

Bossavie, Laurent, Yoonyoung Cho and Rachel Heath (2023) "The Effects of International Scrutiny on Manufacturing Workers: Evidence from the Rana Plaza Collapse in Bangladesh," *Journal of Development Economics*, 163: 103107.

Boström, Magnus (2003) "How State-Dependent Is a Non-State-Driven Rule-Making Project? The Case of Forest Certification in Sweden," *Journal of Environmental Policy & Planning*, 5(2): 165-80.

Bradford, Anu (2020) *The Brussels Effect: How the European Union Rules the World*, New York: Oxford University Press〔アニュ・ブラッドフォード／庄司克宏監訳

『ブリュッセル効果 EU の覇権戦略——いかに世界を支配しているのか』白水社, 2022年].

Brandi, Clara, Jakob Schwab, Axel Berger and Jean-Frédéric Morin（2020）"Do Environmental Provisions in Trade Agreements Make Exports from Developing Countries Greener?" *World Development*, 129: 104899.

Brécard, Dorothée, Boubaker Hlaimi, Sterenn Lucas, Yves Perraudeau and Frédéric Salladarré（2009）"Determinants of Demand for Green Products: An Application to Eco-Label Demand for Fish in Europe," *Ecological Economics*, 69(1): 115-25.

Brécard, Dorothée, Sterenn Lucas, Nathalie Pichot and Frédéric Salladarré（2012）"Consumer Preferences for Eco, Health and Fair Trade Labels. An Application to Seafood Product in France," *Journal of Agricultural & Food Industrial Organization*, 10(1): 1-32.

Brown, Drusilla K., Alan Deardorff and Robert Stern（2004）"The Effects of Multinational Production on Wages and Working Conditions in Developing Countries," in *Challenges to Globalization: Analyzing the Economics*, Chicago: University of Chicago Press, 279-330.

Campbell, Hugh（2005）"The Rise and Rise of Eurep-Gap: European Re（Invention）of Colonial Food Relations?" *The International Journal of Sociology of Agriculture and Food*, 13(2): 1-19.

Carlson, K. M., R. Heilmayr, H. K. Gibbs, P. Noojipady, D. N. Burns, D. C. Morton, N. F. Walker, G. D. Paoli and C. Kremen（2020）"RSPO-Certified Palm Oil Concessions," Global Forest Watch.

Carlson, Kimberly M., Robert Heilmayr, Holly K. Gibbs, Praveen Noojipady, David N. Burns, Douglas C. Morton, Nathalie F. Walker, Gary D. Paoli and Claire Kremen（2018）"Effect of Oil Palm Sustainability Certification on Deforestation and Fire in Indonesia," *Proceedings of the National Academy of Sciences*, 115(1): 121-26.

Cashore, Benjamin, Graeme Auld and Deanna Newsom（2004）*Governing through Markets: Forest Certification and the Emergence of Non-State Authority*, New Haven: Yale University Press.

Cashore, Benjamin, Fred Gale, Errol Meidinger and Deanna Newsom（2006）"Confronting Sustainability: Forest Certification in Developing and Transitioning Countries," Yale School of the Environment Publications Series 28.

Chiputwa, Brian and Matin Qaim（2016）"Sustainability Standards, Gender, and Nutrition among Smallholder Farmers in Uganda," *The Journal of Development Studies*, 52(9): 1241-57.

Chkanikova, Olga and Matthias Lehner（2015）"Private Eco-Brands and Green Market Development: Towards New Forms of Sustainability Governance in the Food Retailing," *Journal of Cleaner Production*, 107: 74-84.

Choi, Sungchul and Alex Ng (2011) "Environmental and Economic Dimensions of Sustainability and Price Effects on Consumer Responses," *Journal of Business Ethics*, 104 (2): 269-82.

Codron, Jean-Marie, Eric Giraud-Héraud and Louis-Georges Soler (2005) "Minimum Quality Standards, Premium Private Labels, and European Meat and Fresh Produce Retailing," *Food Policy*, 30(3): 270-83.

Colen, Liesbeth, Miet Maertens and Johan Swinnen (2012) "Private Standards, Trade and Poverty: Globalgap and Horticultural Employment in Senegal," *The World Economy*, 35(8): 1073-88.

D'Antone, Simona and Robert Spencer (2014) "Concerns and Marketization: The Case of Sustainable Palm Oil. Concerned Markets," in S. Geiger, D. Harrison, H. Kjellberg and A. Mallard, eds., *Concerned Markets: Economic Ordering for Multiple Values*, Cheltenham: Edward Elgar, 72-101.

Dallas, Mark P., Stefano Ponte and Timothy J. Sturgeon (2019) "Power in Global Value Chains," *Review of International Political Economy*, 26(4): 666-94.

Darby, Kim, Marvin T. Batte, Stan Ernst and Brian Roe (2008) "Decomposing Local: A Conjoint Analysis of Locally Produced Foods," *American Journal of Agricultural Economics*, 90(2): 476-86.

De Fries, Ruth S., Jessica Fanzo, Pinki Mondal, Roseline Remans and Stephen A. Wood (2017) "Is Voluntary Certification of Tropical Agricultural Commodities Achieving Sustainability Goals for Small-Scale Producers? A Review of the Evidence," *Environmental Research Letters*, 12(3): 033001.

Dentsu and Doshisya (2021) "The World Value Survey," I. f. C. S. Research.

Dewinter-Schmitt, Rebecca and Sorcha Macleod (2019) "Certifying Private Security Companies: Effectively Ensuring the Corporate Responsibility to Respect Human Rights?" *Business and Human Rights Journal*, 4(1): 55-77.

Dietz, Thomas and Janina Grabs (2022) "Additionality and Implementation Gaps in Voluntary Sustainability Standards," *New Political Economy*, 27(2): 203-24.

Doan, D. T., A. Ghaffarianhoseini, N. Naismith, T. R. Zhang, A. Ghaffarianhoseini and J. Tookey (2017) "A Critical Comparison of Green Building Rating Systems," *Building and Environment*, 123: 243-60.

Dragusanu, Raluca, Daniele Giovannucci and Nathan Nunn (2014) "The Economics of Fair Trade," *Journal of Economic Perspectives*, 28(3): 217-36.

Ehrich, Malte and Axel Mangelsdorf (2018) "The Role of Private Standards for Manufactured Food Exports from Developing Countries," *World Development*, 101: 16-27.

Fairtrade (2022) "A Changing Landscape of Fairness: Fairtrade International Annual Report 2022."

FAO (2003) "Development of a Framework for Good Agricultural Practices," *Commitee on Agriculture Seventeenth Session*, Rome: FAO.

—— (2004) "Good Agricultural Practices - a Working Concept: Background Paper for the Fao Internal Workshop on Good Agricultural Practices," Rome: FAO.

Ferro, Esteban, Tsunehiro Otsuki and John S. Wilson (2015) "The Effect of Product Standards on Agricultural Exports," *Food Policy*, 50: 68-79.

FOAG (2023) "Free Trade Agreement between Switzerland and Indonesia," Switzerland: Federal Office of Agriculture.

Fosu, Augustin Kwasi (2017) "Growth, Inequality, and Poverty Reduction in Developing Countries: Recent Global Evidence," *Research in Economics*, 71(2): 306-36.

FSC (2022) "Our History."

Fuchs, Doris, Agni Kalfagianni and Maarten Arentsen (2009) "Retail Power, Private Standards, and Sustainability in the Global Food System," in Jennifer Clapp and Doris Fuchs, eds., *Corporate Power in Global Agrifood Governance*, Cambridge, Mass: The MIT Press.

Fulponi, Linda (2006) "Private Voluntary Standards in the Food System: The Perspective of Major Food Retailers in Oecd Countries," *Food Policy*, 31(1): 1-13.

Futtrup, Rebecca, George Tsalis, Susanne Pedersen, Moira Dean, Tony Benson and Jessica Aschemann-Witzel (2021) "Is the Whole More Than the Sum of Its Parts? Challenges and Opportunities for a Holistic Consumer-Friendly Sustainability Label on Food," *Sustainable Production and Consumption*, 28: 1411-21.

The Gallup Organization (2009) "Europeans' Attitudes Towards the Issue of Sustainable Consumption and Production," *Flash EB Series #256*.

Geier, B. (2007) *IFOAM and the History of the International Organic Movement*, CABI International.

Gereffi, Gary and Joonkoo Lee (2012) "Why the World Suddenly Cares About Global Supply Chains," *Journal of Supply Chain Management*, 48(3): 24-32.

Gilardi, Fabrizio (2012) "Transnational Diffusion: Norms, Ideas, and Policies," in Walter Carlsnaes, Thomas Risse and Beth A. Simmons, eds., *Handbook of International Relations*, 2nd ed., Thousand Oaks: SAGE Publications, 453-77.

Giovannucci, Daniele and Stefano Ponte (2005) "Standards as a New Form of Social Contract? Sustainability Initiatives in the Coffee Industry," *Food Policy*, 30(3): 284-301.

Glasbergen, Pieter (2018) "Smallholders Do Not Eat Certificates," *Ecological Economics*, 147: 243-52.

Grimm, Jörg H., Joerg S. Hofstetter and Joseph Sarkis (2014) "Critical Factors for Sub-Supplier Management: A Sustainable Food Supply Chains Perspective," *International Journal of Production Economics*, 152: 159-73.

—— (2016) "Exploring Sub-Suppliers' Compliance with Corporate Sustainability Standards," *Journal of Cleaner Production*, 112: 1971-84.

Grunert, Klaus G., Sophie Hieke and Josephine Wills (2014) "Sustainability Labels on Food Products: Consumer Motivation, Understanding and Use," *Food Policy*, 44: 177-89.

Gulbrandsen, Lars H. (2014) "Dynamic Governance Interactions: Evolutionary Effects of State Responses to Non-State Certification Programs," *Regulation & Governance*, 8 (1): 74-92.

Gulbrandsen, Lars H., Irja Vormedal and Mari Lie Larsen (2022) "No Logo? The Failure of Asc Salmon Labeling in Norway and the UK," *Marine Policy*, 138: 104987.

Handschuch, Christina, Meike Wollni and Pablo Villalobos (2013) "Adoption of Food Safety and Quality Standards among Chilean Raspberry Producers-Do Smallholders Benefit?" *Food Policy*, 40: 64-73.

Hardin, Garrett (1968) "The Tragedy of the Commons: The Population Problem Has No Technical Solution: It Requires a Fundamental Extension in Morality," *Science*, 162 (3859): 1243-48.

Henson, Spencer and Thomas Reardon (2005) "Private Agri-Food Standards: Implications for Food Policy and the Agri-Food System," *Food Policy*, 30(3): 241-53.

Henson, Spencer and John Humphrey (2010) "Understanding the Complexities of Private Standards in Global Agri-Food Chains as They Impact Developing Countries," *The Journal of Development Studies*, 46(9): 1628-46.

Hoekman, Bernard M., Petros C. Mavroidis and Douglas R. Nelson (2023) "Non-Economic Objectives, Globalisation and Multilateral Trade Cooperation," Robert Schuman Centre, Center for Economic Policy Research.

Humphrey, John and Etsuyo Michida (2021) "National Palm Oil Standards in Asia: Motivations and Impacts on Trade and Rural Development," in E. Michida, J. Humphrey and D. Vogel, *Diffusion of Public and Private Sustainability Regulations: The Responses of Follower Countries*, Cheltenham: Edward Elgar, 17-46.

IFOAM (2014) "The IFOAM Norms for Organic Production and Processing," Bonn: IFOAM.

IOC (2015) "The London 2012 Food Legacy: Update," Lausanne: IOC.

ISO/IEC (2004) "Guide 2," *Standardization and related activities-General vocabrary*, Geneva: ISO/IEC.

ITC (2022) "Standards Map," Geneva: International Trade Center.

—— (2023) "The State of Sustainable Market 2023: Statistics and Emerging Trends," Geneva: International Trade Center.

Iue, Minako, Mitsutaku Makino and Misuzu Asari (2022) "Seafood Sustainability Supply Chain Trends and Challenges in Japan: Marine Stewardship Council Fisheries and Chain of Custody Certificates," *Sustainability*, 14(20): 13523.

Jacoby, Wade and Sophie Meunier (2013) "Europe and the Management of Globalization," in Wade Jacoby and Sophie Meunier, eds., *Europe and the Management of Globalization*, London: Routledge, 1-19.

Jones, Geoffrey（2017）*Profits and Sustainability: A History of Green Entrepreneurship*, Oxford: Oxford University Press.

Kalfagianni, Agni and Philipp Pattberg（2013）"Participation and Inclusiveness in Private Rule-Setting Organizations: Does It Matter for Effectiveness?" *Innovation: The European Journal of Social Science Research*, 26(3): 231-50.

Klevorick, Alvin K.（1996）"The Race to the Bottom in a Federal System: Lessons from the World of Trade Policy," *Yale Law & Policy Review*, 14(2): 177-86.

Koenig, Pamina and Sandra Poncet（2022）"The Effects of the Rana Plaza Collapse on the Sourcing Choices of French Importers," *Journal of International Economics*, 137: 103576.

Krueger, Alan B.（1996）*Observations on International Labor Standards and Trade*, Cambridge, Mass.: National Bureau of Economic Research.

Lafontaine, Francine and Margaret Slade（2007）"Vertical Integration and Firm Boundaries: The Evidence," *Journal of Economic Literature*, 45(3): 629-85.

Lambin, Eric F. and Tannis Thorlakson（2018）"Sustainability Standards: Interactions between Private Actors, Civil Society, and Governments," *Annual Review of Environment and Resources*, 43(1): 369-93.

Latapí Agudelo, Mauricio Andrés, Lára Jóhannsdóttir and Brynhildur Davídsdóttir（2019）"A Literature Review of the History and Evolution of Corporate Social Responsibility," *International Journal of Corporate Social Responsibility*, 4(1): 1.

Lepoutre, Jan and Aimé Heene（2006）"Investigating the Impact of Firm Size on Small Business Social Responsibility: A Critical Review," *Journal of Business Ethics*, 67: 257-73.

Liu, Pascal（2009）"Private Standards in International Trade: Issues and Opportunities," *WTO's Workshop on environment-related private standards, certification and labeling requirements*, Geneva.

Loconto, Allison and Eve Fouilleux（2014）"Politics of Private Regulation: Iseal and the Shaping of Transnational Sustainability Governance," *Regulation & Governance*, 8 (2): 166-85.

Maertens, Miet and Jo Swinnen（2006）"Standards as Barriers and Catalysts for Trade and Poverty Reduction," *IAAE Conference Papers*, 1-34.

Maesano, Giulia, Giuseppe Di Vita, Gaetano Chinnici, Gioacchino Pappalardo and Mario D'Amico（2020）"The Role of Credence Attributes in Consumer Choices of Sustainable Fish Products: A Review," *Sustainability*, 12(23): 10008.

Marrucci, Luca, Tiberio Daddi and Fabio Iraldo（2019）"The Integration of Circular Economy with Sustainable Consumption and Production Tools: Systematic Review and Future Research Agenda," *Journal of Cleaner Production*, 240: 118268.

Marx, Axel, Charline Depoorter, Santiago Fernandez de Cordoba, Rupal Verma, Mercedes Araoz, Graeme Auld, Janne Bemelmans, Elizabeth A. Bennett, Eva Boonaert, Clara Brandi, *et al.* (2024) "Global Governance through Voluntary Sustainability Standards: Developments, Trends and Challenges," *Global Policy*, 15: 708-728.

Melo, Oscar, Alejandra Engler, Laura Nahuehual, Gabriela Cofre and José Barrena (2014) "Do Sanitary, Phytosanitary, and Quality-Related Standards Affect International Trade? Evidence from Chilean Fruit Exports," *World Development*, 54: 350-59.

Michida, Etsuyo (2014) "The Policy Impact of Product-Related Environmental Regulations in Asia," *IDE Discussion Papers*, No. 451.

—— (2017) "Regulatory Diffusion from Europe to Asia," in E. Michida, J. Humphrey and K. Nabeshima, eds., *Regulations and International Trade: New Sustainability Challenges for East Asia*, Cham: Palgrave Macmillan.

—— (2023) "Effectiveness of Self-Regulating Sustainability Standards for the Palm Oil Industry," *ERIA Discussion Paper Series*, No. 476.

Michida, Etsuyo and Kaoru Nabeshima (2017) "Diffusion of Private Food Standards from the European Union to Asia," in E. Michida, K. Nabeshima and J. Humphrey, eds., *Regulations and International Trade: New Sustainability Challenges for East Asia*, Cham: Palgrave Macmillan, 107-29.

Michida, Etsuyo, John Humphrey and Kaoru Nabeshima, eds. (2017) *Regulations and International Trade: New Sustainability Challenges for East Asia*, Cham: Palgrave Macmillan.

Michida, Etsuyo, John Humphrey and David Vogel (2021) *Diffusion of Public and Private Sustainability Regulations: The Responses of Follower Countries*, Cheltenham: Edward Elgar.

Miller, D., J. H. Doh, K. Panuwatwanich and N. van Oers (2015) "The Contribution of Structural Design to Green Building Rating Systems: An Industry Perspective and Comparison of Life Cycle Energy Considerations," *Sustainable Cities and Society*, 16: 39-48.

Miteva, Daniela A., Colby J. Loucks and Subhrendu K. Pattanayak (2015) "Social and Environmental Impacts of Forest Management Certification in Indonesia," *PloS one*, 10(7): e0129675.

Mueller, Martin, Virginia Gomes Dos Santos and Stefan Seuring (2009) "The Contribution of Environmental and Social Standards Towards Ensuring Legitimacy in Supply Chain Governance," *Journal of Business Ethics*, 89(4): 509-23.

Nabeshima, Kaoru, Etsuyo Michida, Hoang Nam Vu and Aya Suzuki (2015) "Emergence of Asian Gaps and Its Relationship to Global G.A.P.," IDE Discussion Paper, No. 507.

Nagiah, Claudine and Reza Azmi (2013) "A Review of Smallholder Oil Palm Production: Challenges and Opportunities for Enhancing Sustainability - a Malaysian Perspective," *Journal of Oil Palm, Environment and Health* (*JOPEH*), 3(12): 114-120.

Naiki, Yoshiko (2021) "Meta-Regulation of Private Standards: The Role of Regional and International Organizations in Comparison with the WTO," *World Trade Review*, 20 (1): 1-24.

Negi, Archna (2020) "The World Trade Organization and Sustainability Standards," in A. Negi, J. A. Pérez-Pineda and J. Blankenbach, eds., *Sustainability Standards and Global Governance: Experiences of Emerging Economies*, Singapore: Springer Singapore, 39-59.

Onozaka, Yuko and Dawn Thilmany McFadden (2011) "Does Local Labeling Complement or Compete with Other Sustainable Labels? A Conjoint Analysis of Direct and Joint Values for Fresh Produce Claim," *American Journal of Agricultural Economics*, 93(3): 693-706.

Oosterveer, Peter (2015) "Promoting Sustainable Palm Oil: Viewed from a Global Networks and Flows Perspective," *Journal of Cleaner Production*, 107: 146-53.

Otsuki, Tsunehiro, John S. Wilson and Mirvat Sewadeh (2001) "Saving Two in a Billion: Quantifying the Trade Effect of European Food Safety Standards on African Exports," *Food Policy*, 26(5): 495-514.

Oya, Carlos, Florian Schaefer and Dafni Skalidou (2018) "The Effectiveness of Agricultural Certification in Developing Countries: A Systematic Review," *World Development*, 112: 282-312.

Palmer, Karen, Wallace E. Oates and Paul R. Portney (1995) "Tightening Environmental Standards: The Benefit-Cost or the No-Cost Paradigm?" *Journal of Economic Perspectives*, 9(4): 119-32.

Paull, J. (2010) "From France to the World: The International Federation of Organic Agriculture Movements (IFOAM)," *Journal of Social Research & Policy*, 1(2): 93-102.

Ponte, Stefano (2012) "The Marine Stewardship Council (MSC) and the Making of a Market for 'Sustainable Fish'," *Journal of Agrarian Change*, 12(2-3): 300-15.

—— (2014) " 'Roundtabling' Sustainability: Lessons from the Biofuel Industry," *Geoforum*, 54: 261-71.

Prakash, Aseem (2000) "Responsible Care: An Assessment," *Business & Society*, 39(2): 183-209.

Prinanda, Devita and Vinsensio Dugis (2017) "Winning Public Trust in Multi-Actor Bargaining: A Case Study of Pt Smart Strategy in Facing Allegation of Environmental Destruction through RSPO," *Unhas International Conference on Social and Political Science* (*UICoSP 2017*), Atlantis Press, 59-61.

Reardon, Thomas, Christopher B. Barrett, Julio A. Berdegué and Johan F. M. Swinnen (2009) "Agrifood Industry Transformation and Small Farmers in Developing Countries," *World Development*, 37（11）：1717-27.

Reinecke, J., D. G. Arnold and G. Palazzo（2016）"Qualitative Methods in Business Ethics, Corporate Responsibility, and Sustainability Research," *Business Ethics Quarterly*, 26（4）：XIII-XXII.

Reinecke, Juliane, Stephan Manning and Oliver Von Hagen（2012）"The Emergence of a Standards Market: Multiplicity of Sustainability Standards in the Global Coffee Industry," *Organization Studies*, 33（5-6）：791-814.

Renckens, Stefan（2020）*Private Governance and Public Authority: Regulating Sustainability in a Global Economy*, Cambridge: Cambridge University Press.

Ricci, Elena Claire, Alessandro Banterle and Stefanella Stranieri（2018）"Trust to Go Green: An Exploration of Consumer Intentions for Eco-Friendly Convenience Food," *Ecological Economics*, 148：54-65.

RSPO（2017）"Strengthening the RSPO Audit," Geneva: RSPO.

—— （2018）"RSPO P&C 2018: A Renewed Commitment," Geneva: RSPO.

Rubik, Frieder, Siddharth Prakash and Felicitas Riedel（2022）"Integration of Social Aspects in the German Blue Angel Scheme - Views from Manufacturers and Consumers," *Sustainable Production and Consumption*, 33：466-76.

Sankar, U.（2007）*Trade and Environment: A Study of India's Leather Exports*, New Delhi: Oxford University Press.

Santeramo, Fabio Gaetano and Emilia Lamonaca（2019）"The Effects of Non-Tariff Measures on Agri-Food Trade: A Review and Meta-Analysis of Empirical Evidence," *Journal of Agricultural Economics*, 70（3）：595-617.

Savadkouhi, Roya（2012）"Constructing Environmental Friendliness: The Case of the German Blue Angel," *MaRBLe*, 2.

Schäufele, Isabel and Ulrich Hamm（2017）"Consumers' Perceptions, Preferences and Willingness-to-Pay for Wine with Sustainability Characteristics: A Review," *Journal of Cleaner Production*, 147：379-94.

Scherer, Andreas Georg and Guido Palazzo（2011）"The New Political Role of Business in a Globalized World: A Review of a New Perspective on CSR and Its Implications for the Firm, Governance, and Democracy," *Journal of Management Studies*, 48（4）：899-931.

Schleifer, Philip（2016）"Private Governance Undermined: India and the Roundtable on Sustainable Palm Oil," *Global Environmental Politics*, 16（1）：38-58.

Schleifer, Philip and Yixian Sun（2018）"Emerging Markets and Private Governance: The Political Economy of Sustainable Palm Oil in China and India," *Review of International Political Economy*, 25（2）：190-214.

Schmid, Otto（2007）"Development of Standards for Organic Farming," in W. Lockeretz, ed., *Organic Farming: An International History*, Trowbridge: CABI.

Schouten, Greetje and Pieter Glasbergen (2011) "Creating Legitimacy in Global Private Governance: The Case of the Roundtable on Sustainable Palm Oil," *Ecological Economics*, 70(11): 1891-99.

Schouten, Greetje and Verena Bitzer (2015) "The Emergence of Southern Standards in Agricultural Value Chains: A New Trend in Sustainability Governance?" *Ecological Economics*, 120: 175-84.

Schrank, Andrew (2013) "From Disguised Protectionism to Rewarding Regulation: The Impact of Trade-Related Labor Standards in the Dominican Republic," *Regulation & Governance*, 7(3): 299-320.

Schuessler, Elke, Stephen J. Frenkel and Chris F. Wright (2018) "Governance of Labor Standards in Australian and German Garment Supply Chains: The Impact of Rana Plaza," *ILR Review*, 72(3): 552-79.

Schuler, Gefion (2008) "Effective Governance through Decentralized Soft Implementation: The Oecd Guidelines for Multinational Enterprises," *German Law Journal*, 9(11): 1753-78.

Schuster, Monica and Miet Maertens (2015) "The Impact of Private Food Standards on Developing Countries' Export Performance: An Analysis of Asparagus Firms in Peru," *World Development*, 66: 208-21.

Schwartz, Barry (2004) *The Paradox of Choice: Why More Is Less*, New York: HarperCollins〔バリー・シュワルツ／瑞穂のりこ訳『なぜ選ぶたびに後悔するのか――「選択の自由」の落とし穴』ランダムハウス講談社, 2004年〕.

Shiraishi, Kenji and Hajime Iseda (2021) "Factors Explaining the Adoption of Green Building Rating Systems at the Country Level: Competition of Leed and Other Green Building Rating Systems," in E. Michida, J. Humphrey and D. Vogel, eds., *The Diffusion of Public and Private Sustainbility Regulations: The Responses of Follower Countries*, Cheltenham: Edward Elgar.

Stanbury, William T. and Ilan B. Vertinsky (1997) "Boycotts in Conflicts over Forestry Issues: The Case of Clayoquot Sound," *The Commonwealth Forestry Review*, 76(1): 18-24.

Suzuki, Aya, Lovell S. Jarvis and Richard J. Sexton (2011) "Partial Vertical Integration, Risk Shifting, and Product Rejection in the High-Value Export Supply Chain: The Ghana Pineapple Sector," *World Development*, 39(9): 1611-23.

Swinnen, Johan F. M. and Miet Maertens (2007) "Globalization, Privatization, and Vertical Coordination in Food Value Chains in Developing and Transition Countries," *Agricultural Economics*, 37: 89-102.

Trienekens, Jacques and Peter Zuurbier (2008) "Quality and Safety Standards in the Food Industry, Developments and Challenges," *International Journal of Production Economics*, 113(1): 107-22.

Uchida, Hirotsugu, Yuko Onozaka, Tamaki Morita and Shunsuke Managi（2014a）"Demand for Ecolabeled Seafood in the Japanese Market： A Conjoint Analysis of the Impact of Information and Interaction with Other Labels," *Food Policy*, 44： 68-76.

Uchida, Hirotsugu, Cathy A. Roheim, Hiroki Wakamatsu and Christopher M. Anderson （2014b）"Do Japanese Consumers Care About Sustainable Fisheries? Evidence from an Auction of Ecolabelled Seafood," *Australian Journal of Agricultural and Resource Economics*, 58（2）： 263-80.

UNFSS（2016）"Voluntary Sustainability Standards： Today's Landscape of Issues and Initiatives to Achieve Public Policy Objectives," *Flagship Report of the United Nations Forum on Sustainability Standards （UNFSS)*, Geneva： UNFSS.

—— （2020）"Scaling up Voluntary Sustainability Standards through Sustainable Public Procurement and Trade Policy," *4th Flagship Report of the United Nations Forum on Sustainability Standards （UNFSS)*, Geneva： UNFSS.

—— （2022）"Voluntary Sustainability Standards： Sustainability Agenda and Developing Countries： Opportunities and Challenges," *5th Flagship Report of the United Nations Forum on Sustainability Standards （UNFSS)*, Geneva： UNFSS.

UNIDO and IDE-JETRO（2013）"Meeting Standards, Winning Markets： Regional Trade Standards Compliance Report East Asia 2013," Vienna： UNIDO.

USDA（2020）"Oilseads and Products Annual."

Vasileva, Veselina and Didier Reynaud（2021）"Public Policies on Fair Trade," Commissioned by the Fair Trade Advocacy Office and Fairtrade International.

Velte, Patrick（2022）"Meta-Analyses on Corporate Social Responsibility （CSR)： A Literature Review," *Management Review Quarterly*, 72（3）： 627-75.

Vogel, David（1992）"Consumer Protection and Protectionism in Japan," *Journal of Japanese Studies*, 18（1）： 119-54.

—— （1995）*Trading Up: Consumer and Environmental Regulation in a Global Economy*, Cambridge, Mass.： Harvard University Press.

—— （2008）"Private Global Business Regulation," *Annual Review of Political Science*, 11： 261-82.

—— （2012）*The Politics of Precaution: Regulating Health, Safety, and Environmental Risks in Europe and the United States*, Princeton： Princeton University Press.

—— （2018）*California Greenin': How the Golden State Became an Environmental Leader*, Princeton： Princeton University Press.

Vogt, Gunter（2007）"The Origins of Organic Farming," in W. Lockeretz, ed., *Organic Farming: An International History*, Trowbridge： CABI.

Willer, Helga, Jan Trávnícek, Claudia Meier and Bernhard Schlatter, eds.（2022）*The World of Organic Agriculture: Statistics and Emerging Trends 2022*, FiBL, IFOAM.

Wolf, Julia（2014）"The Relationship between Sustainable Supply Chain Management,

Stakeholder Pressure and Corporate Sustainability Performance," *Journal of Business Ethics*, 119(3): 317-28.

World Bank (2023) "World Bank Open Data," Washington, DC: World Bank.

WTO (2005) "Committee on Sanitary and Phytosanitary Measures: Summary of the Meeting Held on 29030 June 2005," *G/SPS/R/37*, Geneva: World Trade Organization.

—— (2011) "Report of the Ad Hoc Working Group on Sps-Related Private Standards to the Sps Committee," *G/SPS/W/256*, Geneva: World Trade Organization.

Yandle, Bruce (1983) "Bootleggers and Baptists-the Education of a Regulatory Economists," *Regulation*, 7: 12.

Yiridoe, Emmanuel K., Samuel Bonti-Ankomah and Ralph C Martin (2005) "Comparison of Consumer Perceptions and Preference toward Organic Versus Conventionally Produced Foods: A Review and Update of the Literature," *Renewable Agriculture and Food Systems*, 20(4): 193-205.

CGF (2024) "GFSI: グローバル・フード・セーフティー・イニシアティブ," CGF。

一般社団法人日本GAP協会 (2022)「JGAP 農場用——管理点と適合基準」日本GAP協会。

岡本由美子 (2023)「持続可能性を実現する通商ガバナンスのあり方：サステナブル認証制度の役割と今後」『世界経済評論』1／2月：63-71。

—— (2024)「SDGs，貿易とジェンダー」『同志社政策科学研究』25(2)：23-34。

栗山浩一・柘植隆宏・庄子康 (2013)『初心者のための環境評価入門』勁草書房。

笹岡正敏・藤原敬大 (2021)『誰のための熱帯林保全か——現場から考えるこれからの「熱帯林ガバナンス」』新泉社。

佐藤寛編 (2011)『フェアトレードを学ぶ人のために』世界思想社。

林田秀樹編 (2021a)『アブラヤシ農園問題の研究Ⅰ［グローバル編］——東南アジアにみる地球的課題を考える』晃洋書房。

—— (2021b)『アブラヤシ農園問題の研究Ⅱ［ローカル編］——農園開発と地域社会の構造変化を追う』晃洋書房。

森田玉雪・馬奈木俊介 (2010)「水産エコラベリングの発展可能性——ウェブ調査による需要」RIETI Discussion Paper Series, 10-J-37。

村上譲 (2004)「有機食品の認証システム」『日本食生活学会誌』15(1)：41-44。

中川淳司 (2017)「プライベート・スタンダードとグローバル・ガバナンス——課題と展望」『中央学院大学社会システム研究所紀要』17(2)：39-51。

中川淳司 (2021)「SDGs（持続可能な開発目標）と自主的持続可能性基準（Vss）」柳原正治・森川幸一・兼原敦子・濱田太郎編『国際法秩序とグローバル経済（間宮勇先生追悼）』信山社。

永島優 (2024a)「国際的な監視圧力は製造業の労働環境を改善するか？ バングラデシュのラナ・プラザ崩壊のその後」（途上国研究の最先端 第79回）『IDE ス

クエア』。

—— (2024b)「バングラデシュのラナ・プラザ崩壊のその後（2）—— 事故に見舞われた工場に発注をかけていたアパレル小売企業は、事故とどう向き合ったのか？」（途上国研究の最先端 第81回）『IDE スクエア』。

奈良好啓（2004）『国際標準化入門』日本規格協会。

日本化学工業協会（2012）「レスポンシブル・ケア」。

道田悦代（2014）「環境・食品安全分野におけるプライベート・スタンダード」箭内彰子・道田悦代編『貿易と環境——途上国の持続可能な発展に向けて』アジア経済研究所。

—— (2018)「パーム油持続可能性認証にみる『環境と開発』南北問題の再燃：途上国の挑戦」（アジ研ポリシー・ブリーフNo. 118）アジア経済研究所。

—— (2020)「持続可能性認証と国際貿易——パーム油の事例」『国際経済』71: 31-51。

—— (2021)「森林と住民生活をどう守るか？ パーム油スタンダードの影響と課題」林田秀樹編（2021）『アブラヤシ農園問題の研究 I』［グローバル編］——東南アジアにみる地球的課題を考える』晃洋書房，第 8 章。

ローツェン，ニコ／フランツ・ヴァン・デル・ホフ（2007）『フェアトレードの冒険——草の根グローバリズムが世界を変える』永田千奈訳，日経 BP 社。

略語一覧

略語	正式名称	日本語（定訳と著者による日本語訳*）
AF&PA	American Forest &Paper Association	アメリカ林産物・製紙協会
ASC	Aquaculture Stewardship Council	水産養殖管理協議会
B2B	Business to Business	ビジネス対ビジネス，企業間取引
B2C	Business to Consumers	ビジネス対消費者，対消費者取引
BRE	Building Research Establishment	英国建築研究所
BREEAM	Building Research Establishment Environmental Assessment Method	BREEAM 持続可能性ビル認証
BSE	Bovine Spongiform Encephalopathy	牛海綿状脳症（狂牛病）
CASBEE	Comprehensive Assessment Ssytem for Built Environment Efficiency	建築環境総合性能評価システム
CBAM	Carbon Border Adjustment Mechanism	炭素国境調整メカニズム
CBDR	Common but Differentiated Responsibility	共通だが差異ある責任
CBP	Customs and Border Protection	（米国）国土安全保障省税関・国境取締局
CEPA	Comprehensive Economic Partnership Agreement	包括的経済連携協定
CERFLOR	Programa de Certificação Florestal Brasileira	ブラジル森林認証プログラム
CFP	Carbon Footprint of Products	カーボン・フットプリント
CGF	Consumer Goods Forum	ザ・コンシューマー・グッズ・フォーラム
CoC	Chain of Custody	CoC 認証
CoC	Chain of Custody	加工・生産・流通過程*
CODEX	Codex Amlimentarius	コーデックス
CSA	Canadian Standards Association	カナダ規格協会（のサステナブル森林管理システム）
CSR	Corporate Social Responsibility	企業の社会的責任
CSRD	Corporate Sustainability Reporting Directive	企業サステナビリティ報告指令

略語	正式名称	日本語（定訳と著者による日本語訳*）
CS3D	Corporate Social Due Diligence Directive	欧州サステナビリティ・デューデリジェンス指令
EFTA	European Free Trade Association	欧州自由貿易連合
EPA	Economic Partnership Agreement	経済連携協定
ESG	Environment, Social, Governance	環境・社会・ガバナンス
EU	European Union	欧州連合
EUDR	EU Deforestation Regulation	EU森林破壊防止デューデリジェンス規則
EV	Electric Vehicle	電気自動車
FACT	Forestry, Agriculture, Commodity Trade	森林・農業・コモディティ貿易
FAO	Food and Agriculture Organization of the United Nations	国際連合食糧農業機関
FiBL	Research Institute of Organic Agriculture	有機農業研究機関
FIP	Feed-in Premium	フィードインプレミアム制度
FIT	Feed-in-Tariff	固定価格買取制度
FSC®	Forest Stewardship Council®	森林管理協議会
FTA	Free Trade Agreement	自由貿易協定
GAP	Good Agricultural Practice	農業生産工程管理
GAPKI	Gabungan Pengusaha Kelapa Sawit Indonesia	インドネシアパーム油生産協会
GATT	General Agreement on Tariffs and Trade	関税及び貿易に関する一般協定
GFSI	Global Food Safety Initiative	世界食品安全イニシアチブ
Global G.A.P.	Global Good Agricultural Practice	グローバル農業実践認証*
GPP	Green Public Procurement	グリーン公共調達
HACCP	Hazard Analaysis and Critical Control Point	危害要因分析必須管理点（ハサップ）
ICAO	International Civil Aviation Organization	国際民間航空機関
ICCA	International Council of Chemical Associations	国際化学工業協会協議会
IFCC	Indonesian Forestry Certification Council	インドネシア森林認証評議会
IFOAM	International Federation of Organic Agriculture Movements	国際有機農業組織連盟
IISD	International Isntitute for Sustainable Development	国際持続可能開発研究所
ILO	International Labour Organization	国際労働機関
IMF	International Monetary Fund	国際通貨基金

略語	正式名称	日本語（定訳と著者による日本語訳*）
IP	Identity Preserved	特定認証モデル
ISEAL	International Social and Environmental Accreditation and Labeling	国際社会環境認定ラベル表示適正行動規範*
ISO	International Organization for Standardization:	国際標準化機関
ISPO	Indonesian Sustainable Palm Oil	インドネシア持続可能なパーム油
ISCC	International Sustainability & Carbon Certification	国際持続可能性カーボン認証
ITC	International Trade Center	国際貿易センター
JAS	Japanese Agricultural Standards	日本農林規格
JFSM	Japan Food Safety Management	食品安全マネジメント協会
JIS	Japanese Industrial Standards	日本産業規格
LCA	Life Cycle Assessment	ライフサイクル・アセスメント
LEED	Leadership in Energy and Environmental Design	LEED グリーンビル認証
LEI	Lembaga Ekolabel Indonesia	インドネシアエコラベル協会
MB	Mass Balance	混合認証モデル
MEL	Marine Ecol-Label	マリン・エコラベル・ジャパン
MPOA	Malaysian Palm Oil Association	マレーシアパーム油協会
MSC	Marine Stewardship Council	海洋管理協議会
MTCC	Malaysian Timer Certification Council	マレーシア木材認証評議会
MTCS	Malaysian Timber Certification Scheme	マレーシア木材認証制度
NAFTA	North American Free Trade Agreement	北米自由貿易協定
NFRD	Non-Financial Reporting Directive	非財務情報開示指令
NGO	Non-Governmental Organization	非政府組織
NSMD	Non-State Market Driven	非政府で市場主導的
OECD	Organization for Economic Cooperation and Developmen	経済協力開発機構
P&C	Principles and Criteria	原則と基準
PAFC	Pan-African Forest Certification	パン・アフリカ森林認証*
PEFC	Programme for the Endorsement of Forest Certification (旧 Pan European Forest Certification Schemes)	森林認証承認プログラム*
PPM	Processes and Production Methods	生産工程・生産方法
RAN	Rainforest Action Network	熱帯雨林活動ネットワーク*
REACH	Registration, Evaluation, Authorisation and Restriction of Chemicals	化学物質の登録・評価・認可，及び制限
RED	Renewable Energy Directive	（EU の）再生可能エネルギー指令

略語一覧

略語	正式名称	日本語（定訳と著者による日本語訳*）
REDD	Reducing Emissions from Deforestation and Forest Degradation in Developing Countries	森林減少・劣化からの温室効果ガス排出削減
REDD+	REDD & the role of conservation, sustainable management of forest, and enhancement of forest carbon stocks in developing countries	REDD に森林保全・持続可能な森林経営・森林炭素蓄積増加を追加
RoHS	Directive on the Restriction of the Use of Certain Hazardous Substances in Electrical Equipment	特定有害物質使用制限指令
RSPCA	Royal Society for Prevention of Cruelty to Animals	英国王立動物虐待防止協会
RSPO	Roundtable on Sustainable Palm Oil	持続可能なパーム油のための円卓会議
SAF	Sustainable Aviation Fuel	持続可能な航空燃料
SAN	Sustainable Agriculture Network	サステイナブル・アグリカルチャー・ネットワーク
SDGs	Sustainable Development Goals	持続可能な開発目標
SFI	Sustainable Forest Initiative	アメリカ林産物・製紙協会のサステナブルな森林イニシアチブ
SG	Segregation	分離認証モデル
SGEC	Sustainable Green Ecosystem Council	緑の循環認証会議
TBT	Technical Barriers to Trade	貿易の技術的障害
UNCTAD	UN Conference on Trade and Development	国連貿易開発会議
UNFCCC	United Nations Framework Convention on Climate Change	気候変動枠組条約
UNIDO	United Nations Industrial Development Organization	国連工業開発機関
UNFSS	United Nations Forum on Sustainability Standards	国連サステナブル基準フォーラム
USMCA	Agreement between United States of America, the United Mexican States, and Ccanada	米国・メキシコ・カナダ協定
VSS	Voluntary Sustainability Standards	自主的な持続可能性基準
WTO	World Trade Organization	世界貿易機関
WWF	World Wide Fund for Nature	世界自然保護基金

索　引

【アルファベット順】

ASC　160

ASEAN タクソノミー　234

ASIAGAP　50, 91, 119, 176

B2B　56, 58, 59, 76

B2C　56-58

BREEAM　70-71, 40, 85, 88

CASBEE　40, 50, 51, 85, 88

CBAM（炭素国境調整措置）　11

CBDR（共通だが差異ある責任）　171-172

CEPA（包括的経済連携協定）　118, 173

CGF（コンシューマー・グッズ・フォーラム）　90

CoC 認証　44

EFTA（欧州自由貿易連合）　118

EPA（経済連携協定）　11, 21

ESG 投資　27, 37, 162, 202, 204, 214, 224, 230

　説明　11

EU（欧州共同体）　73, 131, 144, 151, 210-221

EUCS3D　217, 221, 225

EUDR　186, 217

EU RED　48, 79, 117, 186, 217, 218

EU タクソノミー　234

FACT　235

FAO（国連食糧農業機関）　77

FIP 制度（フィードインプレミアム制度）　48

FIT 制度（固定価格買取制度）　48, 79, 118

FSC®　31, 50, 67, 68, 69, 83, 93, 96, 114, 115, 116, 126, 161, 194

FTA（自由貿易協定）　5, 14, 21, 22

GAP（生産工程管理）　47, 76

GATT（関税および貿易に関する一般協定）　5

GFSI（世界食品安全イニシアチブ）　90, 91, 92, 232-233

GlobalG.A.P.（EUREPGAP）　40, 49-51, 56, 75-76, 84, 102-104, 169-170, 175-177, 194

HACCP　59, 102

IFCC（インドネシア森林認証協議会）　84, 96

IFOAM（国際有機農業組織連盟）　65, 85, 93, 94, 95

ILO（国際労働機関）　65, 73

IP（特定認証モデル）　43, 118

ISCC　173

ISEAL　231

ISO（国際標準化機関）　44, 45

　ISO14000　45, 59, 102

　ISO26000　45

　ISO45001　45

　ISO9000　59, 102

ISPO　119, 173, 174, 177, 178

ITC（国際貿易センター）　190

JAS（日本農林規格）　47

JFSM　91

JGAP　50, 119, 175, 176
JIS（日本産業規格）　46
JONA（日本オーガニック＆ナチュラル
　　フーズ協会）　95, 96
LEED　40, 85, 88, 89
Level playing field　216
MB（混合認証モデル）　43
MEL　119
MSC　31, 50, 77, 119, 126
MSPO　118, 119, 152, 154, 174, 177, 178,
　　202-205
MTCS（マレーシア木材認証）　84, 96
NAFTA（北米自由貿易協定）　22
NGO　25, 26, 50-51, 54, 63-69, 71, 74, 75,
　　78. 82, 83, 93, 121, 139, 145, 160-162,
　　210, 212
　　WWF　67, 77, 78
　　グリーン・ピース　121
　　消費者の認知　139-140, 144-145
　　ソリダリダード　152
　　認証策定者としての　50-51, 63-69, 73,
　　　75, 78, 93, 96-97, 98
　　問題を指摘する　25, 54, 106, 108, 121
NSMD ガバナンス　34
OECD（経済協力開発機構）　45
　　OECD 多国籍企業行動指針　45
P&C　41
PEFC　50, 51, 96-97, 115, 116, 194
PPM（生産工程・生産方法）　19
REACH 規則　213, 214, 220, 221
REDD ＋　21

RoHS 指令　2, 3, 5, 213, 220, 221
RSPO　31, 38, 43, 50, 77-79, 106, 112, 113,
　　117-119, 121, 122, 126, 154-155, 159-
　　161, 172-173, 174, 177-187, 194, 199-
　　204, 236　→「P&C」もみよ
SAF（持続可能な航空燃料）　192
SDGs（持続可能な開発目標）　1, 2, 29,
　　30, 99, 133-135, 184, 219
　　リスト　2
SFI（持続可能な森林イニシアチブ）　83
SG（分離認証モデル）　43, 118
SGEC（緑の循環認証会議）　96
SPS 委員会　209-210
TBT 委員会　5
　　TBT 協定　93, 220
UNCTAD（国連貿易開発会議）　93
UNFCCC（気候変動枠組み条約）　21
UNFSS（国連サステナビリティ基準フォ
　　ーラム）　40, 42
US CBP（アメリカ国土安全保障省税関・
　　国境取締局）　161, 222
USMCA（アメリカ・メキシコ・カナダ
　　協定）　22
UTZ　86, 97
VietGAP　169
VSS（自主的サステナビリティ基準）　8,
　　40
WTO（世界貿易機関）　5, 14, 170-171,
　　207-210
WWF　77, 78

【アイウエオ順】

［ア　行］
味の素　90
アップル　25
アニマル・ウェルフェア　124, 221
アフリカ　197, 198
アメリカ　4, 85, 95, 115, 161

　　カリフォルニア州　6, 64
イオン　90, 103
イギリス　71, 84, 85, 103, 125
一方的措置　215
衣料　73, 74
インド　178, 182

索 引　265

ボパール　72
インドネシア　31, 78, 118, 160, 173
衛星画像　36
エコラベル　32, 42
エシカル消費　29-30, 36-37, 132, 139, 195
エビ　4
円卓会議　78, 179
エンド・オブ・パイプ型技術　3
オーガニック　64, 65, 75, 85, 94, 114, 126,
　　194
　日本　94-96
オーストリア　85
オランダ　78
オリンピック・パラリンピック　119
温室効果ガス　18, 21, 23, 36, 38, 71, 126,
　192, 223-224

［カ　行］
海外直接投資　21, 22
開発途上国　13, 18, 149
外部不経済　20-21
花王　90
カカオ　194
化学　71, 72, 73
化学物質　72, 124, 164, 213
カーギル　90
加工企業　74-79
寡占　84, 103, 104, 150
ガーナ　31
ガバナンス　8, 11, 41, 66, 89, 99, 158, 207,
　219, 230
カーボンフットプリント　127
カリフォルニア効果　210-213
環境規制　21, 22
環境条項　22
環境配慮　42
監査
　アウトソース　108
　コスト　75
監査機関　46, 53

説明　42, 54-55
認証機関　52-55
規格
　強制規格　47
　任意規格　47
企業間競争　86
企業戦略　26
企業の社会的責任（CSR）　11, 26-28, 35,
　45, 102, 104
　——と公共政策　11
　定義　26
気候変動　1, 2, 18, 117, 235, 192
規制　6, 23, 24
　REACH 規則　213, 214, 220
　RoHS 指令　2, 3, 6, 8, 213, 214, 238
　環境規制　3, 6, 7, 21, 211, 212, 215, 242
　食品安全規制　6, 10, 21, 51, 221
　製品環境規制　3, 214
偽装された保護主義　5, 172-173, 208, 230
キャパシティ・ビルディング　158
強制労働　25
協働　74
キリン　90
銀行　32
クラブ財　73
グリーバンス・メカニズム　51, 54, 105,
　108
グリーンウォッシュ　89, 229
クリーン開発メカニズム　21
グリーン購入法　115-117
グリーン調達・購入　52
グリーン・ディール政策　11, 217
グリーンビル認証　85　→「BREEAM」,
　「CASBEE」,「LEED」もみよ
グローバル化　17
グローバル化管理政策　212-214
グローバル・コンパクト　45
グローバル・サウス　11, 14, 149, 167-
　187, 189, 197-204
グローバル・サプライチェーン　9, 10,

266　索　引

28, 34
　グローバル・バリューチェーン　19
　定義　19
グローバル・ノース　11
合意形成　22, 44, 227
公害　20
公共財　23-24, 72-73, 109, 123
　準公共財　73
公共政策　10, 13, 95
公共調達　47, 52, 115-117
小売企業　57-58, 74-79, 102
小売業者　7, 40, 58, 74-79, 84, 103-104,
　174, 229, 232
コカ・コーラ　26, 90
国際機関　22, 23, 45, 46, 73, 74, 90, 92-94,
　145, 182, 210, 213, 214
国際公共財　11, 23-24, 157, 230, 236-237
国産原材料　141, 142
国家の役割　89
コーデックス（CODEX）　93
コートジボワール　31
コーヒー　82, 86
コモンズの悲劇　24

［サ　行］
再生可能エネルギー　48, 79, 117-118,
　192, 196, 213, 217, 218
菜種　172, 173, 182
搾油工場　152, 153, 154, 156, 161, 202,
　204, 220
サステナビリティ（持続可能性）　1
　――の標準化　11, 14
　定義　17, 35
　法規制　217
サステナビリティ基準　150-157
　――とサプライヤー　110-113
　――と自社基準　103-110
　――と認証　8, 42
　――の波及　184-185
　生産国の――　167-174

政府の――　117-118
消費国の――　167-169
説明　8
団体の――　111, 119-120
定義　40
適用過程　51-57
プライベート・ブランドの――　84,
　103
分類　44-51
例　41
サステナビリティの価値　8, 14, 58, 113,
　230
サステナビリティのコスト　28, 34, 181-
　182
サステナブル調達　47
サステナブル認証
　環境への影響　159-160
　監査　53, 54, 98
　策定主体　49, 192-193
　――とサプライチェーン　43
　――と自由貿易協定　224
　社会・労働への影響　157-159
　正当性　160-162
　制度形成　63-80
　定義・説明　8, 31
　適用過程　51-55
　デメリット　109-110
　統計　190-196
　統合　98
　普及　189-206
　貿易への影響　150-152
　メリット　34, 35, 36
　例　39, 40
　→「オーガニック」,「フェアトレード」,
　「ASIAGAP」,「FSC」,「GLOBALG.
　A.P.」,「ISPO」,「JGAP」,「MSC」,
　「MSPO」,「PEFC」,「RSPO」もみよ
サステナブル・ラベル　106
　B to B ラベル　56-59
　B to C ラベル　56-57

エコラベル 42-44, 57
　効果 55-57
　消費者の認知 123-134
　説明 31-32, 42-44
　統計 190-193
サプライチェーン 3, 8
　――とサステナビリティ 19-20
　――とサステナブル認証 32-34, 42-44
　定義 3
　→「グローバル・サプライチェーン」
　　もみよ
サプライチェーン認証 44
サプライヤー 29, 33, 34, 35, 88, 107-109,
　110-113
産業政策 11, 13, 180, 207, 213, 216, 217
ジェンダー 2, 22, 157
自社基準 38, 101-107, 110-111, 121-122,
　175, 228
　デメリット 106-107, 109-110
　メリット 106-109
自主規制 20, 37, 74
市場アクセス 180-181, 213, 230
市場支配力 103
市場の失敗 20
市場メカニズム 17, 33, 55, 67, 68, 83,
　181, 196, 204, 207, 213, 214, 236
持続可能な開発目標 →「SDGs」をみよ
支払い意思額（WTP） 125-127
市民 63-69
市民社会 9, 63-69, 173, 216, 231
社会的コストの内部化 20, 21
上海効果 215
小規模生産者 23
小規模農家 13, 28, 105, 150, 152-156
消費国 14, 19, 24, 168, 180, 194, 199, 227,
　235
消費者 24-25, 29-30, 42-44, 57-59, 69, 76,
　87
　――と環境課題 130-139
　――と人権課題 130-139

　――の受容 123-146
　日本 128-146
　ヨーロッパ 125
商品差別化 75, 84, 103 →「製品差別
　化」もみよ
情報開示 27, 29, 217, 234
情報の非対称性 44, 58, 69, 88, 229
食品安全 75, 91, 102
食品安全基準 4
食品産業 102
食料安全保障 2, 18
所得分配 235-238
ジョンソン・アンド・ジョンソン 26
人権 10, 11, 19
新興国 13, 149
人口増加 18
森林認証 96-97
森林破壊 19, 23
森林伐採 23, 38, 121
スイス 78, 118, 173
垂直統合 155, 56
スウェーデン 78
スタンダード（基準・規格） 8, 40
　定義 44
　→「規格」もみよ
ステークホルダー 26, 41, 49, 50, 74, 78,
　107, 179, 209
スマートミックス 113, 230
税 21
生活賃金 104
生産国 14, 23, 24, 83, 149, 167-187, 202,
　205, 234-235
生産者 32
生産地への影響 149-163
成長の限界 26
制度のイノベーション 10, 81, 225, 239
制度の断片化 81-89
　背景 86
　弊害 87-89
制度の波及 81

製品環境規制　3, 214
製品差別化　74, 86
政府調達　30
生物多様性　2, 10, 11, 13, 18, 23-24, 192,
　　217
政府の役割　20, 89
セインズベリー　103, 104
責任ある調達　38
責任あるビジネス　45
先進国　13
相互承認　95

［タ　行］
大企業　27, 35
第三者認証　74, 95, 105, 111
大豆　117, 160, 172, 182, 194, 196, 218, 235
タクソノミー　234
多国籍企業　13, 35, 101
タラ　77
地球温暖化　10, 11, 13, 23
　　温室効果ガス　21, 23, 71, 126
　　→「気候変動」もみよ
地球サミット（国連環境開発会議）　67
中国　115, 197
中小企業　27, 35, 110
頂上への競争（race to the top）　87, 211
チョコレート　19, 28, 38, 43
　　カカオ　19, 23
つくる責任・つかう責任　30
底辺への競争（race to the bottom）　87, 94,
　　212
デジタル技術　36
デ・ジュールの規制　34, 150
テスコ　103
デ・ファクトの規制　34, 150
デューデリジェンス　83, 99, 217-218,
　　219-225
デラウェア効果　212
電気・電子機器　2
デンマーク　85

ドイツ　64, 70, 79, 84
投資家　27, 104, 107, 108, 110
同等性　91
独占力　112, 150, 239
トレーサビリティ　33, 42-44, 105, 106,
　　156, 235
　　説明　5
トレーダー　156, 162, 180

［ナ　行］
ナイキ　24
南北問題　14, 171-172, 183
日本　95
認証　6, 8　→「民間認証」もみよ
認証機関　52-55, 95, 98, 171, 231
認証スキームオーナー　32, 89, 170
　　説明　49
　　役割　53-55
認証のコスト　88
　　アウトソース　109
　　コスト　88
ネガティブリスト　4
ネスレ　38, 47, 121, 122
農園から食卓まで戦略（Farm to Fork
　　Strategy）　217
農産物　75

［ハ　行］
バイオ燃料　126, 196, 200, 220, 223
波及した認証　184-187　→「ASIAGAP」,
　　「CASBEE」,「ISPO」,「JGAP」,
　　「LEED」,「MSPO」もみよ
パブリックコメント　41
パーム油　38, 173, 179, 199-204
　　アブラヤシ　77, 78, 152-154, 179, 194
ハーモナイゼーション　13, 81, 89-98,
　　170, 185-187, 231-233
バングラデシュ　73, 74, 198
バングラディシュ・アコード　73, 74
非関税障壁　5, 6, 7, 14, 151, 182-183

非関税措置　5
ビジネスモデル　26, 27
標準化　11, 44-45
貧困削減　25
フェアトレード（「認証」関連も含む）
　　31, 50, 65, 66, 67, 82, 83, 86, 113, 114,
　　194, 195
フォロワー（追随者）　216
不買運動　146
プライベート・ブランド　84, 103, 104
ブラジル　115
フランス　84, 85, 113
ブランド　25, 27, 28, 134-135, 183, 198,
　　210
ブリュッセル効果　214
ブルーエンジェル　70
プレミアム（上乗せ価格）　36, 83, 86,
　　109, 111, 112, 150, 155, 158, 170, 172,
　　181, 196, 210
ベトナム　31, 161, 164-165, 169
ベンチマーキング　91, 92
ボイコット　68
貿易交渉　21
貿易自由化　6, 22, 212
貿易制限措置　11, 224
保護主義　→「偽装された保護主義」を
　　みよ
ポジティブリスト　4
ポーター仮説　211

［マ　行］
マクドナルド　90
マルチステークホルダー　49, 63, 177, 228
マレーシア　31, 78, 152-154, 161, 164-165
みどりの食料システム戦略　114
民間制度　12, 13
　公共政策　10, 13
民間認証　7, 10, 79, 86, 89, 151, 159, 160,
　　171, 172, 179, 182, 208, 218, 221
　競争　97

協働　97
公共調達　115-118
先駆者　97
統合　97, 232
──と公共政策　89, 97, 113-115, 117
──と非関税障壁　182, 230
木材　31, 52, 67, 68, 83, 84, 96, 115, 116,
　　217, 218
モニタリング　22, 24, 28, 36, 162, 223

［ヤ　行］
有機JAS　50, 95
有機農業　→「オーガニック」をみよ
輸入原材料　141, 142
ユニリーバ　77, 78
予防原則　212
ヨーロッパ　95, 125, 169
　EUDR　182, 217-221
　EURED　48, 79, 117, 118, 186, 213, 217,
　　218, 221
　4C　82, 87, 98

［ラ　行］
ライフサイクルアセスメント　7, 127, 233
リーケージ　197-204
リスク管理　25, 58, 74, 75, 84, 102, 104,
　　218, 225
ルール形成　89
レインフォレスト・アライアンス　40,
　　50, 51, 82-83, 86, 97, 194
レスポンシブル・ケア　71, 72, 73
レバレッジ　27, 55
レベル・プレイング・フィールド　22,
　　178, 216
レモン市場　58
労働　19
労働基準　21, 22
　労働安全基準　23
ロビイング　6, 180, 213

■著者紹介

道田 悦代（みちだ えつよ）

1972年生まれ。神戸大学大学院国際協力研究科修了，博士（経済学）。2001年，ジェトロ・アジア経済研究所入所。国連工業開発機関（UNIDO）コンサルタント，カリフォルニア大学バークレー校 Haas School of Business 客員研究員を経て，現在，アジア経済研究所主任調査研究員。

主な著作に，『貿易と環境——途上国の持続可能な発展に向けて』箭内彰子と共編（アジア経済研究所，2014年），「持続可能性認証と国際貿易——パーム油の事例」『国際経済』71（2020）：31-51, "North-South Trade and Industry-Specific Pollutants," co-authorship with K. Nishikimi, *Journal of Environmental Economics and Management*, 54(2) (September 2007): 229-243, *Regulations and International Trade: New Sustainability Challenges for East Asia*, co-edited with J. Humphrey and K. Nabeshima (Cham: Palgrave Macmillan, 2017), *Diffusion of Public and Private Sustainability Regulations: The Responses of Follower Countries*, co-authorship with J. Humphrey and D. Vogel (Cheltenham: Edward Elgar, 2021) ほか多数。

サステナブル認証のルール形成
グローバル・サプライチェーンをめぐる協力と競争

2025年3月15日　第1版第1刷発行

著　者 —— 道田悦代
発行所 —— 株式会社日本評論社
　　　　　　〒170-8474　東京都豊島区南大塚3-12-4
　　　　　　電話　03-3987-8621（販売）　03-3987-8595（編集）
　　　　　　ウェブサイト　https://www.nippyo.co.jp/
印　刷 —— 精文堂印刷株式会社
製　本 —— 牧製本印刷株式会社
装　幀 —— 有田睦美
検印省略 © Etsuyo Michida, 2025
ISBN978-4-535-54094-1　Printed in Japan

JCOPY 〈（社）出版者著作権管理機構　委託出版物〉

本書の無断複写は著作権法上での例外を除き禁じられています。複写される場合は，そのつど事前に，（社）出版者著作権管理機構（電話 03-5244-5088，FAX 03-5244-5089，e-mail：info@jcopy.or.jp）の許諾を得てください。また，本書を代行業者等の第三者に依頼してスキャニング等の行為によりデジタル化することは，個人の家庭内の利用であっても，一切認められておりません。